**성공의 덫에 빠진 대한민국**

공공상생연대 사회개혁총서 01

# 성공의 덫에 빠진 대한민국

: 역진적 선별 복지의 정치·경제적 궤적

1판 1쇄 | 2022년 5월 13일

엮은이 | 신광영, 윤홍식
지은이 | 김영순, 백승호, 신광영, 윤홍식, 전병유, 정준호, 최태욱

펴낸이 | 정민용, 안중철
편  집 | 강소영, 심정용, 윤상훈, 이진실, 최미정

펴낸 곳 | 후마니타스(주)
등록 | 2002년 2월 19일 제2002-000481호
주소 | 서울 마포구 신촌로14안길 17(노고산동) 2층
전화 | 편집_02.739.9929/9930  영업_02.722.9960  팩스_0505.333.9960

블로그 | blog.naver.com/humabook
트위터, 페이스북, 인스타그램 | humanitasbook
이메일 | humanitasbooks@gmail.com

인쇄 | 천일_031.955.8083  제본 | 일진_031.908.1407

값 18,000원

ISBN 978-89-6437-405-4  94300
    978-89-6437-404-7  (세트)

01 공공상생연대
사회개혁총서

# 성공의
# 덫에 빠진
# 대한민국

## 역진적 선별 복지의
## 정치·경제적 궤적

신광영·윤홍식 엮음
김영순·백승호·신광영·윤홍식
전병유·정준호·최태욱 지음

후마니타스

# 차례

한국 사회는 대전환의 시대를 맞이하고 있습니다. 디지털 기술 혁신의 4차 산업혁명과 탄소중립의 에너지전환, 그리고 저출산·고령화에 따른 인구 지진이 전환적 사회 위기를 안겨 주고 있습니다. 코로나19 팬데믹은 우리 사회가 얼마나 취약한 사회경제적 기반 위에서 놓여 있는지를 확인시켜 주었습니다. 또한 정치적 민주주의가 제도적으로 공고화되었지만 사회 불평등의 문제는 날로 심각해지고 있으며, 세대·진영·젠더갈등 등으로 사회 균열과 대립이 더욱 험악해지고 있습니다. 이처럼 우리 사회의 당면 문제가 엄중함에도 해결의 실마리를 찾지 못해 앞날이 그저 걱정스럽기만 합니다.

이런 시기일수록 국가 정책의 역할이 중요합니다. 하지만 적잖은 정책이 충분한 연구와 논의, 검증 없이 무책임하게 추진되고 있습니다. 또 정치와 경제, 사회, 복지의 여러 분야가 서로 유기적으로 영향을 주고받음에도, 개별 정책들은 오로지 자신의 영역에만 몰두해 입안되고 집행되기도 했습니다.

우리 사회의 문제를 진정으로 해결하기 위해서는 이처럼 특정 영역에만 집중된 정책 제안이 아닌, 한국 사회에 대한 종합적인 이해와 문제 진단에 기반한 입체적인 비전이 필요합니다.


## 상생과 연대를 위한 사회개혁 비전 수립 정책연구

우리 재단에서는 이러한 문제의식을 바탕으로 2019년부터 '상생과 연대를 위한 사회개혁 비전 수립 정책연구'를 시행해 왔습니다. 정치·경제·노동·복지 등 각계 전문가들이 한자리에 모여 열띤 발표와 토론을 거듭하며 한국 사회 개혁을 위한 통합적인 대안과 정책과제를 제시하고자 노력했습니다.

『성공의 덫에 빠진 대한민국』은 그 첫 번째 연구 성과를 바탕으로 발간하게 된 책입니다. 이번 책에서는 특히 한국 정치-경제-복지 체제의 문제 진단에 대한 역사적 성찰과 통합적인 접근을 바탕으로 한국 사회가 풀어야 할 핵심 쟁점을 도출하는 데 집중했습니다.

전례 없던 연구에 참여해 발제와 토론, 그리고 집필을 맡아 애써 주신 모든 분들께, 특히 이번 연구 프로젝트를 이끌어 주신 신광영·윤홍식 교수님께 깊은 감사의 말씀을 드립니다.

이 책이 한국 사회의 구조적 문제와 위기를 해결하는 데 실마리가 될 수 있기를 기대합니다. 앞으로도 우리 재단은 상생과 연대로 함께하는 건강한 노동 존중 사회를 이룩하는 데 앞장서겠습니다.


2022년 5월
재단법인 공공상생연대기금 이사장 이병훈

| 서문 |

# 대한민국 60년, 성찰과 모색

### 신광영

한국은 지난 60년 동안 급격한 산업화와 치열한 민주화를 동시에 경험했다. 경제성장을 앞세운 군사정권과 군사정권에 저항한 민주 세력은 각각 경제와 정치 영역에서 엄청난 변화를 만들어 냈다. 경제적으로는 발전 국가 체제에서 신자유주의 체제로, 정치적으로는 권위주의 체제에서 민주주의 체제로의 전환이라는 이중적 전환을 경험했다.

경제적으로는 전후 형성된 냉전 체제 하에서 1960년대와 1970년대의 베트남 전쟁과 석유파동 그리고 1980년대 G5 국가들 사이에서 이루어진 플라자 합의Plaza agreement 등 국제적으로 유리한 환경을 맞이했다. 이런 환경 변화 속에서 한국은 베트남 특수, 중동건설 붐과 3저 호황(저금리, 저유가, 저환율)을 이용하여, 급격한 경제성장을 이루는 데 성공했다.

이 시기 한국의 산업화는 권위주의 국가의 주도로 이루어졌다. 국가 주도 산업화는 제2차 세계대전 이후 많은 제3세계 신생 독립국에서도 실시한 정책이었다. 소득분배와 복지보다는 경제성장만을 추구하는 발전 국가가 주도하는 경제계획이 경제를 운영하는 기본 원리가 되었다. 소련의 계획경제와 일본의 국가 주도 산업화가 보여 준 성과가 높이 평가되면서, 자유 시장이 아니라 국가의 경제계획을 중심으로 경제를 운영하는 경제정책이 1962년 한국에서도 도입되었다. 장면 정부의 부흥부에서 만들어진 경제개발 계획은 쿠데타로 권력을 장악한 박정희에 의해서 집행되면서, 한국에서도 국가 주도형 산업화가 실시되었다. 그리하여 계획경제와 시장경제가 공존하는 '혼합경제'가 한국 경제의 제도적인 특징으로 자리 잡았다. 1962년부터 1997년까지 7차에 걸쳐서 실시된 경제개발5개년 계획은 한국 경제의 성장과 딜레마를 동시에 야기한 핵심적인 요인으로 평가된다.

계획경제는 역사상 최초로 소련의 스탈린에 의해서 도입되었다. 스탈린은 1928년 제1차 경제개발5개년 계획을 실시해 소련을 단기간에 초강대국으로 발전시켰다. 스탈린은 무자비한 정치적 탄압과 강압적인 동원을 통해서 경제개발 계획을 집행했고, 그 결과 소련은 매년 10% 이상의 경이적인 경제성장을 보이면서, 1950년대에는 미국과 경쟁하는 초강대국이 되었다. 농업 부문을 희생시켜

공업 부문을 발전시키는 소련의 '불균형 성장 전략'은 많은 제3세계 국가들에서도 받아들여진 성장 정책이 되었다.

한국에서 이루어진 국가 주도형 산업화는 제도적으로는 일본의 영향을 많이 받았다. 국가 주도로 공업화를 시도하고, 국가가 자원의 분배를 통해서 특정 산업과 기업 활동을 촉진하는 방식으로 국가 주도형 산업화가 전개되었다. 역사적으로 1960년대 박정희의 '불도저식 재건 체제'는 군부가 통제경제와 산업화 계획을 주도했던 일본이 만주 지역에 세운 괴뢰 국가인 만주국의 '재건 체제'와 맞물려 있었다. 신자유주의가 지배적인 위력을 떨치기 이전 시기, 소련과 일본 등에서 실시된 계획경제는 당시 후진국들로부터 성공적인 경제 운영 원리로 받아들여졌다. 자율적인 시장이 아니라 국가의 인위적인 경제계획을 통해서 산업화가 성공적으로 이루어질 수 있다는 통제경제 이념이 널리 받아들여졌던 것이다.

발전 국가 체제에서 형성된 한국 경제는 '조정 시장경제'the coordinated market economy의 일종이었다. 조정 주체가 오직 권위주의 국가였다는 점에서, 국가, 노동과 자본의 이해에 바탕을 둔 유럽의 조정 시장경제 체제와는 매우 달랐지만, 자유방임적인 시장에 의존하지 않았다는 점은 공통점이다. 한국에서 이루어진 경제계획은 분배 대신에 투자를 강조했고, 특정 산업과 민간 기업을 국가 경제개발 정책의 하위 파트너로 인정해 각종 특혜를 제공하는 방식으로 실행되었다. 그러므로 노동자들의 임금 인상 요구나 복지는 군사정권에 의해서 억압되었다. 기업의 이익이 경제정책에서 크게 고려되었고, 국가의 통제를 받는 어용 노조만 인정되었다. 그리고 연금과 같은 복지는 정권 유지에 도움이 되는 군인과 공무원, 그리고 교원들에게만 제한적으로 보장되었다.

발전 국가 체제는 두 가지 계기를 거치면서 변형되었다. 첫 번째로, 1987년 민주화 운동과 노동자 대투쟁을 거쳐서 발전 국가의 정치적 차원인 권위주의 체제가 약화되었다. 민주화 세력의 도전으로 시작된 민주화 이행은 "협약에 의한 이행"transition by pact으로 이루어지면서, 과거 권위주의 세력이 유지되는 결과를 낳았다. 권위주의 집권 정당과 야당 간의 정치적 타협에 의해서 이루어진 민주화는 민주화 운동의 주축인 시민사회 세력을 배제하는 결과를 낳았고, 그 결과 민주화 이행이 시작된 이후의 한국 정치는 권위주의 정당과 야당 간의 끊임없는 다툼으로 점철되었다. 권위주의 세력이 해체되고 민주 세력이 권력을 장악하는 "단절적 이행"rupture tran-sition과는 달리 한국의 민주화 이행은 권위주의 정당이 세력을 그대로 유지한 채, 민주화 이행의 내용을 야당과 협상을 통해 결정한 협상을 통한 이행이었다. 민주주의의 기본 요소인 시민권 보장, 집회와 결사의 자유, 노동조합 인정, 언론의 자유, 자유롭고 공정한 경쟁적 선거, 민주화 운동가 석방 등 다양한 민주화 이슈들이 협상의 대상이 되면서, 자유민주주의 사회에서 기본적으로 보장되어야 할 사항들이 제대로 보장되지 못하는 非자유주의적 민주주의illiberal democracy로 귀결되었다.

두 번째로, 1997년 외환 위기로 발전 국가의 한계가 적나라하게 드러났다. OECD 가입을 통해서 과거와 같은 사기업에 대한 지원이 불가능해졌지만, 부채에 의존한 과도한 투자와 시장 지배력 확보 경영은 외환시장의 불안정으로 말미암아 연쇄적인 기업 부도로 이어졌다. 1997~98년 사이에 30개 재벌 가운데 16개 재벌이 도산할 정도로 외환 위기는 발전 국가 체제 아래에서 성장한 기업과 경제체제의 한계를 드러냈다. IMF 구제금융을 통해 국가 부도 사태는 겨우 피했지만, 한국 정부는 IMF가 요구하는 금융시장 개방, 노동시장 유연화, 공기업 민영화, 재벌 기업 거버넌스 개혁 등을 수행했고, 이는 신자유주의 원리의 급격한 확산으로 이어져, 대량 실업, 불안전 고용으로 인한 빈곤과 불평등 심화로 사회적 위기가 심화되었다.

1997년 12월 외환 위기로 야당으로의 권력 교체가 일어났다. 1987년 민주화 대투쟁 이후 10년 만에 이루어진 정권 교체였는데, 1997년 외환 위기를 계기로 집권 정당이 권위주의 정당의 후신인 신한국당에서 자유주의적 정당인 새천년 민주당으로 교체되었던 것이다. 그러나 자유주의적인 새천년 민주당의 김대중과 권위주의 정당에서 분리된 극보수적인 정당인 자유민주연합(자민련)의 김종필 사이에 이루어진 DJP 선거 연합은 이후 새천년민주당의 정책 선택에 많은 제약을 가했다. 김대중과 김종필은 이데올로기적으로 연합 정권을 유지하기 힘든 서로 다른 정치 집단을 대표했고, 16대 총선에서 '여소야대'가 이루어지면서, 김대중 정권은 정치적으로 운신의 폭이 더 좁아졌다.

2002년 선거에서 새천년민주당 대선 후보인 노무현의 당선으로 민주화를 내세운 정당이 재집권에 성공했으나, 1997년 외환 위기 이후 심화되고 있는 사회 양극화를 해결하지 못했다. 정치적인 차원의 자유민주주의는 더 강화되었으나, 경제적으로 사회 양극화가 가속되면서, 2007년 대통령 선거에서 기업가 출신으로 '경제 대통령'을 내세운 한나라당 이명박 후보가 당선되어 다시 과거 권위주의 정권으로의 권력이 이동하는 권위주의로의 회귀가 이루어졌다. 더구나 2012년 대통령 선거에서 한나라당의 후신인 새누리당의 박근혜 후보가 승리하면서, 2017년 탄핵으로 물러날 때까지 9년 동안의 보수당 집권이 이루어졌다.

1987년 민주화 이행 이후 7번의 대통령 선거와 3번의 정권 교체가 이루어졌다. 과거 군사정권의 후신인 보수당과 민주화 경력을 지닌 민주당 간의 정권의 교체가 이루어졌지만, 1997년 외환 위기 이후 비정규직 양산에 따른 고용 불안정, 불평등 심화, 자살 급증, 저출산과 고령화 같은 경제문제와 사회문제들은 해결되지 못하고 오히려 더 악화되었다. 한국에서 1997년 외환 위기 이후 지금까지 글로벌 금융 위기가 발생했던 2008년을 제외하고는 매년 지속적인 경제성장이 이루어졌다. 그러나 노동시장에서 비정규직의 증가로 사회 양극화와 근로 빈곤 문제는 더욱 심화되었다. 외환 위기 이후 기업 구조 조정으로 명예퇴직이 급증하고, 청년들의 신규 취업이 어려워졌으며, 또한 인구 고령화가 가속화되면서 노인 빈곤 문제가 심각한 수준에 이르렀다. 평균 수명이 길어지고 있지만, 퇴직 연령의 하락으로 근로소득을 올릴 수 있는 기간은 더 짧아지는 역설적인 상황이 나타났다.

2000년대 들어서 저출생과 인구 고령화와 같은 인구 변화가 여러 사회문제들을 더욱 악화시켰다. 저출생으로 말미암아 고령자 비율이 높아지고, 노인 빈곤율이 OECD 최고 수준을 보여 주면서, 급격한 인구 고령화가 사회문제가 되는 상황이 발생했다. 또한 1인 가구의 급증으로 인해 한국의 가구 구조가 바뀌고 있다. 2019년 1인 가구는 전체 가구의 29.8%를 차지할 정도로 증가했고, 1인 가구의 65% 정도가 빈곤층에 속할 정도로 1인 가구의 빈곤은 심각한 사회문제가 되었다. 특히 여성 65세 이상의 경우 빈곤율은 무려 70%를 넘어서, 고령화와 가구 구조의 변화는 곧 바로 새로운 빈곤을 심화시키는 결과를 가져왔다.

또한 외환 위기 이후 이혼이 급증하면서, 가족제도도 크게 변화하고 있다. 2003년 한국의 이혼율은 인구 1000명당 3.4명으로 OECD 2위를 차지했다. 2017년 현재도 인구 1000명당 2.1명으로 유럽의 영국(1.8명), 독일(1.9명)이나 프랑스(1.9명 2016년)보다 더 높은 이혼율을 보여 주고 있다. 외환 위기로 인해 유교적 가족 가치에 근거하고 있었던 전통적인 가부장제가 급격히 약화되면서, 부부 갈등이 늘고, 이혼이 급증했다. 이런 가족제도의 변화는 여성 가구주 가구의 빈곤율 증가로 이어졌다.

급격한 사회적 위기에 대응하는 사회복지는 아프리카와 남미 수준에도 미치지 못했다. 외환 위기로 인한 대량 실업과 근로 빈곤 문제가 심각했던 2000년 한국의 복지 지출은 전체 GDP의 4.5%로 OECD 최하위 수준이었으며, 이는 북아프리카와 남미 수준에도 미치지 못하는 수준이었다. 2000년 GDP 중 복지 지출 비중은 스웨덴 26.8%, 독일 25.4%, 영국 16.2%, 일본 15.4%, 미국 14.3%, 브라질 12.5%, 남미 평균 10.2%, 아르헨티나 9.3%, 터키 7.5%, 북아프리카 평균 5.9%, 중동 지역 평균 6.6%, 멕시코 4.4%이었다. 사회적 위기 극복의 중요한 수단인 사회복지의 부족은 만성적인 사회적 위기를 낳고 있다. 결혼 연령이 늦어지고, 출산을 기피하는 현상이 심화되면서, 신생아 출생률은 세계 최저 수준으로 낮아졌다.

이 책은 현재 복합적인 위기를 겪고 있는 한국 사회를 진단해, '복합적인 위기'의 근원적인 원인을 밝히고자 한다. 현재 위기는 하루아침에 만들어진 것이 아니라, 지난 60년간 한국 사회가 정치, 경제와 사회 부문에서 구축한 여러 구조적 변화와 제도·정책적 대응의 결과물이다. 한국 사회를 구성하고 있는 여러 영역에서 이루어진 변화는 서로 연관되어 있다는 점에서 체계적인 분석을 필요로 한다. 이 책은 현재 한국 사회가 직면하고 있는 '복합적인 위기'의 진단, 위기를 극복하기 위한 정책 대안, 그리고 대안을 실현할 수 있는 새로운 정치를 모색하는 일련의 작업 중 첫 번째 작업 결과이다.

## 1장

# 성공의 역설,
# 한국 정치·경제·복지 체제가 남긴 것

윤홍식

한국의 경제성장과 민주화는 그 현란한 찬사만큼이나 짙은 그림자를 남겼다. 성공의 상징인 경제성장은 동력을 잃어 가고 있으며, 성장을 주도했던 한국의 개발 국가(발전 국가)developmental state는 1997년 경제 위기를 거치면서 성공의 주역에서 실패의 원흉으로 비난받기도 했다.[1] 10%를 넘던 경제성장률은 잠재성장률(2019~22년, 2.5%)보다 낮아졌고,[2] 고도성장의 원인 가운데 하나로 알려졌던

---

[1]_이 글에서는 사회의 전반적인 영역을 포괄하는 발전이라는 개념보다는 그 의미가 경제적 성장에 국한된 개발이라는 개념이 한국의 산업화 과정의 성격을 더 적절하게 드러낸다고 판단했기 때문에 발전 국가라는 용어 대신 개발 국가라는 개념을 사용했다.

개발 국가의 연계된 자율성은 약화되었다. 실제로 개발 국가가 주도했던 국가와 자본(시장)의 위계적 연계는 민주화 이후 약화되기 시작해 1997년 경제 위기를 거치면서 자본(시장)이 국가의 위에 올라서는 대역전이 일어났다. 1997년과 2007년 두 번의 정권 교체 이후 공고해졌다고 믿었던 민주주의는 "실패를 감당할 수 있기 때문에" 민주주의는 지속될 수 있다는 명제의 진위를(런시먼 2018, 144) 시험이라도 하듯, 지난 보수 정부 9년의 실패를 감당할 수 있는지 시험받고 있다. 더욱이 좌우의 모든 엘리트가 부패한 집단으로 비난받으면서 포퓰리즘이 성장할 수 있는 정치적 토양이 만들어지고 있다(뮐러 2017, 14). OECD 조사에 따르면, 정부가 부패했다고 인식하는 한국인의 비율은 2006년에 67%로 이미 높은 수준이었지만, 2016년에는 그 비율이 무려 78%로 급증했다(OECD 2017).

한국 사회는 이처럼 성공적인 산업화와 민주화가 만든 '덫'에 빠져 있는 것처럼 보인다. 실제로 '성공의 덫'은 한국 사회의 거의 모든 곳에서 확인할 수 있다. 제도 정치에 대한 불신과 낮아진 성장률에 더해 2018년 한국은 OECD 회원국 가운데 유일하게 합계 출산율(TFR, 0.98)이 0명대에 진입한 국가가 되었다(OECD 2019a). 자

---

2_2% 아래로 내려 갈 것이라고 예측되었던 GDP 성장률은 정부의 부양 정책과 맞물려 간신히 2%를 달성할 것으로 예상된다(한국개발연구원, 2019). 사실 1954년부터 지금까지 GDP 성장률이 1%대를 기록한 해는 1956년, 1960년, 1980년, 1998년, 2009년 5차례뿐이었다(한국경제 60년사 편찬위원회 2010, 198; 통계청 2019). 이 중 1980년, 1998년, 2009년은 경제 위기가 중요한 원인이었고, 1960년은 4.19혁명으로 이승만 정권이 몰락했던 해였다.

살률은 2018년 26.6명으로 리투아니아Lithuania를 제치고 다시 1위로 올라섰다(통계청 2019). 1990년 초 이후 높아졌던 불평등과 빈곤은 여전히 높은 수준이며, 노동시장의 양극화는 점점 더 심화되고 있다. 또한 한국은 사회경제적 성 불평등 수준을 나타내는 유리 천장 지수에서 계속 최하위를 기록하고 있다(Economist 2019). 일인당 GDP는 3만 달러가 넘었지만, 삶에 대한 만족도는 OECD 회원국은 물론 브라질, 콜롬비아, 러시아 등을 포함해도 최하위 그룹에서 벗어나지 못하고 있다(OECD 2017). 심지어 2014년 조사에 따르면 한국인의 삶의 만족도는 내전 중인 이라크보다도 낮았다(Gallup and Healthways 2014).

기적적인 성공을 이룬 사회에서 왜 이런 일들이 벌어지고 있는 것일까? 성공의 덫에 빠져 있는 한국 사회의 모습은 이렇듯 잠깐만 둘러보아도 분명하게 확인할 수 있지만, 한국 사회가 왜 이런 덫에 빠졌는지를 이해하기는 쉽지 않다. 한국 사회가 빠진 덫은 한국 사회가 실패한 결과가 아니라 세계와 우리 스스로가 입에 침이 마르도록 찬양해 마지않았던 그 '성공'의 결과이기 때문이다. 이처럼 성공이 곧 덫이 된 현실은 한국 사회가 그 '덫'으로부터 빠져나올 수 있는 손쉬운 대안을 찾기 어렵다는 것을 의미한다. 한국 사회가 덫에서 빠져나온다는 것은 한국 사회가 자신이 성공할 수 있었던 그 유산을 폐기해야 한다는 것을 의미하기 때문이다. 다시 말해 성공의 경험을 우리 스스로 부정할 때 우리는 비로소 그 성공의 덫으로부터 빠져나올 수 있기 때문이다. 이런 이유로 덫에서 빠져나올 수 있는 길을 찾는 일은 해방 이후 한국 사회가 걸어왔던 누적된 유산의 역설적이고 중층적인 성격을 정확하게 집어내고 이해하는 것으로부터 시작할 필요가 있다.

이런 인식에 기초해 이 글은 "성공적인" 산업화와 민주화에 이어 복지국가의 길을 걸어가고 있는 한국 사회가 성공의 덫에 빠진 이유를 정치·경제·복지 체제의 역사적 궤적을 통해 설명하려고 했다. 다음 절에서는 분석의 틀을 간단하게 살펴보고, 정치·경제·복지 체제의 역사적 궤적을 세 시기로 나누어 각각의 특성을 개략했다. 이어서 한국 사회에서 나타난 성공의 덫을 소득 불평등을 중심으로 개괄하고, 정치·경제·복지 체제의 역사적 유산이 어떻게 서로 밀접하게 연관되면서 한국 사회를 성공의 덫에 빠지게 했는지를 개략했다. 마지막으로 정리와 함의에서는 이상의 논의를 통해 한국 사회가 성공의 덫에 빠져나와 지속 가능한 사회를 만들어 가기 위해 시작해야 할 핵심 쟁점을 제시하는 것으로 마무리했다.

## 1. 어떻게 분석할 것인가

이 연구가 기존의 연구들과 상이한 점은 한국 사회의 유산과 성격을 구성하는 핵심 제도인 민주주의(정치), 성장 체제(경제), 복지 체제(복지)를 하나의 벡터를 구성하는 요소처럼 총체적인 관점에서, 나아가 시공간의 특성이 더해진 자본주의 세계 체계의 맥락에서 접근하려는 했다는 점이다. 〈그림 1〉에서 제시한 것처럼 성장 체제의

그림 1. 역사적 궤적의 정치-경제-복지의 상호보완적 접근[3]

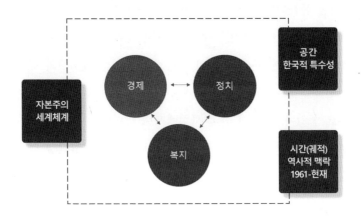

특성은 복지 체제의 특성과 밀접히 관련되고, 이런 성장 체제와 복지 체제의 지속 여부는 정치체제의 특성과 밀접히 관련되어 있다. 이 글에서는 이런 특성을 시공간적으로 보편적인 것이 아닌 누적된 경로라는 역사적 맥락과 자본주의 세계 체계에서 한국이라는 공간적 특수성에 기초해 설명하려고 했다. 예를 들어, 한국 성장 체제의 중요한 특성 가운데 하나로 알려진 조립형 산업화는 재벌 대기업이 주도하는 수출 중심의 성장 체제와 밀접하게 연관되어 있고, 이런 성장 체제의 특성은 노동시장의 이중구조화와 연결되면서 사회보

---

**3**_분석틀의 세부적인 내용은『사회경제변화에 따른 지속 가능한 사회보장체계 구축을 위한 쟁점』을 참고해 보완한 것이다(윤홍식 외 2018b).

험 중심으로 제도화되어 있는 한국의 사회보장제도에 광범위한 사각지대를 만들어 내고 있다. 그러나 한국 사회는 현 성장 체제와 복지 체제가 만들어 내고 있는 문제를 풀어 갈 수 있는 정치적 역량을 갖고 있지 않으며, 한국 사회의 전략적 선택지는 자본주의 세계 체계의 변화라는 제약 조건 아래에서 구성된다는 사실 또한 분명히 할 필요가 있다. 이처럼 한국 사회에서 평범한 사람들이 겪는 고단한 삶의 문제는 불안한 민주주의, 뒤처진 복지국가, 활력을 잃은 경제 각각의 문제가 아닌 정치-경제-복지가 상호 연결된 총체적 문제에 기인하는 것이다. 그렇기 때문에 덫에서 빠져나오는 길은 단순히 정치제도를 개혁하고, 복지 지출을 늘리며, 경제성장률을 높이는 방식으로 해결할 수 없다. 이런 이유로 이 연구는 국민국가의 정치-경제-복지를 정태적으로 다루거나, 이들 각 영역을 독립적으로 접근하지 않으며, 핵심 요소들의 총체적이며 상호보완적인 하나의 영역으로 설정해 지난 60년의 궤적을 분석했다. 다만 시간적으로 60년의 정치-경제-복지를 개략한다는 것은 중요한 정보를 누락할 수밖에 없다는 점에서 그 한계 또한 분명해 보인다.

이론적인 측면에서 보면 이 글은 한국 사회를 성공으로 이끌었던 개발 국가와 이에 대한 대안 사회를 대비하는 방식으로 한국 사회가 직면한 '성공의 덫'을 규명하려고 했다. 예를 들어, 개발 국가는 제諸 계급의 이해로부터 상대적 자율성을 갖고 권위주의적인 방식으로 노동을 배제하고 자본과 위계적 연계를 만들어 내면서 성공의 길을 걸었다(박은홍 2008; Evans 1995; Jonhson 1982). 반면 민주적 복지국가와 같은 대안 사회는 배제되었던 노동의 복원을 전제로 하는데, 노동의 복원은 시민과 연대해 국가와 수평적 연계를 강화해 시장을 민주적으로 통제할 때 실현 가능하다(Hall and Soskice 2001; Esping-Andersen 1990). 이처럼 이 글은 성공의 요인이 대안적 사회로 나아가는 길을 가로막는 덫이 되고 있는 한국 사회의 상황을 우리가 (암묵적으로) 바람직하다고 생각하는 사회와 대비해서 보여 주려고 했다. 또한 이 글에서는 성공의 덫이 만들어지는 과정을 중층적이고 누적적으로 "연계된 이행"의 과정으로 접근했다는 점도 주목할 필요가 있다.

## 2. 정치·경제·복지 체제의 주요 시기별 특성

한 사회의 역사적 궤적을 어떻게 구분하는지에는 단순히 시간대에 따른 구분을 넘어 시기를 구분하려는 주체가 담아내려는 그 사회의 성격이 담겨 있다. 그렇기 때문에 어떻게 시기를 구분할지는 그 자체로 논쟁적일 수밖에 없으며, 그 사회가 그린 궤적의 성격을 규정하는 매우 중요한 일이다. 앞서 언급했던 것처럼 이 연구는 한국 사회의 궤적을 개발 국가의 성립에서 시작해 개발 국가가 해체·약화되어 가면서 정치-경제-복지 영역에서 나타난 중층적으로 누적된 '성공의 덫'을 드러내려고 했기 때문에, 개발 국가의 형성, 성장, 약화를 중심으로 시기를 구분했다. 첫 번째 시기는 박정희가 군사 쿠데타로 집권한 1961년부터 1979년까지의 시기로 개발 국

## 표 1. 정치·경제·복지 체제의 시기별 주요 특성

| 시기<br>구분<br>특성 | '권위주의'<br>개발 국가 시기<br>1961~79 | 신자유주의 이행기<br>(개발 국가 = 신자유주의)<br>1980~97 | 신자유주의 시기<br>(개발 국가 〈 신자유주의)<br>1997~현재 |
|---|---|---|---|
| 정치 | ● 권위주의 체제<br>● 권위주의 국가의<br>연계된 자율성 (국가 〉<br>자본, 노동 배제) | ● 민주주의 이행기(거래를<br>통한 이행)<br>● 보수 양당 구조의 형성<br>● 연계된 자율성의 약화와<br>자본의 부상과 노동<br>배제의 지속<br>● 전투적 노동운동<br>● 시민운동 형성 | ● 보수 양당 체제에 기초한<br>민주주의의 공고화<br>● 자본 우위의 권력관계<br>● 노동운동의 고립과<br>시민운동의 약진<br>● 한반도 분단 질서의 균열<br>● 경쟁적 코포라티즘의 시도 |
| 경제 | ● 개발 국가<br>● 복선형과 조립형 수출<br>주도 성장 체제의<br>공존<br>● 고도성장 | ● 개발 국가의 황금기와<br>위기<br>● 복선형 성장 체제의<br>약화와 조립형 수출 주도<br>성장 체제의 강화<br>● 고도성장 | ● 재벌 대기업이 중심의 조립형<br>수출 주도 성장 체제의<br>강화·고착화<br>● 성장률의 저하 |
| 복지 | ● 개발 국가 복지 체제<br>● 빈곤과 불평등의 완화<br>● 저(低)세금과 사적<br>자산 축적 | ● 개발 국가 복지 체제의<br>황금기와 위기<br>● 빈곤과 불평등의 확대<br>● 저(低)세금과 사적 자산<br>축적의 확대<br>● 생산과 소비가 선순환하는<br>유사포디즘의 성립 | ● 사회보험 중심의 공적 복지<br>확대<br>● 민간 중심의 사회 서비스 확대<br>● 사적 자산(금융·부동산)<br>축적의 심화<br>● 저(低)세금과 공·사적<br>영역에서 역진적 선별성의<br>고착화 |
| 자본주의<br>세계 체제 | ● 복지국가의 황금기와<br>위기의 시작<br>● 케인스주의의 위기<br>● 좌파 권력 자원의<br>약화 | ● 신자유주의의 부상과 확산<br>● 냉전 질서의 붕괴<br>● 미국, 일극 체제의 성립 | ● 신자유주의의(금융자본)의<br>전성기, 1997~08과 위기<br>(대침체), 2008~현재<br>● 중도 좌파의 부활과 위기<br>● 포퓰리즘의 확산<br>● 미국 일극 체제의 위기<br>● 보호무역의 확산 |

자료: 윤홍식(2019b; 2019c).

가가 형성되고 성숙되어 갔던 시기이다. 이 시기를 자본주의 세계
체계의 관점에서 보면, 자본주의와 복지국가의 황금시대였던 동시
에 위기가 시작된 시기였다. 케인스주의가 위기에 처하면서 신자유

주의가 부상하고, 정치적으로는 케인스주의의 위기에 대한 대안을 제시하지 못했던 사민주의 정치 세력이 위기에 처했던 시기였다. 이 시기 한국은 정치적으로는 권위주의 체제가 강화되고, 계급의 이해로부터 상대적으로 자율적인 국가가 노동을 배제하고 자본과 국가 우위의 연계를 만들었다. 경제적으로는 이를 통해 경공업에서 중화학공업으로 이어지는 복선형 산업화의 길을 걸었던 시기다. 복지 체제의 관점에서 보면 경제개발이 일자리를 만들고, 이렇게 만들어진 일자리가 개인과 가구의 소득을 높여, 절대 빈곤을 완화했던 시기였다. 이 시기 동안 한국인은 공적 복지 지출의 확대 없이 처음으로 절대 빈곤에서 벗어나기 시작했다. 또한 저低세금 구조가 지속되면서 중간계급이 사회적 위험에 대응할 수 있는 금융자산과 부동산이라는 사적 자산을 축적할 수 있는 출발점이 되었던 시기이다.

두 번째 시기는 대처와 레이건으로 대표되는 신자유주의 세력이 부상하면서 신자유주의가 자본주의 세계 체계의 지배적인 이념으로 등장한 시기이다. 냉전 질서의 붕괴는 미국 일극 체제를 성립시켰다. 하지만 신자유주의는 자본주의 황금시대를 재현하지 못했고, 산업화된 사회에서 사민주의와 복지국가는 약화·재편되기 시작했다. 한국에서는 전두환이 광주를 피로 물들이고 집권한 1980년부터 외환 위기가 발생했던 1997년까지의 시기이다. 큰 틀에서 보면 이 시기는 권위주의 개발 국가가 신자유주의로 이행하는 시기로 전두환 정권이 주도한 개방화와 자유화 정책은 한국 사회에서 신자유주의의 출발점으로 볼 수 있다. 정치적으로는 1987년 6월 민주화 항쟁을 거치면서 한국 사회는 민주주의로 이행을 시작했다.

하지만 권위주의 세력이 제거되지 않은 채 보수 야당과의 거래를 통해 이루어진 민주화는 자본이 국가에 종속된 위계적 연계에서 벗어날 수 있는 계기가 되었지만, 노동과 시민에게는 또 다른 시련의 시기였다. 더욱이 1990년 3당 합당에 의해 보수대연합이 만들어지면서 민주화 이후에도 노동에 대한 배제가 지속되면서 노동운동의 전투적 성격이 강화되었다. 한편 이 시기는 여성단체연합, 경실련, 참여연대 등 시민운동이 한국 사회에서 중요한 정치적 주체로 등장하기 시작했던 시기이기도 하다. 경제적으로는 복선형 산업화에 기초한 개발 국가의 성격이 약화되었다. 하지만 복지 체제에서는 3저 호황이라는 조건에서 한국 사회의 궤적에서 보기 드물게 생산과 소비가 국민국가 내에서 선순환하는 구조가 만들어졌던 시기이기도 했다. 역설적이지만 이렇게 한국 사회가 개발 국가에서 신자유주의 체제로 이행하던 이 시기가 성장이 절대 빈곤만이 아닌 불평등까지 완화했던 '개발 국가 복지 체제'의 황금시대였다.[4] 하지만 1970년 대 말부터 시작되었던 한 여름 밤의 꿈같았던 개발 국가 복지 체제의 황금시대는 1990년 초를 지나면서 성장이 도리어 불평등을 확대하면서 역사의 뒤안길로 사라지게 된다.

세 번째 시기는 전반기와 후반기로 구분할 수 있는데, 전반기는

---

4_여기서는 개발 국가 복지 체제를 생산주의 복지 체제와 구분해서 사용했다. 일반적으로 생산주의 복지 체제의 핵심 주장은 경제정책에 대한 사회정책의 종속성으로 설명한다. 반면, 개발 국가 복지 체제는 경제성장이 일자리를 만들고, 이렇게 만들어진 일자리가 저임금과 장시간 노동과 결합하면서 불평등과 빈곤을 완화시키는 복지 체제를 지칭하는 용어로 사용했다.

1997년 IMF 외환위기부터 2008년 금융위기가 발생하기 전까지로 자본주의 세계 체계에서 금융자본에 기초한 신자유주의 전성기였다. 후반기는 2008년 미국에서 시작된 금융 위기가 미국을 넘어 유럽으로 확산되면서 대침체the Great Depression가 지속된 시기이다(투즈 2019). 2008년을 지나면서 금융자본 중심의 신자유주의는 위기에 처했지만, 대안이 없는 가운데 신자유주의 질서가 지속되면서 사회적 불평등이 확대되었고, 좌·우 모두에서 포퓰리즘이 부상하고 있다. 한국은 1997년 외환 위기를 거치면서 해방 이후 처음으로 선거를 통한 정권 교체가 이루어지며 민주주의가 공고화되어 가기 시작했다. 하지만 정치 구조, 제도, 권력 자원의 변화를 이루어 내지 못했던 정권 교체는 보수정당과 자유주의 정당(중도 정당)의 거대 양당 구조를 공고화했고, 노동이 배제된 자본 우위의 권력관계도 지속되었다. 김대중 정부에 의해 경쟁적 코포라티즘이 시도되었지만,[5] 결과적으로 공적 복지의 제한적 확대와 노동시장 유연화가 전면화되었다. 1998년의 이런 불평등한 노-사-정의 사회적 합의는 이후 한국 사회에서 노사정이 함께하는 코포라티즘을 복원하는 데 있어 결정적 장애로 남게 된다. 성장 체제는 1997년을 지나면서

---

**5**_경쟁적 코포라티즘은 수요 조절 코포라티즘(사회적 코포라티즘)과 대비되는 개념으로 사회적 코포라티즘이 완전고용, 복지 확대 등 케인스주의를 추구한 반면 경쟁적 코포라티즘은 "형평성과 효율성, 재분배와 성장, 사회적 연대와 경쟁력"을 이분법적 선택의 문제로 접근하지 않는데, 이는 자본의 힘을 강화시키는 코포라티즘이라는 비판이 있다. 그러나 상대적으로 경쟁적 코포라티즘은 일방적으로 추진되는 신자유주의보다는 더 낫다는 평가도 있다(선학태 2006; Rhodes 2001; 2003).

복선형 산업화의 성격을 탈각하고 재벌 대기업이 주도하는 조립형 수출 독주 체제가 성립된다(이병천 2013, 163-167). 재벌 개혁을 주장하며, 성장과 분배의 선순환을 주장했던 자유주의 정부가 10년 동안 집권했고, 2017년부터 다시 5년이 시작되었지만, 이 시기 재벌의 영향력은 더 강화되었다. 이에 따라 노동시장에서 양극화는 더 심화되었다. 복지 체제는 이 시기를 지나면서 공적 복지가 확대되었지만, 신자유주의의 부정적 결과를 중화하기에는 충분하지 않았다. 더욱이 공적 복지가 사회보험을 중심으로 확대되면서 한국 복지 체제는 자유주의 정부와 보수 정부를 거치면서 역설적으로 상대적으로 안정적인 고용과 소득을 보장받는 계층에게 공적 복지와 사적 자산 축적이 더 우호적인 역진적 선별성이 강화되었다. 낮은 수준의 공적 복지는 권위주의 개발 국가에서 시작되어, 이행기를 거치는 동안 중·상층이 사적 자산의 축적을 늘리는 데 기여했고, 이는 다시 중·상층이 공적 복지 확대에 소극적인 태도를 갖는 세도적 기반이 되었다.

## 3. 정치·경제·복지의 역사적 유산

### 1) 성공의 덫: 심각해지는 불평등

한국 사회의 '성공의 덫'을 확인할 수 있는 사회경제적 지표는 출산율, 자살률, 빈곤율, 불평등 지수 등 수많은 지표가 있지만, 여기서는 지니계수로 측정한 소득 불평등을 중심으로 검토해 보자. 지난 60년간의 불평등을 정확하게 측정하는 것은 자료의 불일치로 말미암아 쉽지 않다. 최근에도 불평등을 측정하는 자료로 사용되었던 가계동향조사가 불평등을 과소 추정한다는 비판에 따라 가계금융복지조사로 바뀌면서 불평등 지수의 일관된 변화를 설명하기 어려워졌다. 다만 여기서는 자료 및 측정과 관련된 논란이 있다는 것을 전제로, 지난 60여 년간의 소득 불평등을 관찰해 보면 〈그림 2〉와 같이 나타난다. 중요한 특성으로, 1960년대 경공업 중심의 산업화는 농촌에 산재해 있던 대규모 유효 노동력에게 일자리를 제공해 소득 불평등을 낮췄다. 반면, 1970년대 시작된 중화학공업화는 숙련이 상대적으로 높은 남성 노동력을 선택적으로 고용하면서, 1970년대 말까지 소득 불평등을 증가시켰다. 다시 말해, 1961년부터 본격화된 개발 국가 시기의 경제성장이 항상 소득 불평등을 낮춘 것은 아니었다.

한국 사회에서 소득 불평등이 본격적으로 감소하기 시작한 것은 1970년대 말부터 1990년대 초까지의 대략 10년이 조금 넘는 짧은 시기였다. 이 기간 동안 한국 개발 국가는 황금시대에 진입해 공적 복지의 유의미한 확대 없이도 성장이 불평등을 완화하는 개발 국가 복지 체제가 만들어졌다. 실제로 1980년부터 1992년까지 GDP 대비 사회 지출은 1.61%에서 3.19%로 1.58%P 증가하는 데 그쳤고, 증가의 대부분도 1987년 민주화 이후에 이루어졌다.

하지만 1990년대 초중반을 지나면서 소득 불평등이 다시 높아

## 그림 2. 불평등과 사회 지출의 궤적: 1962~2020년

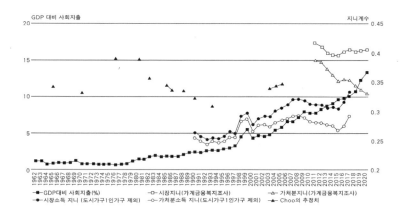

주: 1980년부터 1989년까지의 GDP 대비 사회 지출 규모는 한국은행에서 제공하는 경제통계연보에서 1980
년부터 1989년까지의 중앙정부와 지방정부의 총 복지 예산을 해당 연도 국내총생산으로 나눈 값이다. 이
런 산출 방식은 신동면이 산출한 1962년부터 1979년까지의 GDP 대비 사회 지출 비중과 1990년부터
현재까지의 GDP 대비 사회 지출 비중과는 그 산출 방식이 상이 할 수도 있기 때문에 대략적인 경향만 확
인하는 정도로 이해할 필요가 있다.
자료: 통계청(2021), Choo(1992), 한국보건사회연구원(2020), 김연명(2015). 신동면(2011).

지기 시작했다. 1997년 외환 위기가 소득 불평등을 증가시킨 결정
적 계기로 알려져 있지만, 외환 위기로 인해 지니계수가 예외적으
로 높아졌던 1998년과 1999년을 제외하면 지니계수는 이미 1990
년대 초중반부터 높아지고 있었다. 한국 사회에서 불평등이 증가한
것은 외환 위기로 촉발된 현상이 아니라 1990년대 초부터 나타난
구조적 문제의 결과라고 할 수 있다. 1990년대 초중반부터 한국 사
회에서는 성장이 일자리를 만들고, 그렇게 만들어진 일자리가 소득
불평등을 낮추는 개발 국가 복지 체제가 해체되기 시작했던 것이
다. 〈그림 3〉에서 보는 것과 같이 1990년대 초중반 이후부터 2008

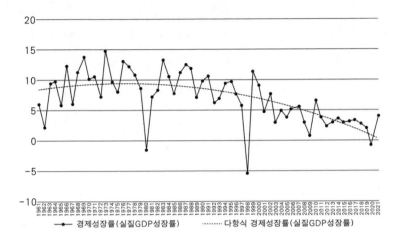

**그림 3. GDP 성장률의 변화: 1954~2021년**

자료: 통계청(2022). e-나라지표: 국내총생산 및 경제성장률(GDP). http://www.index.go.kr/potal/main/EachDtlPageDetail.do?idx_cd=2736 (검색일: 2021/07/31).

년 금융 위기 이전까지 근 20년 동안 외환 위기를 거쳤음에도 경제 성장률은 상대적으로 높은 수준을 유지했지만, 1990년대 초반 이후 경제성장이 불평등을 낮추는 낙수 효과는 나타나지 않았다. 오히려 경제성장이 불평등을 확대하는 결과로 나타났다. 또 다른 흥미로운 현상도 있다. 〈그림 2〉를 보면 외환 위기 직후인 1997년부터 2015년까지의 소득 불평등의 변화이다. 상대적으로 복지 확대에 우호적인 정부로 알려진 소위 자유주의 정부(1998~2007) 기간 동안 소득 불평등은 증가했고, 복지 확대에 소극적이었던 것으로 알려진 보수 정부(2008~15) 기간 동안 소득 불평등이 낮아졌다. 일반적 상식과 배치되는 결과이다.

우리는 여기서 두 가지 사실을 주목할 필요가 있는데, 하나는 정부의 이념적 성향과 관련 없이 1987년 민주화 이후 한국 사회에서 GDP 대비 사회 지출은 지속적으로 증가했다는 사실이다. 예외가 있다면 민주화 이후 두 번째 보수 정부라고 할 수 있는 김영삼 정부 시기(1993~97)로 GDP 대비 사회 지출은 1993년 3.27%에서 1997년 3.60%로 불과 0.38%P 증가하는 데 그쳤다. 김영삼 정부가 삶의 질 문제를 본격적으로 제기했고, 이 시기부터 성장의 낙수 효과가 사라지기 시작했다는 점을 고려하면 이례적이라고 할 수 있다. 어쨌든, 1987년 민주화 이후 정부의 이념적 성향은 적어도 복지 지출의 '확대'라는 경향을 역전시키지는 않았다고 할 수 있다. 다른 하나는 1980년대 신자유주의 세계화가 본격화된 이후 국민국가의 소득 불평등은 국민국가만의 문제가 아닌 세계 자본주의와 밀접하게 관련되어 있는 문제가 되었다. 물론 제조업 고용과 같은 다른 중요한 요인들도 있지만, 1998~2007년은 신자유주의 금융 자본주의의 전성기였기 때문에, 국민국가 차원에서 소득 불평등의 핵심 원인인 금융 자본주의의 힘을 약화시키는 것은 불가능했을 것이다(밀라노비치 2017). 반대로 2008년 금융 위기 이후 금융 자본주의가 약화되면서 소득 불평등도 감소했다. 2008년 0.323에 달했던 지니계수는 2015년 0.307로 낮아졌다.[6] 소득 불평등을 낮추기 위

---

6_1998년부터 사회 지출이 지속적으로 증가하는데도 소득 불평등이 이와 무관하게 증감을 거듭하는 현상은 소득 불평등을 설명하는 데 있어 국내적 요인과 국외적 요인을 함께 고려해야 한다는 것을 의미한다.

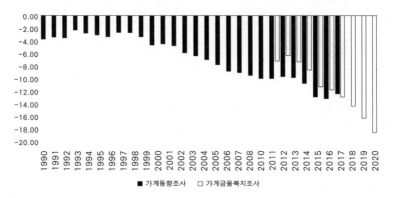

그림 4. 조세와 공적 이전소득의 불평등(지니계수) 감소율(%): 1990~2020년

■ 가계동향조사　□ 가계금융복지조사

자료: 한국보건사회연구원(2020); 통계청(2021).

해 국민국가가 할 수 있는 일은 제한적이라는 것을 의미한다.

　그렇다고 정부가 아무것도 할 수 없다고 주장하는 것은 아니다. 소득 불평등을 낮추기 위한 국민국가의 역할은 시장 소득과 가처분 소득으로 측정한 소득 불평등의 지표를 통해 확인할 수 있다. 〈그림 4〉는 1990년부터 2020년까지 시장 소득과 가처분소득으로 측정 한 지니계수의 차이를 보여 준다. 앞서 언급한 것처럼 정권에 따른 다소간의 등락은 있지만, 사회 지출이 불평등을 낮추는 정도는 1997년 위기 이후 정권에 관계없이 지속적으로 확대되었다. 다만 대부분의 기간 동안 이런 사회 지출의 증가가 시장에서 나타나는 소득 불평등의 증가를 역전시키지 못했다. 흥미로운 점은 문재인 정부가 들어서면서 〈그림 2〉에서 보았던 것처럼, 시장 불평등이 증 가하는 가운데서도 처분 가능성의 불평등은 감소하는 현상이 나타났다. 이런 결과(이는 해방 이후 처음 나타나는 현상이다)는 소득 불평등을 줄이기 위해 이전 정부들이 충분한 사회지출을 하지 않았다는 것을 이야기해 준다. 물론 이런 경향이 지속될 것인지와 경제 영역의 근본적인 개혁 없이 사회 지출의 증가를 통한 불평등 완화가 지속가능한 대안인지는 숙고가 필요해 보인다. 정리하면 한국 사회에서 경제성장이 소득 불평등을 완화하는 개발 국가의 낙수 효과는 1970년대 말부터 1990년대 초중반까지를 제외하면 작동하지 않았다. 이 점에서 대부분의 사람들이 좋았던 시기로 기억하고 있는 개발 국가 시기는 일종의 예외이자 신화라고 할 수 있다. 특히 1990년대 초중반 이후 한국 사회에서는 성장이 불평등을 확대하는 성공의 역설이 점점 더 심화되었다. 우리는 이제 한국 사회가 왜 이런 성공의 덫에 빠지게 되었는지를 정치-경제-복지 체제의 통합적 관점에서 살펴보자.

## 2) 왜 성공이 덫이 되었을까?

성공이 덫을 놓았다. 한국 경제의 놀라운 성공이 '연계된 자율성'embedded autonomy을 특징으로 하는 권위주의 개발 국가의 형성과 밀접히 관련되어 있는 것처럼(Evans 1995; Jonhson 1982), "성공의 덫"도 그 연계된 자율성을 떠나서는 설명하기 어렵다. 정치경제적으로 한국의 권위주의 개발 국가는 제諸 계급의 이해로부터 상대적 자율성을 확보한 권위주의 국가가 노동을 배제하고, 자신이 창조한 자본을 위계적으로 연계시킬 수 있는 역량에 기초해 시간적으로는 1960년대 미국 패권의 자본주의 황금시대에, 공간적으로는 냉전의 최전선에 있던 한반도 남단이라는 특수한 공간적 조건에서 만들어졌다. 제3세계의 많은 국가들에서 전통적인 지배계급(주로 식민지 시기부터 이어졌던 지주계급)은 독립 이후에도 지배계급으로 남아 있었고, 전통적 지배 질서와 자본주의에 저항하는 농민, 원주민 등도 일정한 세력을 유지하고 있었다(정이나 2017; Bennerwitz 2017). 반면 한국에서 전통적 지배계급이었던 지주는 북한의 토지개혁에 자극받아 이루어진 농지개혁이 한국전쟁을 통해 완결되면서 지배계급으로서의 지위를 상실했다(윤홍식 2019b). 자본가계급도 마찬가지이다. 일제강점기 토지 자본에 기초해 성장했던 박흥식(화신백화점), 김연수(경성방직) 등과 같은 자본가계급은 대부분 해방 이후 재벌로 성장하지 못했다(김기원 2002, 232-233).

해방 이후 새롭게 만들어진 자본가계급은 해방 전의 자본가계급과 무관한 미군정과 이승만 정권이 창조한 계급이었다. 실제로 미군정과 이승만 정권은 적산불하와 환율 정책, 원조 물자, 은행 융자 등을 통해 한국에서 국가에 종속된 자본가계급을 만들었다(조석곤·오유석 2001; 공제욱 1994; 배인철 1994). 서구 사회에서 자본가계급이 근대를 이끌었던 '혁명적' 계급이었다면, 한국에서 자본가 계급은 국가가 만든, 다시 말해 국가에 종속되어 혁명성이 거세된 부르주아지였다. 한국 자본의 이런 특성은 동아시아 개발 국가에서 일본 개발 국가와 대비되는 한국 개발 국가의 중요한 특성이다. 일본의 대기업은 19세기 말부터 성장해 1920년대에 들어서면 정치적으로 이미 큰 영향력을 갖고 있었기 때문에, 1930년대 전시체제에서 형성된 일본 개발 국가가 자본을 한국처럼 국가에 위계적으로 종속시킬 수는 없었다(사사다 2014). 물론 그렇다고 한국 개발 국가의 자본에 대한 위계적 연계성이 국가에 대한 재벌 대기업의 전일적 종속을 의미하는 것으로 해석해서는 안 된다. 일본 정도는 아니었지만, 한국의 자본도 위계적 연계성에서 자신의 이해를 부분적이지만 관철할 역량을 갖고 있었고, 권위주의 개발 국가 시기에도 그 영향력은 성장하고 있었다. 그렇지 않았다면 1987년 민주화와 1997년 외환 위기를 거치면서 나타난 국가의 축소와 자본의 '갑작스러운' 성장을 설명할 수 없을 것이다. 다른 한편, 저항 세력으로서 노동계급과 농민 계급도 1946년 9월 총파업과 10월 항쟁을 거치고(허은 1997, 335), 한국전쟁과 이승만의 반공 권위주의 정권 시기를 거치면서 괴멸되었다. 이런 조건에서 1960년대 제諸계급의 이해로부터 상대적으로 자유로운, 자본을 국가에 종속적으로 연계한 권위주의 개발 국가가 탄생한 것이다. 권위주의 개발 국가를 통제할 유일한 힘이 있었다면 그것은 미국뿐이었다. 이처럼 해방 이후 만들어진 계급 관계는 1960년대 '연계된 자율성'을 갖는 권위주의 개발 국가의 성립을 가능하게 했다.

이런 조건에서 권위주의 개발 국가는 저개발 국가의 산업화 방식 가운데 하나인 대기업을 중심으로 한 산업화의 길을 걸을 수 있었다(Schmitz 1999, 478). 조립형 산업화라고 불리는 산업화의 길은 대규모 초기 설비투자를 감당할 수 있는 재벌 대기업이 존재하고(Levy and Kuo 1991, 366), 그런 재벌 대기업이 손실의 위험을 안고도 초기 투자를 감행하도록 강제할 수 있는 권위주의 개발 국가가 존재할 때 가능한 성장 방식이었기 때문이다. 잘 알려진 것처럼 재벌 대기업은 1950년대에는 원조 물자와 환율에서 발생하는 지대를 통해, 권위주의 개발 국가의 경제개발이 본격화되었던 1960년대부터는 국가 조절 양식이라고 할 수 있는 성과에 대한 규율을 전제한 정책금융을 통해 성장했다. 산업화를 위한 생산재가 부재한 조건에서 이런 대규모 설비투자를 위한 자금은 언급한 것처럼 차입(차관)에 의존할 수밖에 없었다(서익진 2003, 70). 개발 국가가 차입으로 인한 외채 위기를 적절한 수준에서 관리하면서 안정적 성장을 유지하기 위해서는 외화 획득이 필연적이었기 때문에 재벌 대기업이 중심이 되는 조립형 수출 주도 성장 방식은 (필연적이라고 할 수는 없을지 몰라도) 불가피한 선택이었다. 더욱이 권위주의 개발 국가의 성장 방식은 지속적인 수출 상품의 대체(예컨대, 경공업 중심에서 중화학공업 중심)와 수입 상품의 대체, 계열 상승과 계열 하강을 병행해 산업화의 전후방 효과를 강화하는 방식으로 이루어졌다는 점에서 일방적인 수출 주도형 성장 방식이 아닌 복선형 성장 방식이었다(서익진 2003, 80-81). 실제로 권위주의 개발 국가가 재벌 대기업을 동원한 이런 복선형 성장 방식은 놀라운 성과를 거두었다. 한국의 제조업 규모는 1970년 세계 41위에서 1990년에는 12위를 기록했다(정준호 2016, 75; 2018, 14에서 재인용). 추격을 위한 기술 축적과 학습도 산업화 과정에서 의미 있는 진전을 이루었다. 특히, 단순히 양적 성장만이 아닌 기술 축적이 이루어지면서 기계 산업은 1980년대 초반 기계를 수입한 양만큼 수출이 이루어졌다(서익진 2003, 81-82).

복지 체제의 측면에서도 복선형 산업화가 추동한 전방위적 일자리의 창출은 〈그림 2〉에서 보았던 것처럼 사회 지출이 1~2% 수준인 상황에서도 빈곤과 불평등을 완화함으로써 서구 복지국가의 "기능적" 등가물이라고 할 수도 있는 '개발 국가 복지 체제'를 만들었다(윤홍식 2019b). 실제로 1976년 0.391에 달했던 지니계수는 1990년 0.323로 낮아졌고(Choo 1992), 절대 빈곤율은 1965년 40.9%에서 1980년이 되면 9.8%로 급감했다(서상목 1979; Suh and Yeon, 1986). 하지만 성장이 일자리를 만들고, 이렇게 만들어진 일자리가 불평등과 빈곤을 완화했던 개발 국가 복지 체제의 성립이 노동자가 생산성에 조응하는 적절한 임금을 받았다는 것을 의미하지는 않는다. 당시 한국의 임금수준은 다른 아시아 국가들과 비교해 매우 낮은 수준이었기 때문이다. 대만 제조업 노동자의 시간당 임금을 100으로 했을 때 한국 제조업 노동자의 시간당 임금은 1965년 62.5% 수준이었고, 1984년에도 81.3% 수준에 불과했다(고준석 1989; 서익진 2003, 93에서 재인용). 이 같은 저임금에도 불구하고 노동자들이 빈곤에서 벗어날 수 있었던 이유는 장시간 노동이 낮은 임금을 상쇄했기 때문이었다. 1969년 한국 제조업 노동자의 평균 노동시간은 56.3시간으로 필리핀의 46.7시간, 태국의 47.8시간보다 무려 10시간 가까이 길었다(이원보 2004, 96). 권위주의 개발 국가가 수출 경쟁력을 확보하기 위해 임금수준을 억제했음에도 불구하고 개발 국가 복지 체제가 형성될 수 있었던 것은 권위주의 개발 국가가 장시간 노동을 직간접적으로 강제했기 때문이다.

한국 개발 국가는 1970년대 말부터 1990년대 초까지 성장과 불평등 완화라는 두 마리 토끼를 동시에 잡는 믿기지 않는 성공을 이루었다. 1987년 6월 민주화 항쟁을 거치면서 한국 개발 국가는 자신의 가장 약한 고리였던 '권위주의'마저 탈각시킴으로써 자신의 성공을 더욱 빛나게 만들었다. 더욱이 민주화가 3저 호황과 맞물리면서 한국 개발 국가는 국민국가 내에서 생산과 소비가 선순환하며 성장하는 본래적 의미의 포드주의 축적 체제를 구축하는 것처럼 보였다(윤홍식 2019c, 192). 하지만 경제성장, 불평등과 빈곤의 완화, 민주화를 동시에 이룬 한국 개발 국가의 놀라운 성공 이야기는 1990년대에 들어서면서 위기에 처하게 된다. 역설적이게도 개발 국가의 성공이 한국 사회가 빠져나가기 힘든 덫을 놓은 것이다.

1980년대 후반 3저 호황이 끝나고 수출이 감소하자 성장도 둔화되었다(〈그림 3〉 참조). 성장을 지속하기 위해서는 수출 감소분을 내수가 대신하는 내포적 성장이 이루어져야 했다. 그러나 내포적 성장은 저임금과 (국내) 소비 억제를 통해 해외시장에서 가격 경쟁력을 유지하는 방식이 아니라 국민국가 내의 구매력을 높이는 것이 필요했고, 이를 위해서는 생산성에 준하는 임금 상승과 공적 사회 지출의 확대가 필요했다. 실제로 서구 자본주의와 복지국가의 황금시대는 실질임금의 상승과 함께 공적 사회 지출의 확대를 통해 높아진 국민국가 내의 구매력을 통해 뒷받침되었다(암스트롱·글린·해리슨 1993, 192-199). 권위주의를 탈각한 한국 개발 국가도 성장을 지속하기 위해서는 저임금과 낮은 사회 지출이라는 개발 국가의 특성에 벗어나 생산성에 조응하는 임금 인상과 사회 지출의 확대를 통해 새로운 축적 체제를 구축해야 했다. 그러나 개발 국가가 스스로 자신이 성공했던 그 속성을 버리는 것은 쉽지 않은 일이었다. 외연적 축적에서 내포적 축적으로 성장의 무게 중심을 옮긴다는 것은 마르크스의 이야기처럼 분배를 둘러싼 격렬한 계급투쟁을 수반하기 때문이다. 실제로 1987년 민주화 이후 노동운동을 중심으로 한 기층 운동의 분출과 1980년대 후반 중소기업의 발전 방향(대기업의 하청 계열화 대 독자 생존)을 둘러싼 논쟁은 이를 반영하는 것이었다.[7] 민주화 이후 한국 개발 국가는 자신의 성공을 가능하게 했던 그 속성을 약화시키고, 새로운 축적 체계의 특성을 강화할지를 선택해야 했다.

하지만 답은 이미 정해져 있었는지도 모른다. 1987년 민주화는 포르투갈 등에서처럼, 권위주의 세력을 일소하고 민주화 운동을 주도했던 세력이 주도한 민주화가 아니라, 권위주의 세력과 보수 야당 간의 거래에 의한 것이었기 때문이다(O'Donnell 1989; Lint 1981, 32). 1987년 6월 민주화 항쟁 이후 민주화 과정은 실질적으로 권위주의 세력이 주도했고, 그들 자신과 보수 야당에게 이로운 직선제 개헌과 소선거구제 도입 등은 그 결과였다(본서의 제5장, 제6장 참조). 1990년 1월에 이루어진 권위주의 세력과 일부 보수 야당의 합당으

---

7_한국개발원(KDI)은 중소기업을 고도화해 선진국처럼 독자적으로 생존할 수 있는 경쟁력 있는 중견 기업으로 발전시켜야 한다고 주장한 반면 산업연구원(KIET)은 중소기업을 대기업의 하청·계열화하는 방안을 지지했다. 당시 전두환 정권은 대기업의 이해를 반영해 중소기업의 발전 방향을 대기업에 하청 계열화시키는 방향으로 정리한 것으로 보인다(정준호 2022. 2. 28; 박준경 1989). 중소기업을 대기업에 하청·계열화 시키는 전략은 1960년대 이후 대기업 중심의 성공적 산업화 전략을 고수하겠다는 것을 의미했다.

## 그림 5. 제조업 노동자 1만 명당 로봇의 수(로봇 밀도): 1985~2019년

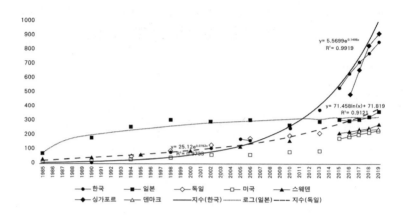

$y= 5.5699e^{0.1498x}$
$R^2= 0.9919$

$y= 71.458\ln(x)+ 71.819$
$R^2= 0.9121$

$y= 25.12e^{0.0782x}$
$R^2= 0.9738$

—●— 한국　—■— 일본　—◇— 독일　—□— 미국　—▲— 스웨덴
—◆— 싱가포르　—△— 덴마크　—— 지수(한국)　—— 로그(일본)——— 지수(독일)

자료: The RobotReport. (2019). US robot density ranks 7th in the world. April 5, 2019. https:
//www.therobotreport.com/us-robot-density-ranks-7th-in-the-world/ International Fed
eration of Robotics. (2018). Robot density rises globally. https://ifr.org/ifr-press-releas
es/news/robot-density-rises-globally Statista. (2020). Manufacturing industry-related ro
bot density in selected countries worldwide in 2019(in units per 10,000 employees) htt
ps://www.statista.com/statistics/911938/industrial-robot-density-by-country/ (검색일:
2020/11/07). 정준호(2018). 경제사회노동위원회 재인용 자료를 그래프로 수정한 것.

로 보수대연합이 탄생할 수 있었던 것도 이런 한국 민주화의 성격
과 관련이 있다. 이런 조건에서 개발 국가가 노동과 타협하는 내포
적 성장 방식을 선택할 가능성은 대단히 낮았을 것이다. 대신 한국
개발 국가는 대규모 투자가 필요한 최신 자동화 설비를 통해 노동
을 배제하고 외연적 축적 체제, 즉 수출 주도 성장 체제를 더 강화
하는 길을 선택했다(본서의 제2장 참조). 1990년대 이후 재벌 대기업
이 대규모 자본이 투자되어야 하는 자동화 공정을 선택할 수 있었
던 것도 권위주의 개발 국가 시기의 억압적 임금정책을 통해 지속
된 생산성에 미치지 못하는 낮은 임금을 기반으로 축적한 잉여가

있었기 때문에 가능했다. 실제로 〈그림 5〉에서 보는 것과 같이 한국 제조업은 1990년대를 거치면서 공정 자동화의 속도를 급격히 높여 갔다. 1990년 6.1에 불과했던 한국의 로봇 밀도는 1995년 26.7로 급등하기 시작해 2013년이 되면 독일, 일본 등 주요 제조업 강국을 제치고 1위를 기록했다.

권위주의 개발 국가 시기에 구조화된 저임금 체계는 단기적으로는 수출 상품의 국제 경쟁력을 강화할 수 있지만, 다른 한편으로는 국내 산업의 연계성을 높이는 데 방해가 되고, 재벌 대기업이 중심이 되는 수출 부문과 중소기업이 중심인 내수 부문의 격차를 강화하는 원인이 되었다(본서 제2장, 제3장 참조). 개발도상국에서 수출 기업이 국제 경쟁력을 지속적으로 확보하기 위해서는 기술과 인적 자본을 높일 수밖에 없고, 이에 따라 수출 부문의 상대적 임금수준 또한 내수 부문에 비해 높아질 수밖에 없기 때문이다(Distelhorst and Fu 2017). 더욱이 1970년대 말부터 제기되었던 경제 자유화가 역설적이게도 전두환 권위주의 정권과 함께 확대되고, 1980년대 후반 민주화를 거치면서 한국 개발 국가의 핵심 특성인 '권위주의'와 '연계된 자율성'이 해체되기 시작하자 임금 통제라는 개발 국가의 대내적 조절기능 또한 약화되었다. 여기에 민주화 이후 보수대연합과 같은 권위주의적 통제의 복원을 경험했던 노동운동이 대기업 노조를 중심으로 노동조건을 개선하기 위한 전투성을 강화하면서 한국 사회에서 중소기업이 중심인 내수 부분과 재벌 대기업이 주도하는 수출 부분의 분절이 점점 더욱 확대되었다. 수출을 주도했던 대기업은 전투적 노동운동을 우회하고, 수출 상품의 경쟁력을

## 그림 6. 기업 규모별 노동생산성과 평균임금의 격차

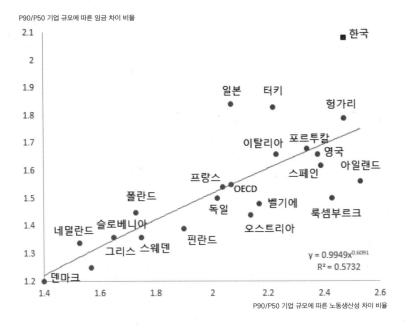

P90/P50 기업 규모에 따른 임금 차이 비율

$y = 0.9949x^{0.6091}$
$R^2 = 0.5732$

P90/P50 기업 규모에 따른 노동생산성 차이 비율

자료: OECD (2016), "Promoting Productivity and Equality: Twin Challenges", OECD Economic Outlook, No. 99를 재가공한 것임.

높이기 위해 점점 더 노동 숙련을 배제하는 자동화 설비에 더 많은 자본을 투자했고, 그 결과 저임금의 불완전 고용이 확대되었다. 그리고 이는 다시 생산성과 임금수준에서 수출 부문과 내수 부분의 격차를 더 확대하는 역할을 했다.

노동 숙련을 최소화한 첨단 자동화 설비에 기초한 재벌 대기업의 경쟁력 강화는 첨단 생산물에 필요한 양질의 부품, 소재, 중간재의 공급을 해외에 의존하는 방식으로 이루어졌고, 이에 따라 1990년대 이전 권위주의 개발 국가가 주도했던 전후방 연계 효과가 큰 복선형 성장이 약화되면서, 한국 사회는 재벌 대기업의 주도하에 수출이 성장을 이끄는 수출 독주 체제로 전환했다. 문제는 수출이 최신 자동화 설비를 활용해 조립형 생산 체제를 구축한 소수의 재벌 대기업에 집중되면서 수출이 국내에서 창출하는 부가가치 비중이 낮아졌고 한국 사회는 더 양극화되어 갔다는 점이다(정준호 2018). 실제로 제조업의 로봇 밀도가 높을수록 국내에서 창출되는 부가가치는 낮은 것으로 나타났다(윤홍식 2019d).

이에 따라 대기업과 중소기업의 생산성도 2000년 각각 171.2 대 65.1에서 2015년 343.1 대 111.2로 더 크게 벌어졌다. 〈그림 6〉에서 보는 것처럼 기업 규모에 따른 생산성 격차가 임금 불평등과 비례한다는 점에서 생산성 격차의 증가는 기업 규모별 임금 소득의 격차가 커지고 있다는 것을 의미했다. 한국은 중소기업의 고용 비율이 OECD 회원국 가운데 가장 높은 국가 가운데 하나임에도 불구하고, 대기업의 생산성 대비 중소기업의 생산성은 32.5%(2015년)에 불과할 정도가 둘 간의 격차가 크다(Jones and Lee 2018, 7). 이는 한국 사회가 재벌 대기업이 주도하는 수출산업에 종사하는 높은 임금을 받는 소수의 노동자와 생산성이 낮은 중소기업에 종사하는 광범위한 노동자로 사회적 분할이 이루어졌다는 것을 의미한다. 실제로 전체 기업의 0.05%, 고용의 13.5%에 불과한 대기업이 전체 수출의 67.0%를 점하고 있다(Jones and Lee 2018, 10).

자동화와 저임금을 통한 경쟁력 확보가 숙련을 저해하고 전후방 효과를 약화시켜 내수 시장의 확장을 억제하면서 한국 경제는 "정체된 내수와 역동적인 수출" 간의 분절이 강화되었다(Coutrort and

## 그림 7. 세계 교역 증가율과 GDP 증가율: 1981~2017년

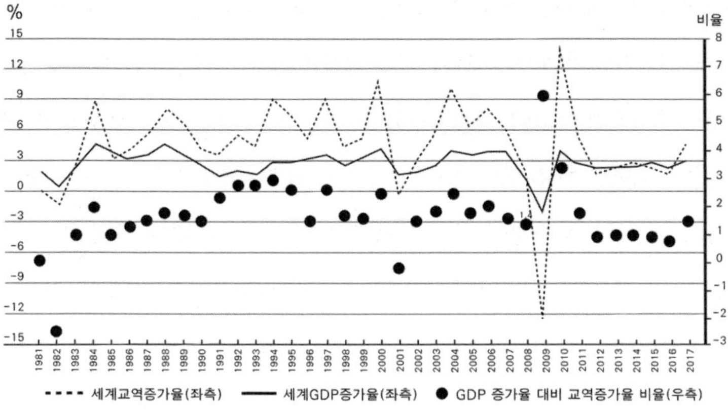

- - - - 세계교역증가율(좌측)　　——— 세계GDP증가율(좌측)　　● GDP 증가율 대비 교역증가율 비율(우측)

자료: WTO(2018). World trade statistical review. WTO.

Husson 1993; 서익진 2003, 93에서 재인용). 이런 변화는 〈그림 2〉에서
보았던 것처럼 1990년대 이후 불평등의 지속적인 상승으로 나타났
다. 1992년 0.254까지 낮아졌던 지니계수는 1996년 0.266까지 높
아졌고, 2008년에는 0.323까지 높아졌다. 2008년 세계적인 금융
위기로 잠시 낮아졌던 소득 불평등은 2015년부터 다시 높아지기
시작해 (자료가 상이해 단순한 비교는 한계가 있지만) 2018년 0.363까지
높아졌다. 이런 불평등의 증가는 다른 추정치에서도 확인된다. 국
세청 자료에 기초해 추정한 자료에 따르면 지니계수는 1995년
0.303에서 2011년 0.415로 급등했다(김낙년·김종일 2013).

　이처럼 개발 국가에서 형성된 기존의 성장 방식, 곧 재벌 대기업
이 해외에서 부품을 조달하고, 첨단 설비를 이용해 조립해 수출하는

성장 체제가 사회경제적 지속 가능성을 담보할 수 없다는 것이 분명해졌다. OECD(2018)의 경기 전망 자료를 보면 한국의 수출 증가율은 개발 국가가 약화되기 시작했던 1990년대부터 현재까지 계속 낮아져 13.25%(1991~2001년), 11.4%(2001~2011년), 2011~17년에는 2.6%로 급감했다. 더욱이 2011~17년 연평균 수출 증가율은 OECD 회원국 평균인 3.72%보다도 낮았다. 산업화 이후 처음 벌어진 일이었다. 게다가 국제무역 질서에서 자유주의 기조가 약화되고, 양자 또는 지역화되면서 〈그림 7〉에서 보는 것처럼 교역 증가율이 GDP 증가율보다 낮아지는 현상이 나타남에 따라, 당분간 수출 중심의 외포적 축적에 기초한 한국 경제의 지속 가능성이 보장될 가능성은 더 낮아 보인다. 국제 교역에서 국가 간 (수입과 수출) 의존 관계를 측정하는 무역 결합도 역시 2008년 금융 위기 이후 현격히 낮아지고 있다(Lund, Manyika, Woetzel, Bughin, Krishnan, Seong, and Muir 2019). 한국 경제는 지금까지 걸어왔던 길을 지속할 수 없는 상황에 직면해 있는 것이다.


### 3) 덫에 빠진 복지 체제, 역진적 선별주의

개발 국가의 성공은 앞서 언급한 것처럼 수출 부문과 내수 부문의 불균형적인 성장을 초래했고, 이는 노동시장에서 기업 규모와 고용상의 지위에 따른 차별과 불평등을 낳았다. 이런 조건에서 1997년 외환 위기 이후 집권한 김대중 정부는 본격적으로 공적 복지를 확대해 나가기 시작했다. 엄밀하게 이야기하면 한국 복지 체제에서 공적 복지의 확대는 1987년 민주화 이후 시작되었지만, GDP 대비 사회 지출이 5%를 넘어서고 사회보험 제도의 보편성이 확대되며 시민권에 기초한 공공 부조가 도입되는 등 복지국가의 외형을 갖추기 시작한 것은 김대중 정부가 들어선 이후였다. 〈그림 2〉에서 보았던 것처럼 GDP 대비 사회 지출은 1997년 3.6%에서 1999년 6.1%로 두 배 가까이 늘어났다. 물론 이후에 조정 과정을 거쳤지만, 김대중 정부 이후 한국 복지 체제는 정부의 이념적 성향과 관계없이 공적 복지를 계속 확대했다. 그러나 김대중 정부의 복지 확대가 사회보험을 중심으로 이루어지면서 공적 사회보장제도의 주 대상이 상대적으로 안정적인 고용 상태에 있고, 소득이 있는 집단에게 집중되는 문제가 발생했다(본서 제6장 참조). 사회보험의 수급 자격이 안정적 기여금을 낼 수 있는 집단에 국한된다는 점에서 사회보험을 중심으로 공적 복지를 확대하는 것은 노동시장에서 증가하는 취약한 집단을 공적 사회보장제도에서 배제할 가능성이 컸다. 실제로 이미 1980년대 초중반부터 임시직, 일용직, 시간제 노동 등 비정규직은 증가하기 시작하고 있었다(김성희 2008, 19). 특히 민주화 이후 잠시 주춤하던 비정규직의 증가 추세는 제조업에서 로봇 밀도가 본격적으로 높아지기기 시작한 1990년대 중반에 들어서면서 다시 증가하기 시작했다. 대규모 자동화 설비는 대규모 투자가 필요하기 때문에, 자본의 입장에서는 생산 비용을 절감하는 것이 필수적이었고, 비정규직의 확대는 비용을 절감하는 가장 손쉬운 방법 가운데 하나였다.

1997년 외환 위기 이후 사회보험 중심으로 공적 복지의 보편성이 확대되자, 복지 체제의 역진적 선별성[8]은 더 강화되었다. 제도의 보편성이 확대될수록 제도에 포괄되는 집단과 배제되는 집단 간의 차이가 두터워지는 모순적인 현상이 동시에 나타난 것이다. 주요 사회보장제도가 포괄하는 비율은 정규직과 비정규직 간에 확연한 차이를 보였고, 그 차이는 좀처럼 좁혀지지 않았다. 2000년 정규직의 88.0%와 74.2%가 국민연금과 고용보험에 가입되어 있었던 반면, 비정규직은 단지 22.1%와 22.6%가 가입되어 있었다(김유선 2001). 그 격차는 다소 감소기는 했지만 지금도 여전히 큰 차이를 보이고 있다. 2021년 정규직은 국민연금과 고용보험에 각각 94.1%, 84.4%가 가입되어 있지만, 비정규직은 단지 36.7%와 50.3%만 가입되어 있을 뿐이다(김유선 2021).[9] 1997년 3.6%에 불과했던 GDP 대비 사회 지출은 2019년 12.2%로 3배 이상 증가했지만(〈그림 2〉 참조), 사회 지출의 70~80%는 기여금을 내야 급여를 받을 수 있는 사회보험 지출이었다. 복지국가의 확대에 따라 사회 지출에서 사회보험이 큰 비중을 차지하는 것은 자연스러운 일이지만, 한국 복지 체제의

---

**8**_복지 체제에서 선별주의가 일반적으로 자산 소득 조사를 통해 저소득층과 취약 계층을 복지의 대상으로 포괄하는 것을 의미했다면, 역진적 선별주의는 반대로 상대적으로 안정적 소득과 고용을 보장받는 계층에 공적 복지가 집중되는 한국 복지 체제의 특수성을 설명하기 위해 사용된 개념이다.

**9**_다만 문재인 정부 집권 기간 동안 비정규직의 고용보험 적용률이 높아진 것은 평가할 만하다. 비정규직의 고용보험 적용률은 2017년 40.2%에서 2021년 50.3%로 문재인 정부 5년 동안 10.1%포인트나 높아졌다.

문제는 안정적 고용이 보편화되지 못한 상태에서 안정적 고용에 기초한 사회보험을 중심으로 공적 복지를 확대했다는 것과 사회보험에서 배제된 집단을 위한 공적 사회보장제도가 적절하게 갖추지 않았다는 것이다.

개발 국가의 성공이 광범위한 시민을 공적 복지에서 배제하는 역진적 선별주의 복지 체제를 강화했던 것이다. 그러나 개발 국가의 성공이 쳐놓은 성공의 덫은 공적 사회보장제도의 광범위한 사각지대와 역진적 선별성만이 아니었다. 경제성장이 고용을 늘리고, 이렇게 늘어난 고용이 장시간 노동과 결합하면서 개인과 가구의 소득을 증가시켜 빈곤과 불평등을 완화시켰던 개발 복지 국가는 개인과 가족의 복지를 사회적 문제가 아닌 '개인과 가족'만의 문제로 만드는 심각한 폐해를 낳았다. 자신과 가족의 안위를 위해 시장에서 치열하게 경쟁하며 개개인이 일구었던 놀라운 성취라는 한국 개발 국가의 이야기가 역설적이게도 한국 복지 체제의 보편적 확장을 가로막는 커다란 덫이었다. 상황이 이렇게 되자 소득 계층과 관계없이 모든 사람들은 사회적 연대에 기초한 공적 복지의 확대를 위해 세금을 더 내려 하지 않았고, 이념과 관계없이 역대 정부는 저세금 정책으로 일관했다(OECD 2019b). 낮은 세금은 개발 국가 복지 체제가 해체되고, 본격적으로 공적 사회 지출이 증가한 이후에도 계속되었다. 심지어 복지를 확대하겠다고 공언한 김대중·노무현 정부에서도 저세금 정책은 지속되었다. 사회보험이 중산층의 지지를 받을 수 있었던 이유는 '사회적 연대'가 아닌 자신이 낸 보험료를 돌려받는다는 보험 수리 원칙에 대한 믿음 때문이었다. 한국에서 사회보험은 서구 복지국가와 달리 사회적 연대에 기초해 사회적 위험에 공동으로 대응하는 연대의 제도가 아닌 민간 생명 보험처럼 자신이 낸 돈을 돌려받지만, 그 운영 주체가 공공 기관인 보험저럼 인식되었다.

하지만 사회보험도 실업, 질병, 노령 등과 같은 사회적 위험에 적절히 대응할 수 있는 급여를 보장해 주는 것이 아니었기 때문에, 중산층은 공적 사회보험의 확대와 무관하게 시장에서 금융자산과 부동산을 구매하는 방식으로 공적 사회보장제도의 낮은 급여를 사적 자산 축적으로 대신했다. 실제로 1987년 민주화 이후 노태우 정부에서부터 본격화된 금융시장의 확대는 중산층에게 금융자산을 축적할 기회를 제공했고, 금융자산이 중요한 사적 자산으로 공적 복지를 대신하는 일은 이후 김대중·노무현 정부에서도 지속되었다(윤홍식 2019c). 아파트 열풍으로 대표되는 부동산이 공적 복지를 대신하는 사적 자산으로 자리 잡기 시작한 것도 권위주의 개발 국가의 개발 정책의 결과였다. 1961년부터 1979년까지 실질임금은 3.4배 오르는 데 그쳤지만, 1963년부터 1979년까지 부동산 가격은 무려 187.3배나 올랐다(한국경제60년사 편찬위원회 2010, 214; 이정우 2003, 242). 민간 생명보험으로 대표되는 금융자산의 역할이 1997년 외환 위기를 거치면서 투자적 성격의 상품으로 변하면서 개인과 가족이 직면한 사회적 위험에 대응하는 보장성 역할이 약화된 것에 반해(장진호 2014; 이지원·백승욱 2012), 부동산은 민주화와 외환 위기 이후에도 공적 사회보장제도를 대신하는 강력한 사적 보장 제도로 남아 있다. 특히 서울 강남을 중심으로 주택 가격이 폭등하면서,

그림 8. 소득 분위별 한계 소비성향과 부채 상환 비율: 2006년과 2016년

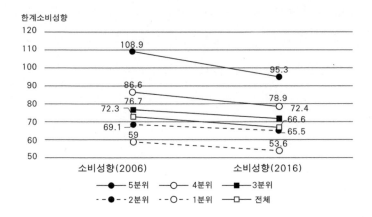

한계소비성향

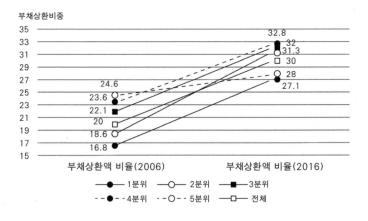

부채상환비중

자료: 윤홍식 외 2018a.

"똑똑한 한 채"라는 부동산 신화가 만들어졌다. 실제로 1986년을 100으로 했을 때 강남의 주택 가격은 2020년 465.7로 무려 4.7배나 높아졌다(통계청 2021). 반면 같은 기간 동안 서울 강북의 주택가

격은 2.4배 증가하는 데 그쳤다(통계청 2021).

　이런 조건에서 사람들은 소득이 늘어도 소비를 늘리지 않았다. 〈그림 8〉에서 보는 것처럼 모든 소득 분위에서 지난 10년 동안 한계 소비성향은 감소했고, 증가한 소득은 (부동산 구입을 위해 지게 된 것으로 추정하는) 부채를 갚는 데 사용되었다. 소득이 늘어나면 오히려 가계 부채가 증가하고, 가계 부채는 주택 가격과 밀접한 관련성을 보였다. 서울 지역의 가계 부채와 아파트 가격의 상관계수가 0.7이라는 사실은 이를 확인해 주고 있다(한국은행 2018 ,45). 빚내 집을 사는 것이 개인과 가족이 사회적 위험에 대응하는 가장 안전한 방법이 된 것이다. 문제는 이처럼 금융자산과 부동산을 구매할 수 있는 계층 역시 상대적으로 안정적 고용과 소득을 보장받는 중·상층에 제한되어 있다는 사실이다. 공적 사회보장제도와 마찬가지로 사적 자산 축적도 역진적 선별성을 강하게 갖고 있는 것이다. 현실이 이렇게 되자 민주화와 외환 위기를 거치면서 한국 사회는 안정적 고용과 임금, 공적 사회보장제도, 사적 자산 축적 모두를 갖고 있는 집단, 중소기업 규모에서 정규직으로 일하고, 공적 사회보장제도의 대상이 되는 집단, 불안전한 고용과 낮은 임금/소득, 사적 자산 축적과 사회보험으로부터 배제되어 공공 부조만 남은 세 집단으로 점점 더 공고히 분화되고 있다.

## 4) 성공의 덫에서 빠져나올 수 없었던 이유

한국 사회가 성공의 덫에 빠진 이유가 재벌 대기업이 주도하는 수출 중심의 조립형 성장 방식 때문이었다면, 덫에서 빠져나오는 길은 개발 국가를 성공으로 이끌었던 그 경로를 변경하는 것이다. 하지만 문제는 한국 사회를 개발 국가의 성공의 덫에서 벗어나게 할 수 있는 정치적 역량이 개발 국가의 성공 과정에서 심각하게 훼손되었다는 점이다. 앞서 언급했듯이, 한국의 민주화는 민중운동 세력을 배제한 권위주의 세력과 보수 야당의 타협에 의해 이루어졌고, 국가보안법으로 대표되는 반공주의가 맹위를 떨치고 있었기 때문에 민주화 이후에도 노동자와 좌파의 정치 세력화는 실현 가능성이 매우 낮았다. 더욱이 1987년 한국 사회가 마침내 권위주의를 탈각시키고, 민주화되었을 때 노동계급의 정치적 역량이 성장할 수 있는 물리적 조건은 이미 해체되어 가고 있었다. 실제로 한국은 미국에서 제조업 고용이 정점에 달했을 때의 60% 수준이었던 1988년부터 탈산업화가 시작되었기 때문에(*Economist*, 2014/10/02) 산업화와 함께 노동계급의 정치적 힘이 성장했던 서구 복지국가와는 완전히 다른 조건에 놓여 있었다. 노동계급이 정치 세력화되기 전에 노동계급이 축소되는 '이른 탈산업화'가 진행된 것이다. 실제로 1980년대 말을 지나면서 노동시장에서 양질의 제조업 일자리가 감소하기 시작했다(전병유 2007, 206). 1997년 김영삼 정부의 노동법 개악에 맞서 국민의 전폭적인 지지를 받으며 민중 총궐기로 대응했던 조직 노동의 찬란함은 지속되지 못했다. 1987년 체제의 결과인 선거제도는 제도권 권력을 권위주의 정당의 후신과 보수 야당이라 불렸던 민주당이 지배하는 체제를 지속시켰고 노동계급은 중간계급과 연대는커녕 자신의 안위도 지키기 어려울 징도로 고립되어 갔다. 2015년 박근혜 정부의 노동법 개악에 맞서 조직 노동은 다시 총파업으로 맞섰지만 1997년과 달리 시민사회의 지지를 얻지 못하며 고립되었다(윤홍식 2019c). 그렇다고 시민운동이 노동운동을 대신하지도 못했다. 2012년 총·대선을 앞두고 복지국가를 실현하기 위해 4백 개가 넘는 시민사회단체가 모여 '복지국가실현연석회의'를 구성했지만, 조직 노동이 적극적으로 참여하지 않았던 시민운동은 아무런 성과도 내지 못하고 스스로 해산을 선언했다.

2002년 민주노동당이 창당되고, 2004년 17대 총선부터 정당명부식 비례대표제가 부분적으로 시행되면서 마침내 민주노동당이 원내에 진입할 수 있게 되었다. "부자에겐 세금을, 서민에겐 복지를"이라는 슬로건으로 제도 정치권에 진입한 민주노동당은 신보 진영의 오랜 꿈인 노동자의 정치 세력화를 이룰 것 같았다. 하지만 한국에서 진보 정당의 위상·역할과 북한 문제를 둘러싸고 분열을 거듭하면서 진보 정당은 사분오열되었다(조현연 2009, 265-266). 특히 보수 정부 9년 동안 진보 정당은 자유주의 정당인 민주당과 차별화된 정체성을 확립하지 못하면서, 독자적인 정치 세력화와 자유주의 정당과의 연대 사이를 오락가락 했다(장석준 2014, 74-80). 분열 이후 진보신당은 독자 세력화 전략을 유지했지만, 실패했다. 자주파 중심의 민주노동당은 후자의 길을 걸었지만, 진보 세력이 분열된 상황에서 민주당과의 연대는 큰 의미를 갖기 힘들었다(윤홍식 2019c).

이런 와중에서 진보 세력은 선거에서 성과를 내기 위해 민주당보다 더 오른쪽에 있었던 국민참여당까지 끌어들여 기능적 통합을 시도했지만, 당내 경선 부정 문제와 북한에 대한 입장을 정리하지 못하고 또 다시 분열했다. 정의당이 진보 정당의 명맥을 유지했지만, (고)노회찬과·심상정에 의존하는 명사 정당으로 전락했다. 사실 메갈리아 사태에서 보듯 정의당은 새로운 진보 이슈에 대한 입장조차 분명하게 정리하지 못하는 정당이었다(윤홍식 2019c).

시민운동, 노동운동, 진보 정당이 지리멸렬했던 것과 달리 자본은 민주화와 외환 위기를 거치면서 국가에 종속적으로 연계되어 있던 관계를 청산하고, 한국 사회를 지배하는 핵심 세력으로 부상했다. 경제성장률이 경향적으로 낮아지고, 좋은 일자리가 줄어드는 상황에서 민주적으로 선출된 정부는 거대 자본의 투자 파업을 감당할 수 있는 정치적 힘을 갖고 있지 않았다. 재벌 개혁을 외쳤던 노무현 대통령은 "권력은 시장으로 넘어간 것 같고, 한국 사회를 움직이는 힘의 원천은 시장"이라고 푸념했다(『한겨레』 2005/05/16). 개발 국가가 경제성장을 위해 만들고 길들였던 재벌 대기업은 권위주의가 탈각되고 민주화되자 그 누구도 통제할 수 없는 무소불위의 존재가 되었다. 자본과 시장을 권위적으로 통제했던 권위주의 체제가 해체되고, 시장이 개방·자유화되었을 때 재벌 대기업은 개발 국가 시기에 축적했던 자신의 힘을 온전히 발휘할 수 있었다. 반면 재벌 대기업을 견제할 수 있는 노동과 시민사회의 힘은 매우 취약한 상태에 머물러 있을 수밖에 없었다. 개발 국가 시기를 지나면서 권력 자원이 비대칭적으로 성장한 상태에서 정치적 민주화와 경제적 개방화(자유화)는 재벌 대기업에게 유리하지만, 노동과 시민사회에는 불리한 기울어진 운동장을 구조화했던 것이다.

이처럼 개발 국가의 성공 신화가 제도화된 한국 사회에서 성공 신화를 깨고, 성공의 덫에서 벗어날 정치적 동력을 만드는 것은 쉽지 않은 일이다. 문재인 정부는 2017년 집권 당시 보수 정부 9년을 비판하면서 국정을 물적 자본에 대한 투자가 아니라 사람에 대한 투자를 중심으로 운영하겠다고 발표했지만, 성장률의 둔화로 집권 2년 만인 2019년 9월 국정 운영 기조를 다시 성장으로 되돌리는 선택을 할 수밖에 없었는데(기획재정부 2017; 대한민국정부 2019), 이는 탈-개발 국가의 길을 지탱할 수 있는 정치적 자원의 취약함을 드러낸 것이라고 할 수 있다. 결국 한국 사회가 성공의 덫에서 빠져나오기 위해서는 개발 국가가 걸었던 성공의 길을 벗어나 우리에게 익숙하지 않은 탈-개발 국가라는 새로운 길을 걸어야 한다. 하지만 덫에서 빠져나오기 위해 고통을 감내하면서도 새로운 길을 걷게 할 수 있는 정치적 자원이 한국 사회에서는 분명하게 보이지 않는다.


## 4. 성공의 덫의 의미

긴 길을 걸어왔다. 해방 이후 개발 국가의 제諸조건이 형성되고, 1960년대 들어서면서 반공주의에 기초한 권위주의 개발 국가가 성립된 이래 지난 60년의 역사는 대단한 성공이었다. 해방 직후 최빈

국이었던 한국은 2020년 일인당 GDP는 3만 달러가 넘고, GDP 규모는 세계 10위에 이르며, 교역 규모가 세계 9위인 국가로 발 돋음했다. 유엔개발계획UNDP은 한국의 지위를 개도국에서 선진국으로 변경했다. 1964년 UNDP가 설립된 이래 처음 있는 일이었다. 이것만이 아니다. 한국은 블룸버그 혁신 지수에서 2021년 다시 세계 1위로 올라섰고, 제조업 규모는 세계 6위를 기록하고 있다(본서 제2장 참조). 경제 여건이 어렵지만, 국제통화기금에 따르면 2023년이 되면 구매력 평가 기준으로 한국의 1인당 GDP가 일본을 추월할 것이라고 한다(『경향신문』 2019/08/11). 1987년 민주화 이래 세 번에 걸쳐 평화적 정권 교체를 이루었고, 보수 정부 9년 동안 잠시 흔들렸던 민주주의를 시민의 민주 역량으로 지켜 냈을 만큼 한국 민주주의는 위기에도 지속되었다. 놀라운 성취가 아닐 수 없다. 일본의 불법적인 강제 점령을 경험했던 한국이 일본을 1인당 GDP에서 추월하고, 민주주의 역량에서 일본을 앞선다는 것은 역사적 사건이 아닐 수 없다.[10]

한국의 이런 성공은 개발 국가를 배제하고는 상상하기 어렵다. 그러나 한국 개발 국가의 성공은 그 찬란함만큼 짙은 그림자를 남겼다. 높은 소득 불평등과 자살률, 낮은 합계 출산율, 헬조선과 흙수저 논란 등은 그 그림자의 일부일 뿐이다. 복지국가의 측면에서 보면 개발 국가의 성장 방식은 기업 규모와 고용 지위에 따라 공적

---

[10]_민주주의 수준을 측정하는 브-뎀(V-Dem) 지표에 따르면 한국의 선거민주주의와 자유민주주의 지수는 2017년부터 일본을 앞서기 시작했다(V-Dem 2022).

사회보장에서 커다란 불평등을 남겼다. 낮은 세금은 취약한 공적 복지를 낳고, 중산층이 이에 대응해 사적 자산을 축적할 수 있게 함으로써, 사적 자산 축적에서도 계층에 따른 심각한 불평등을 남겼다. 더 심각한 덫은 개발 국가의 경제성장 제일주의는 우리가 사회적 위험에 대응하는 방식을 사회적 연대가 아닌 시장에서 경쟁을 통한 개인과 가족만의 성취로 대신하게 했다는 점이다. 이렇듯 개발 국가의 성공이 남긴 깊은 덫은 한국 사회의 지속 가능성을 심각하게 위협하고 있다. 더 심각한 문제는 우리 모두는 한국 사회가 점점 더 깊은 성공의 덫에 빠져들고 있다는 것을 알고 있지만, 누구도 성공의 덫에서 빠져나올 힘을 갖고 있지 않는 것처럼 보인다는 것이다. 문재인 대통령은 후보 시절 "재벌 개혁이야말로 소수 재벌만이 아니라 중소기업과 골목 상권, 가계 등이 함께 성장하고, 국민 성장을 이루는 새로운 성장 동력"이라고 강조했었지만(『한겨레』 2018/08/04), 정부 출범 이후 재벌의 힘은 더 강해졌다. 연인원 1,700만 명이 광장에 나와 정권을 교체했지만, 개발 국가의 성공의 덫은 더 깊어지고 있다. 천만이 넘는 시민의 항쟁으로 탄생한 정부조차 성공의 덫에서 빠져나오지 못하고 있다. 사회 지출의 확대를 통해 소득 불평등을 완화했지만, 성장 방식은 그대로 둔 채 사회 지출을 통해 불평등을 완화하는 방식은 근본적 대안이 될 수 없기 때문이다.

한국 사회가 지금처럼 불평등이 확대되고, 다수가 안정된 삶에서 배제되는 상황이 지속된다면, 지금 유럽과 미국에서 거세게 일고 있는 포퓰리즘의 파도가 한국 사회를 덮치는 것은 시간문제다. 거대 양당으로 대표되는 한국의 대의 민주주의가 다수의 이해를 배제할 때

포퓰리즘은 "반反기득권"과 같은 말이 될 수도 있기 때문이다(뮐러 2017, 8-13; 무페 2019, 23). 포퓰리즘이 발현되는 계기는 현 체제에 대한 다수의 불만이 정치경제적 대전환을 압박하면서, 기존 질서가 흔들릴 때이다. 그람시(Gramsci 1999[1971], 556)가 '인터레그넘' interregnum이라고 이야기한 상황, "대중이 자신이 믿었던 오래된 이념으로부터 멀어지고, 그들이 더 이상 믿지 않아 낡은 것은 사라지지만 새로운 것은 태어날 수 없는" '위기'가 도래하는 것이다. 그람시는 낡은 것이 사라지고, 새로운 것은 태어날 수 없는 시기의 해결책이 옛것의 복원으로 이어질 가능성은 없다고 단언했다.[11] 그러나 오랜 반공주의와 권위주의, 개발 국가의 경제적 성공이라는 '좋았던 시절'에 대한 신화가 근대화의 저류에 흐르는 한국 사회에서 위기에 대한 대안으로 출현할 수 있는 포퓰리즘은 그람시의 단언과 반대로 '권위주의 개발 국가'라는 낡은 것이 될 수 있고, 우파 포퓰리즘으로 폭발할 가능성이 더 높아 보인다. '권위주의' 개발 국가가 주도한 찬란한 경제적 성공의 역사를 갖고 있는 한국에서 포퓰리즘의 등장은 '국민'이라는 이름으로 지금까지 우리가 지켜 왔던 성숙해 가는 '시민사회'와 '민주주의'를 위태롭게 할 수 있다(뮐러 2017).

한국 사회는 고장 난 민주주의를 고쳐 극우 포퓰리즘에 빠지지 않으면서 평범한 사람들이 삶의 위기에서 벗어날 수 있는 전기를 마련해야 한다. 그리고 그 전기는 노동과 시민으로부터 나올 수밖

---

11_절대적으로 그런 것은 아니라며(yet not in an absolute sense) 조금 여지를 두기는 했다.

에 없다. 하지만 지금처럼 노동운동과 시민운동이 서로에 무관심하며 각자의 길을 걸어간다면 경로를 바꿀 새로운 정치적 자원을 만드는 일은 요원해 보인다. 대중을 동원하지 못하지만 상대적으로 도덕적 대표성과 전문성을 갖춘 진보적 시민운동과 불리한 정치 지형에서 벌어진 오랜 싸움으로 대중으로부터 고립되었지만, 여전히 잠재적 동원 역량을 갖고 있는 노동이 연대할 때 한국 사회는 성공의 덫에서 빠져나올 수 있는 길을 열 수 있기 때문이다. 지난 2016~17년에 있었던 촛불 항쟁은 노동과 시민이 공통의 목표로 하나가 되어 자신의 정치적 목표를 실현했던 보기 드문 성과였다. 특히 촛불 항쟁에서 보였던 조직 노동의 '함께하지만 요구하지 않는' 전략은 한국 사회에서 어떻게 시민과 노동이 연대해 조직된 정치적 힘을 만들고 개발 국가의 성공의 덫에서 빠져나올 수 있는지를 생각하게 하는 역사적 경험이었다.

## 5. 이 책의 구성

이 책은 일곱 개의 장으로 구성되어 있다. 제2장과 제3장은 한국 사회가 성공의 덫에 빠진 이유를 산업구조와 노동시장의 측면에서 검토하고 있고, 제4장은 복지를, 제5장과 제6장은 한국 정치를 다루고 있다. 마지막 제7장은 본서의 문제의식을 정리하고 함의를 제시했다.

한국 경제를 다룬 제2장 "상생과 연대를 위한 한국 '산업 체제'의 평가와 과제"는 강원대학교 정준호 교수가 집필했다. 제2장에서 정준호 교수는 한국 사회의 경제적 번영이 왜 한국 사회의 모든 구성원들에게 골고루 분배될 수 없었는지를, 한국 경제의 성장 방식에서 찾을 수 있는 단초를 제시한다. 핵심적 주장은 1987년 민주화 이후 "재벌 주도의 성장이 본격적으로 이루어지면서 부품 소재를 공급하기 위해 재벌과 중소기업 간에 이를 공급하는 위계적인 생태계," 즉, 준수직계열화가 만들어졌다는 것이다. 구체적으로 1997년 IMF 외환 위기를 경과하면서 재벌 대기업의 성장 방식이 노동자의 숙련을 자동화 설비로 대체하는 탈숙련과 아웃소싱의 성장 방식을 취하면서 현재와 같은 불평등이 나타나게 되었다고 진단한다. 특히 1980년대부터 개혁 개방 정책을 취하고 있던 중국과 한국이 수교하고(1992년), 중국이 2001년 세계무역기구WTO에 가입하자, 한국 경제의 성장을 주도했던 재벌 대기업은 혁신을 통한 기술·조직적 대안이 아니라 임금격차를 활용해 위기를 공간적으로 돌파하는 성장 전략을 취했다는 것이다. 외환 위기 이후에도 한국은 OECD 국가들과 비교해 높은 총투자율을 유지하고 있지만, 이 또한 그 속을 들여다보면, 자본 투자가 건설 투자를 중심으로 이루어지면서 성장의 지속성에 의문이 제기되고 있는 상황이다. 다시 말해, 1987년 민주화와 1997년 IMF 외환 위기를 거치면서 이런 일련의 과정이 누적되면서 한국 경제는 노동 숙련을 배제한 투자(노동 절약적인 투자), 가동률 극대화를 위한 장시간 노동, 수량적 유연화 등이 성장 전략으로 자리 잡으며, 노동의 이중화가 심화되었다는 것이다. 다만 재벌 대기업이 직면한 위기를 공간적으로만 돌파했는지는 조금 더 논의가 필요해 보인다. 한국의 대표적인 재벌 대기업인 삼성전자와 현대·기아자동차는 가격 경쟁력뿐만 아니라 혁신에서도 글로벌 선도 기업으로 평가받고 있기 때문이다.

한신대학교 전병유 교수가 집필한 제3장은 정준호 교수가 집필한 제2장의 한국의 성장 체제가 한국 노동시장의 중층적 이중화와 어떤 관련이 있는지를 노동시장의 영역에서 보여 주는 글이다. 전병유 교수는 1980년대 이후 한국의 노동은 한편으로는 노동의 시민권을 확대했지만, 다른 한편으로는 불안정 고용 상태에 있는 노동자들을 배제하고 보호받는 노동과 보호로부터 배제된 노동의 불평등과 격차를 심화시켜 왔다고 진단한다. 그리고 그 중심에는 1987년 민주화 이후 강화되는 노동의 역량에 대응해 재벌 대기업이 취했던 (정준호 교수가 앞서 언급했던) 노동 숙련을 배제하는 자동화 중심의 투자 전략이 자리하고 있다고 진단했다. 노동의 숙련을 배제한 성장 전략은 한국 경제에서 제조업이 여전히 핵심적 지위를 점하고 있음에도 불구하고, 생산성과 실질임금의 상승이 괴리를 보이는, 노동 소득 분배율의 하락을 초래했다는 것이다. 특히 1997년 IMF 외환 위기를 거치면서 한국의 노동시장은 기업 규모와 노동시장 지위에 따라 이중의 균열선으로 분절화되었다는 것이다. 전병유 교수는 한국 노동시장의 이런 특성을 "이중의 이중화"라고 명명한다. 문제는 이런 한국 노동시장의 "이중의 이중화"가 단지 노동시장에서의 격차와 차별의 문제로 제한되지 않고, 실업, 질병, 노령 등 사회적 위험에 대응하는 공적 사회보장제도의 이중화로 나타나고 있다는 것이다. 앞서 이야기한 것처럼 사회보장제도의 이중화는 1997년 이후 한국 복지국가의 확대가 노동시장의 중층적 이중구조를 그대로 두고 임금노동에 기초한 사회보험을 중심으로 확대되었기 때문이다. 즉, 성장 체제에서 노동시장으로 이어지는 한국 경제의 특성이 한국 복지국가의 특성이라고 할 수 있는 역진적 선별성의 근원이라고 할 수 있다.

한국의 복지를 다루고 있는 제4장 "한국 복지국가의 과거와 현재"는 가톨릭대학교 백승호 교수가 집필했다. 제4장에서는 복지와 경제적 문제의 직접적 연결 고리를 본격적으로 다루지는 않았지만, 한국 복지의 현재 모습이 제2장과 제3장에서 다루었던 한국 경제의 성장 체제 및 노동시장 구조와 밀접히 관련되어 있다는 것을 확인할 수 있다. 전병유 교수가 언급한 노동시장의 중층적 이중구조가 사회보장제도에서의 이중구조와 연결되어 있는 현실을 잘 보여주고 있기 때문이다. 백승호 교수가 주목하는 사실은 한국의 경제적 발전이 불평등, 자살률, 범죄율 등 심각한 사회문제와 밀접한 상관관계가 있다는 것이다. 경제 발전이 사회적 문제를 완화하는 일반적인 경향과 반대의 현상이 한국 사회에서 나타나고 있다는 것이다. 그리고 이런 역설의 중심에는 공적 복지를 대신한 사적 자산 축적이 기초한 복지가 자리하고 있다는 것이다. 더 역설적인 사실은 한국은 OECD 회원국 가운데 공적 복지를 꾸준히 늘려 온 국가임에도 불구하고, 공적 복지의 확대가 불평등과 같은 사회문제를 완화하는데 큰 역할을 하지 못했다는 것이다. 이는 앞서 언급한 것처럼 안정적인 괜찮은 일자리가 감소하는 상황에서 사회보험을 중심으로 공적 복지를 확대하는 것으로는 불평등, 빈곤 등 한국 사회가 직면한 사회문제를 완화하는 데 한계가 있다는 것을 확인해 준 것이라고 할 수 있다. 마지막으로 제4장은 경제와 복지가 밀접하게 연관되어 있는 현실에서 한국 사회가 모두를 위한 복지국가를 만들어 가기 위해서는 미시적 개혁이 아닌 패러다임 전환이 필요하다는 것을 상기시켜 주고 있다.

그러면 한국 사회는 왜 미시적 개혁을 넘어 패러다임 전환으로 나아가지 못했던 것일까? 서울과학기술대학교 김영순 교수가 집필한 제5장 "한국 복지 정치의 구조와 행위자"는 이런 질문에 대한 잠정적 답이 될 수 있을 것 같다. 1997년 IMF 외환 위기 이후도 한국 사회는 성장을 계속했고 한국의 재벌 대기업은 글로벌 기업이 되었다. 그리고 2021년 7월 유엔개발계획UNDP은 한국의 지위를 선진국(B그룹)으로 변경했다. 하지만 앞서 살펴본 것처럼 선진국 한국이라는 찬사가 무색하게 한국 사회가 직면한 문제는 점점 더 심각해지고 있다. 패러다임 전환이 필요하지만, 민주화 이후 수립된 정권들은 정권의 이념과 관계없이 패러다임 전환에 실패했다. 김영순 교수의 지적처럼 촛불항쟁의 힘으로 국민의 엄청난 기대를 안고 출발했던 문재인 정부도 패러다임 전환에 성공했다고 할 수 없다. 제5장은 그 원인을 사회적 균열 구조와 복지 정치에서 찾는다. 사회적 균열 구조에 대한 서구의 논의를 소개하고, 사회적 균열 구조가 제2차 세계대전 이후 지금까지 어떻게 변화해 왔는지는 개략한다. 그리고 한국 사회에서 복지 정치가 활성화되지 못한 중요한 원인을 오랜 권위주의, 민주화의 성격 등으로 계급 균열 구조가 온전히 형성될 수 없었던 것에서 찾는다. 계급 균열 구조가 형성되지 않은 상황에서 복지 정치에 대한 계급 간 차이가 크지 않는 것은 당연한 결과라고 할 수 있다. 그러나 우리가 주목해야 할 지점은 이런 한국 복지 태도의 특성이 2000년대를 경과하면서 변화하기 시작해, 김영순 교수가 "복지 태도의 정상화"라고 명명한 사회경제적 지위에 따라 상이한 복지 태도가 나타나기 시작했다는 것이다. 물론 복지 태도의 정상화가 특정 정당에 대한 지지로 연결되는 것은 아니지만, 주목할 현상임에는 분명해 보인다. 이런 사회적 균열 구조에서 한국 복지 정치의 중요 행위자로서 서구와는 상이한 시민운동, 대통령, 관료라는 행위자에 주목한다. 비록 명확한 답을 제시하지는 않았지만, 제5장은 한국 사회의 독특한 사회적 균열 구조와 복지 정치에서 "지속 가능한 복지국가를 위한 지속 가능한 복지 동맹"을 찾아야 한다는 과제를 우리게 던지고 있다.

한국 사회에서 "지속 가능한 복지국가를 위한 지속 가능한 복지 동맹"의 형성이 가능할까? 한림국제대학원 대학교에 재직했던 최태욱 선생이 집필한 제6장 "문재인 정부의 정치제도 개혁: 평가와 과제"는 현재 한국의 정치 지형에서 보편적 복지국가를 만들어 가기 위한 한국 복지 정치의 가능성에 대한 단초를 찾을 수 있다. 최태욱 선생은 한국 사회가 새로운 복지 정치를 열어 가기 위해서는 소위 "87년 체제"를 넘어 새로운 대안적 정치체제를 만들어야 한다고 주장한다. 한국 복지 정치가 자유주의 정당과 보수정당이라는 거대 양당의 닫힌 구조로 만들어진 중요한 원인 가운데 하나가 바로 87년 체제가 만든 '(지역주의와 결합된) 국회의원 소선구 일위대표제, (제왕적) 대통령제, 그리고 (과잉) 중앙 집권제'라는 '승자독식형 민주주의 제도'에 있다고 진단하고 있기 때문이다. 결국 다양한 시민의 이해를 대표하지 못하는 87년 체제가 제5장에서 언급한 계급 균열에 기초한 복지 정치를 불가능하게 했다는 진단이다. 최태욱 선생은 87년 체제를 "의사 대의제 민주주의"라고까지 비판하면서, 그 대안으로 다양한 시민의 이해를 대표할 수 있는 비례성이 보장되는 선거제도의 개혁을 주장한다. 그리고 그 중심에는 정당명부식 연동형 비례대표제가 자리하고 있다. 하지만 2019년 개혁 과정에서 기득권을 지키려는 더불어민주당의 반개혁적인 행위는 비례대표제의 대의를 훼손하고 약화시켰다는 것이 최태욱 선생의 진단이다. 실제로 준연동형이라고 불리는 선거제도 개혁은 기득권 양당 구조를 강화하는 것으로 나타났다. 제도의 개혁은 합의제 민주주의의 발전을 위한 충분조건이 아니라 필요조건이라는 것을 확인한 것이다. 개혁을 성공시키는 것은 행위자인 것이다. 결국 중요한 것은 제도 자체가 아니라 제도가 제 역할을 할 수 있도록 강제할 수 있는 "정치 세력화"라는 것이다.

## 2장

# 상생과 연대를 위한
# 한국 '산업 체제'의 평가와 과제

정준호

## 1. 서론

한국의 산업 체제는 지난 60여 년간 격변의 시기를 지나왔다. 본격적으로 경제개발을 시작한 1960년대 이후로 좁혀 본다면 박정희 시기의 권위주의적 개발주의 시기, 1987년 민주화와 연이은 노동자 대투쟁으로 상징되는 민주화 시기, 외환 위기 이후 신자유주의적 개방화와 자유화의 시기 등으로 구분할 수 있을 것이다. 특히 1987년 노동자 대투쟁 이후 거의 10년 간격으로, 1997년 외환위기, 2008년의 글로벌 금융 위기 등 굵직한 사건들이 발생했으며, 글로벌화, 기술 변화, 분절화, 외주화, 유연화, 고령화 등의 세계사적 흐름과 직면해 왔다.

현행 산업 체제는 여러 가지 문제들을 안고 있다. 예를 들면, 재벌의 (준)수직 계열화로 인한 경제력 집중과 공정한 시장 경쟁의 제약, 투자 주도의 성장 체제로 인한 숙련 형성의 한계, 고용 성장의 제약, 양질의 일자리 부족, 노동시장의 이중구조와 양극화, 급속한 고령화와 구조적인 청년 실업, 낮은 여성 고용률 등 다양한 문제들이 발생했다.

1960년대 이후 현재까지 지난 60여 년간 한국 산업 체제의 다양한 문제들을 모두 드러내기는 힘들기에, 이 글에서는 주로 1987년 이후 지난 30여 년간의 변화를 추적하고 이를 넘어서고자 하는 정책 방향을 제시하는 데 초점을 두고자 한다. 먼저 한국 산업 체제의 구조적 변동의 특성을 기존 문헌과 통계자료를 통해 기술하고 평가를 시도한다. 그런 연후에 이 글은 기존 산업 체제의 구조적 변동과 그 특성에 주안점을 두고 그에 따른 전망과 정책 방향을 간략히 제시한다. 이를 통해 1987년 외환 위기 이후의 산업 체제가 '자동화-아웃소싱-탈숙련화'로 치닫고 있다는 것을 보여 주고자 한다.

## 2. 산업 체제의 개관: 1961~2019

1960년대에 공업화를 시작해 현재에 이르기까지의 산업 체제는 크게 세 단계로 구분이 가능할 것으로 보인다. 이는 1961~87년 기간, 1988~97년 기간, 1998~현재의 기간으로 나누어 볼 수가 있을 것이다.

1961~87년까지의 산업 체제는 국가 주도 발전 모델에 기반을 두었다. 권위주의적 정치체제는 시민의 민주적 열망을 억누르고 노동을 배제하는 등 사실상 탈정치화를 추구했으며 자본을 '채찍'과 '당근'이라는 조건부 지대contingent rent의 원리를 통해 지배했다. 이른바 '권위주의적 경성 국가'authoritarian hard state의 단면을 보여 준 것이다. 예를 들면, 강제 저축, 개인의 소유 재산에 대한 강제수용 등을 통해 자본과 노동을 개발주의적으로 동원했으며 정치적 억압을 통해 재산권 제도는 국가에 의해 관리되었다.

국가가 선별한 특정 산업과 기업에 각종 자원과 특혜가 집중되면서 재벌이 형성·성장할 수 있는 기반이 마련되는 등 산업 정책이 민간 기업의 투자에 따르는 위험을 공적으로 풀링pooling하고 헤징hedge하는 위험 공유 수단으로 기능했으며, 조건부 지대를 통해 기업의 기회주의적인 행태를 견제했다. 특히 고부채-과잉투자가 맞물리면서 만성적인 외화 부족과 물가 상승이 발생했지만, 선성장-후분배 논리로 국민의 불만을 달랬다. 이런 체제는 반공-냉전 체제에 기반을 두고 있었는데, 여기서 미국은 소비 시장, 일본은 부품 소재의 공급자로서 기능했다.

1988~97년까지의 산업 체제는 기존 발전 모델이 도전에 직면하는 과도기 단계로 볼 수 있다. 1987년 직선제의 쟁취로 절차적인 정치적 민주화가 이루어지고 노동자 대투쟁으로 시민과 노동이 발언권을 점차로 획득하는 시기이다. 전술한 권위주의적 경성 국가가

민주적 경성 국가democratic hard state가 아니라 연성 국가soft state로 변모하는 이행기라 볼 수 있을 것이다. 노태우 정부 시기는 이런 교량적 또는 이행기 모습을 보여 준다. 그 이후에는 자본 자유화가 강화되면서 자본의 민주적 통제가 느슨해지는 연성 국가로 나아가게 된다(이병천 2016).

이 시기에 금융시장이 점진적으로 자유화되고 부동산 가격 폭등에 대해서는 토지공개념을 도입하고 신도시를 개발하는 등 시장 자유화와 국가 개입의 양상이 동시에 나타났다. 재벌 주도의 성장이 본격적으로 이루어지면서 부품 소재를 공급하기 위해 재벌과 중소기업 간에 이를 공급하는 위계적인 생태계가 구축되기 시작했다. 이는 전두환 정부 시기의 하청 계열화 정책의 연장선상에 있다. 1987년 노동자 대투쟁으로 일부 대기업을 중심으로 내부노동시장이 형성되면서 일부 대기업 노동은 포섭되고 나머지는 배제되는 이중화 구조가 나타나기 시작한다.

냉전 구도가 점차로 무너지고 북방 수교가 가능해졌으며, 특히 1990년대 초반 중국과의 수교로 중국 효과를 누릴 수 있게 되었다. 이 시기 중국 효과는 자본과 노동이 서로 집합적으로 협력해 지난한 기술혁신과 조직 혁신을 도모하는 기술·조직적 해결책technico-logical and organizational fix보다는 한국과 중국 간 임금의 공간적 갭을 이용하는 약한 경쟁의 일환인 공간적 돌파spatial fix를 선호했다는 것을 의미한다(Harvey 1982). 이런 중국 효과는 1986~88년 3저 호황에 연이은 불황의 강도와 실질적인 구조 조정의 압력을 낮추어 주었다.

1998년부터 현재까지의 산업 체제는 신자유주의적 기조 아래에서 새로운 발전 모델을 모색하는 시기로 볼 수 있을 것이다. 1997년 외환 위기 이후 한국 경제는 기존 발전 모델이 사실상 재편되는 제도적 개혁을 전방위적으로 겪거나 강요당했다. 특정 산업 부문에서 일부 재벌 대기업은 글로벌 가치 사슬을 중심으로 펼쳐진 국제분업 구조의 형성이라는 기회의 창을 잘 활용해 글로벌 기업으로 성장했다.

1987년 이후 형식적인 민주화는 이루어 냈지만, 자본에 대한 민주적 규율 또는 생태적 규율을 만들어 내지 못함에 따라 민주적 연성 국가가 이 시기에 형성 유지된 것으로 보인다. 다시 말해, 민주화는 정치권력을 민주화했지만, 자본의 자유 역시 용인한 것이었다. 또한 형용 모순적인 '시장 관리주의'market-managerialism 방식, 즉 형식적인 성과 지표를 대외적으로는 제시하면서 단기간의 성과 달성을 위해 경쟁을 강화하고 성과를 관리하는 방식으로 정책 개입이 이루어졌다. 이 과정에서 형식적인 지표 관리가 이루어지고 정책 목표를 둘러싼 공급자와 수요자 간의 실질적인 학습 과정이 이루어지지 않아 여전히 공급자 주도의 정책을 벗어나지 못했다(정준호 2016). 첨단산업을 새로운 성장 동력으로 제시했지만, 그 성과가 미미함에 따라, 성장을 위해 과거의 양적인 성장 방식, 즉 과도한 건설 투자가 이루어지면서 과거의 발전 모델로의 퇴행도 일어나기도 했다.

그러나 세계화 및 자유화에 기반한 신자유주의적 기조가 여전히 지배하고 일부 대기업이 세계시장에서 성공하면서 대기업과 중소기업 간, 정규직과 비정규직 간 이중화 및 양극화 문제가 심각하게 대두되었다. 일부는 여전히 낙수 효과에 기반한 성장 정책을 제시하고, 다른 한편으로는 이중화 및 양극화를 해소하기 위해 수요 기반의 성장 모형을 제시하고 있다는 점에서 합의된 발전 모델은 지금까지 나타나지 않고 있다. 탈냉전 구도 하에서 형성된 동북아 글로벌 가치 사슬로 인해 한국의 기업들은 중국 효과를 충분히 누렸지만, 최근 세계경제의 패권을 둘러싼 미중 간 갈등으로 중국은 기회가 아니라 위협으로 다가서고 있다.

## 3. 대외 조건
### : 지경학적인 조건과 글로벌 가치 사슬의 변동

### 1) 지경학적인 조건에 기반한 동북아 분업 구조

냉전 시기의 한·미·일 분업 구조 및 개방 이후 중국을 위시한 동북아 분업 구조 등 지정(경)학적인 조건은 한국의 공업화에 핵심적인 역할을 했다. 초기의 조립형 산업화는 대규모 초기 설비투자와 그에 따른 해외 수요(수출)의 적극적인 개척, 그리고 주요 부품 소재 및 기계 설비의 수입을 초래하기 때문에 대외 의존적인 수출 산업화를 내장하고 있다(핫또리 타미오 2007; 정준호 2016). 단시간 내에 핵심 부품·소재와 설비 기계 분야의 국산화와 내수 시장 확보가 힘들기 때문에 이런 문제를 해결할 수 있는 주요 부품·소재의 수입과 기술 이전, 최종재 소비 시장 간의 국제분업 구조가 필요한 것이다.

1980년대까지 냉전을 배경으로 하는 한·미·일 분업 구조는 우리나라의 산업화에 결정적인 지정(경)학적 조건이었으며, 1990년대 중반 이후 이는 동북아 분업 구조로 변동되었으나 기본적인 구조는 한·미·중·일 간 국제분업 구조이다. 이런 구조 아래에서 한국에게 일본은 중·고급 부품·소재의 공급지, 중국은 초·중급 부품·소재 및 최종재 시장, 그리고 미국은 고급 최종재 시장으로 기능한다 (정준호 2016).

저임금을 활용하고 상당한 정도의 수출 신장을 기대할 수 있는 중국 시장이 1990년대 초반 열렸다. 이는 노사가 합심해 지난한 기술·조직적 역량의 축적을 통해 다른 기업들과 경쟁하는 고가도high-road의 혁신 전략보다는 상대적으로 요소 비용의 지리적 차이를 이용해 새로운 시장을 개척하는 '공간적 돌파' 전략(Harvey 1982)이 용이해졌다는 것을 함의한다. 전술한 바와 같이 이른바 '중국 효과'는 기업 내 노사 간의 지난한 기술적·조직적 혁신 대신에 손쉬운 공간적 해결 수단을 제공했던 것이다(정준호 2018). 물론 삼성전자와 같은 일부 대기업은 글로벌 가치 사슬 내에서 일정한 성공을 거두어 기술적·조직적 혁신으로 나아간 것이 사실이다. 하지만 상당수 기업이 중국 효과로 심대한 구조 조정의 압력에서 벗어나 요소 비용의 차이를 활용해 성장을 이어갔음을 부정할 수 없다. 이런 중국

그림 1. 부품 소재 품목의 대일본과 중국과의 무역수지: 2001~2018년

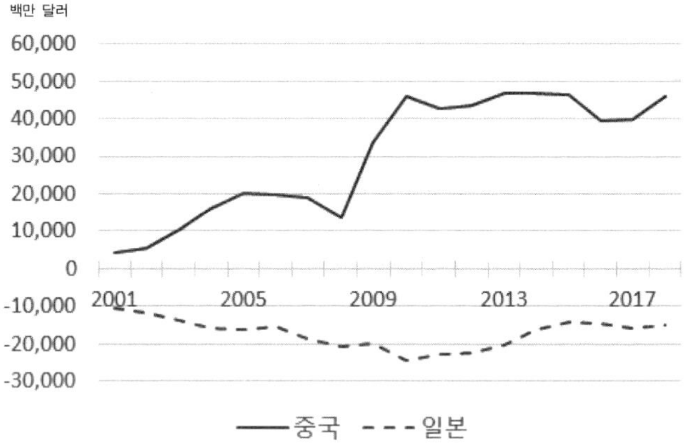

자료: 소재부품종합정보망(http://www.mctnet.org/index.jsp).

효과는 최근 패권을 둘러싼 미중 갈등과 중국 기업의 자체 경쟁력
증대로 한국 기업에 선택을 요구하고 있다. 즉 한국 기업은 중국 효
과에서 벗어나 새로운 생산 체제 전환의 길을 걸어갈 것인가, 아니
면 기존 경로 의존성을 따라갈 것인가라는 갈림길에 서있다.

생산공정이 지리적으로 분할되는 글로벌 가치 사슬이 동아시아
에 본격적으로 구축되면서 자본재와 부품의 아웃소싱이 강화되었
다(조성재 외 2006). 이에 편승해 외환 위기 이후 우리나라 기업들은
본격적으로 중국 특수를 구가할 수 있었다(〈그림 1〉 참조). 그럼에도
일본, 독일, 이탈리아 등 제조업 강국과의 관계에서 부품 소재 부문
의 무역수지 적자가 해소되기는커녕 더욱 심화되고 있는 것은 조립
형 산업화라는 한국의 특성에서 기인하는 바도 크지만, 글로벌 아

옷소싱의 확대에 따른 결과이기도 하다(정준호 2016).

핵심 중간재의 수입에 의존해 단기적으로 신속하게 제품 수준을 고도화하는 것은 선진국과의 격차를 빠른 속도로 좁히고, 경우에 따라 추월할 수도 있게 했다. 특히 최근의 자동화 기술은 마이크로 칩에 프로그램화가 가능하기 때문에 기술과 숙련이 '캡슐화'capsule 되어 있다. 따라서 이런 첨단 기계 설비를 구입하면 캡슐에 내장된 기술과 숙련은 블랙박스이지만 이를 사용하는 데에는 지장이 없어서 추격이 과거보다 더 용이할 가능성이 크다(정준호 2017).

## 2) 외환 위기 이후 글로벌 가치 사슬의 형성과 변동

1990년대 중반 이후 글로벌 경제의 상호 의존성이 증대되어 왔다(Gereffi et al. 2005). 〈그림 2〉에서 나타나는 바와 같이 이는 ICT 기술 및 교통 통신 기술을 기반으로 생산공정의 공간적 분산과 통합을 통해 이루어진 것이다(Kimura 2009). 따라서 글로벌 수준에서 20세기 후반 이후에 생산의 글로벌화가 증대되어 온 것은 누구도 부인할 수 없는 사실이다.

LCD 패널처럼 우리나라는 글로벌 가치 사슬의 전개와 개방화에 따른 이점을 통해 글로벌 플레이어로서 등장했다(Shintaku et al. 2006). 이근(2014)에 따르면, 이는 '기회의 창'을 적극적으로 활용한 것으로 이해될 수가 있다. 여기서 기회의 창은 신기술의 출현(예컨대, 디지털 기술), 경기변동이나 시장 수요 변화(예컨대, 불황기), 정

그림 2. 글로벌 가치 사슬의 형성: 생산공정의 지리적 분산과 통합

생산공정의 공간적 분리(fragmentation) 이전

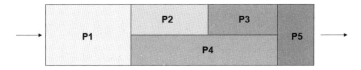

생산공정의 공간적 분리(fragmentation) 이후

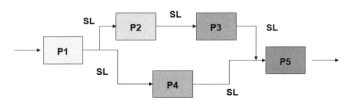

주: P와 SL은 각각 생산 블럭과 서비스 연계를 의미함.
자료: Kimura(2009).

부 개입이나 규제 변화 등을 일컫는다.

〈그림 3〉에서 보는 바와 같이 LCD 패널 개발 초기에는 핵심 기술을 보유한 일본과 유럽 기업들이 수직적인 가치 사슬 구조를 형성했다(Shintaku et al. 2006). 기술 진보에 따라 생산의 모듈화가 가능해지면서 한국과 대만의 기업들이 시장에 진입하게 되어 경쟁이 심화했으며, 이에 따라 제품 가격이 하락하고 시장 규모는 확대되었다. 전반적인 시장 규모 확대에 따라 일본과 유럽 기업들의 경제적 이득의 총량은 여전히 증가하게 된다. 최근에 LCD의 시장 주도권이 일본, 한국을 거쳐 중국으로 이동하고 있다. 이는 LCD와 같이 대규모의 설비투자가 가능하고 공정 기술이 확보되어 있으며 이를

그림 3. 글로벌 가치 사슬의 사례: LCD 패널의 경우

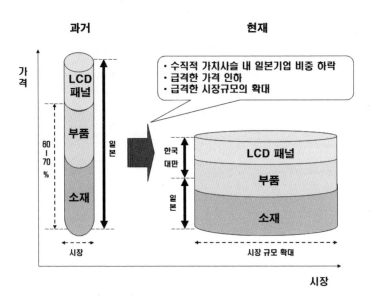

자료: Shintaku et al.(2006).

캡슐화한 설비를 구득할 수 있으면 추격이 용이할 수 있다는 것을 시사하고 있다. 즉 표준화 및 모듈화, 자본재 가격이 하락하는 상황에서 대규모 투자가 가능하다면 과거와 달리 상대적으로 추격이 용이하다.

하지만 생산의 세계화 추세가 둔화되거나 또는 반전되는 추세가 최근에 나타나고 있다(OECD 2018). 〈그림 4〉에 나타난 OECD 통계에 따르면 대략 2011년을 기점으로 수출에서 해외 부가가치가 차지하는 비중, 즉 '후방 연계'가 주요 국가들에서 점차로 하락하고 있다.

## 그림 4. 글로벌 가치 사슬의 변동

### 주요 OECD 국가들의 후방 연계 비중

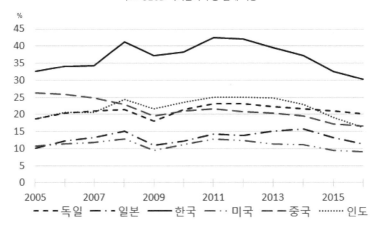

### 중국의 중간재 수입 의존도

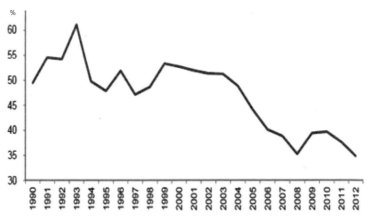

UN의 재화 및 서비스 용도 분류(BEC, Classification by Broad Economic Categories)에 기반한 것임.

주: 후방 연계는 전체 수출에서 차지하는 해외 부가가치 비중임.
자료: OECD(https://stats.oecd.org) 및 Constantinescu et al.(2014).

이 같은 하락은 한국에서 두드러지며, 미국을 포함한 주요 OECD 국가들에서도 일정하게 나타나고 있다. 특히 2000년대 초반 이후 중국은 지속해서 그 비중이 감소하고 있다. 원유와 같은 상품 가격의 변동이 이런 추세에 영향을 미치고 있지만, 중간재 국내 조달의 증가가 일정한 역할을 하고 있다. 미국의 경우 셰일 가스 혁명이, 중국의 경우에는 자국 내 중간재 공급의 증가라는 측면이 이런 추세를 일정 정도 견인하고 있지만(〈그림 4〉 참조), 산업별, 국가별, 경제권별로 상이하다(OECD 2018). 이처럼 국가·산업·경제권별로 부품소재 및 원자재를 연계를 의미하는 후방 연계 하락 비중이 상이하게 나타나고 있지만, 현재 세계화 추세는 보호주의 물결과 부딪히고 있는 것이 사실이다.

최근에는 미중 간 패권 갈등이 격화되고, 그에 따라 기존 지경학적 국제 질서의 재편 조짐이 나타나면서 세계화 추세의 반전은 일시적인 것이 아니라 구조적일 수 있다는 주장이 강하게 대두되고 있다(Constantinescu et al. 2014). 해외 투입재를 국내(자국) 투입재로 대체함에 따라 중국 기업의 국내 부가가치 비중이 증대하고 있다. 이는 일종의 구조적 요인으로 볼 수 있다.

요약하면 최근에 미중 무역 갈등과 한일 간 무역 분쟁 등으로 이런 분업 구조 체제에 틈새가 벌어지고 있다. 2011년을 전후해 글로벌 교역 규모가 줄어들고 있으며, 중국도 국내 조달 비중을 높이고 있어 이런 추세는 구조적일 것으로 보인다. 이에 따라 기술 패권주의와 결합한 보호주의적 기조가 나타나고 있다.

그림 5. 기계류 수입 물량 지수/내수 출하 지수 추이: 1988~2018년

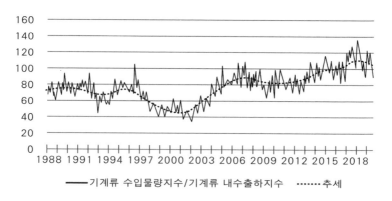

그림 5. 기계류 수입 물량 지수/내수 출하 지수 추이: 1988~2018년

주: 추세는 HP 필터로 추정한 것임.
자료: 통계청 및 한국은행.

### 3) 국내 산업 연관의 약화

글로벌 가치 사슬을 활용한 아웃소싱의 증가로 외환 위기 이후 국내 산업 연관이 약해지고 있다. 대외 의존적 산업화가 무조건 나쁜 것만은 아니지만, 문제는 그것이 얼마만큼 국내 산업 기반에 낙수 효과trickle down effect를 야기하는가이다. 〈그림 5〉에서 나타나듯이 외환 위기 이전에는 기계 설비의 내수 출하 지수가 수입 물량 지수를 능가했으나 2000년대 이후 기계 설비의 수입 물량 지수가 내수 출하 지수를 상회하고 있다. 글로벌 금융 위기 전후로 기계류 내수 출하 지수가 수입 물량 지수를 다소 능가했으나 그 이후에 다시 증가하다가 최근에 하락하는 추세로 전반적으로 기계류의 아웃소싱이 확대됐다는 것을 보여 주고 있다.

표 1. 제조업의 해외 수출에서 차지하는 국내 부가가치 비중(%) 추이
: OECD 및 주요 국가들과의 비교

|  | 1995 | 2000 | 2005 | 2008 | 2010 | 2015 | 2016 |
|---|---|---|---|---|---|---|---|
| 덴마크 | 73.5 | 71.2 | 72.0 | 67.1 | 72.1 | 71.2 | 73.9 |
| 핀란드 | 72.8 | 65.9 | 67.9 | 63.6 | 66.9 | 65.0 | 68.6 |
| 프랑스 | 77.3 | 70.4 | 72.6 | 70.0 | 74.0 | 69.5 | 70.4 |
| 독일 | 82.4 | 76.2 | 77.3 | 74.3 | 77.5 | 74.0 | 74.8 |
| 이탈리아 | 78.8 | 75.5 | 73.8 | 70.3 | 74.7 | 69.6 | 71.8 |
| 일본 | 92.9 | 90.8 | 87.9 | 82.1 | 86.7 | 85.5 | 84.0 |
| 한국 | 72.7 | 64.7 | 64.5 | 55.7 | 60.1 | 59.2 | 64.5 |
| 스페인 | 73.7 | 64.9 | 67.9 | 66.2 | 72.4 | 68.5 | 68.0 |
| 스웨덴 | 68.7 | 64.7 | 69.8 | 66.4 | 71.3 | 69.6 | 72.3 |
| 영국 | 75.6 | 74.3 | 76.1 | 71.9 | 72.5 | 70.5 | 74.9 |
| 미국 | 84.0 | 82.5 | 83.5 | 80.2 | 84.5 | 82.3 | 84.4 |
| 중국 | 51.9 | 49.4 | 71.6 | 75.4 | 79.0 | 77.4 | 81.3 |
| 인도 | 87.4 | 84.8 | 74.8 | 64.9 | 69.7 | 66.5 | 72.7 |
| 싱가포르 | 47.9 | 46.6 | 49.0 | 45.6 | 50.1 | 50.4 | 50.0 |
| 대만 | 62.6 | 60.6 | 57.3 | 50.2 | 57.8 | 52.7 | 62.4 |

주: 2005년 이전은 관련 산업연관표가 SNA 1993과 ISIC Rev 3 산업 분류에 의거해 작성되었으나 그 이
후는 SNA 2008과 ISIC Rev 3 산업 분류에 따라 편제되었기 때문에 2005년 전후로 시계열상의 단절
이 있음에 유의할 필요가 있음.
자료: 정준호(2016) 및 OECD TiVA Indicators: 2018 edition.

　　한국의 경우 다른 국가들과 비교해서 제조업의 수출에서 차지
하는 국내 부가가치 비중이 상대적으로 낮으며, 외환 위기 이후 그
비중은 그 이전보다 더 떨어졌다(〈표 1〉 참조). 세계화의 효과로 대
부분 국가에서 제조업 수출에서 국내 부가가치가 차지하는 비중이
떨어지는 것은 일반적인 현상이지만, 우리나라가 부품 소재의 국산
화를 위한 정책적 노력을 의식적으로 꾸준히 경주해 왔다는 점에
서, 이는 주의 깊게 들여다볼 필요가 있다.

## 4. 양적 위주의 경제성장

### 1) 세계 6위 규모의 제조업 강국: 제조업 GDP 기준

우리나라는 제조업 부문의 대기업을 중심으로 선진국과의 소득 격차를 줄여 제2차 세계대전 이후 경제 추격에 성공한 많지 않은 개발도상국 가운데 하나다. UNCTAD 통계에 따르면 우리나라의 제조업 GDP 규모는 2016년 현재 중국, 미국, 일본, 독일, 인도, 등 과 함께 세계 6대 국가 중 하나이다(〈그림 6〉 참조). 양적인 측면에서 보면 제조업 부문에서 우리나라의 선진국에 대한 추격은 사실상 끝 난 상태이다. 2010년 미 달러 불변가격 기준으로 한국의 제조업 GDP는 1970년 48.9억 달러에서 2016년 3,705억 달러로 약 75.7 배 늘어났으며, 이에 따라 우리나라의 제조업 규모 국가별 순위는 1970년 41위에서 2016년 세계 6위에 올랐다(정준호 2018).

한국은 GDP 대비 제조업 비중이 매우 높고 노동생산성도 상대 적으로 높다. UNCTAD 통계에 따르면 2016년 현재 한국의 GDP 대비 제조업 비중은 28.3%로 중국(31.3%)과 크게 차이가 나지 않 을 정도로 꽤 높은 수준을 기록하고 있다(〈표 2〉 참조). 서구 선진국 에서는 탈공업화에 따라 제조업 대비 GDP 비중이 줄어들고 있지 만, 우리의 경우는 이와는 상반된다. 예를 들면, 미국의 경우 그 비 중이 11.6%, 일본 20.9%, 독일 21.1%에 이른다. EU는 글로벌 금 융 위기와 유럽 재정 위기의 여파에서 완전하게 벗어나기 위해 제

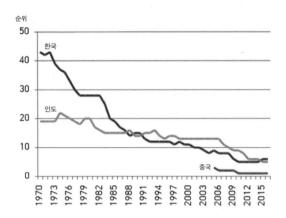

그림 6. 한국의 제조업 GDP 규모 순위 추이: 1970~2016년

자료: UNCTAD.

조업의 중요성을 인식하고 'Europe 2020' 전략을 제안했는데, 여기서 제시한 목표가 GDP 대비 제조업 비중 20%이다. 이런 기준에서 보면 현재 독일, 일본, 그리고 한국 등은 이를 만족하고 있다(정준호 2018).

서익진(2006)은 생산재와 소비재의 비례적 성장 및 부품 소재와 최종재의 풀세트형 산업 발전을 '복선형 산업화'라고 일컫고 있다. 이는 선진국의 부품 소재 및 최종재에 대한 역엔지니어링reverse engineering에 기반한 지난한 기술 학습, 적절한 산업 정책, 공격적인 대기업 투자 등의 산물로 볼 수가 있다.

표 2. 2016년 상위 제조업 15개국의 현황

| 순위 | 국가 | 제조업<br>(백만 달러) | 인구<br>(15~64세)<br>(천 명) | GDP<br>(백만 달러) | GDP 대비<br>제조업<br>비중(%) | 1인당 제조업<br>GDP<br>(달러) |
|---|---|---|---|---|---|---|
| 1 | 중국 | 2,978,877.3 | 1,012,998.2 | 9,505,298.3 | 31.3 | 2,940.7 |
| 2 | 미국 | 1,976,578.3 | 214,964.1 | 17,013,356.6 | 11.6 | 9,194.9 |
| 3 | 일본 | 1,260,905.8 | 77,287.5 | 6,040,651.1 | 20.9 | 16,314.5 |
| 4 | 독일 | 797,484.4 | 53,769.6 | 3,781,698.5 | 21.1 | 14,831.5 |
| 5 | 인도 | 411,519.6 | 873,908.7 | 2,456,031.5 | 16.8 | 470.9 |
| 6 | 한국 | 370,511.5 | 37,034.0 | 1,304,658.7 | 28.4 | 10,004.6 |
| 7 | 이탈리아 | 305,583.9 | 37,846.5 | 2,083,322.6 | 14.7 | 8,074.3 |
| 8 | 프랑스 | 291,052.9 | 41,843.8 | 2,817,900.8 | 10.3 | 6,955.7 |
| 9 | 브라질 | 252,205.3 | 144,560.4 | 2,248,071.5 | 11.2 | 1,744.6 |
| 10 | 영국 | 224,068.2 | 42,236.4 | 2,753,793.1 | 8.1 | 5,305.1 |
| 11 | 러시아 | 222,224.6 | 99,216.6 | 1,628,081.6 | 13.6 | 2,239.8 |
| 12 | 인도네시아 | 221,942.7 | 175,328.1 | 1,037,688.1 | 21.4 | 1,265.9 |
| 13 | 멕시코 | 192,409.5 | 84,512.8 | 1,259,036.2 | 15.3 | 2,276.7 |
| 14 | 스페인 | 186,688.2 | 30,614.9 | 1,464,508.8 | 12.7 | 6,097.9 |
| 15 | 캐나다 | 182,534.1 | 24,479.8 | 1,822,734.4 | 10.0 | 7,456.5 |

주: 1) 2010년 미 달러 불변가격 기준.
　　2) 1인당 제조업 GDP 계산시 15~64세 인구를 사용했음.
자료: UNCTAD.

## 2) 잠재성장률의 단계적 하락

주지하는 바와 같이 한국의 잠재성장률은 지속해서 하락하고 있다(유종일 2019). 최근 정부 정책과 무관하게 잠재성장률은 구조 적으로 하향 추세이다(〈그림 7〉 참조). 잠재성장률 하락의 요인들로 는 생산 가능 인구 저하와 고령화에 따른 노동 투입 요소의 제한, 자본축적의 저하, 신성장 동력의 부재, R&D 투입과 성과 간의 괴 리, 혁신적인 제도적 인프라의 취약 등을 꼽을 수가 있을 것이다.

## 그림 7. 시기별 잠재성장률 추정치와 실제 성장률

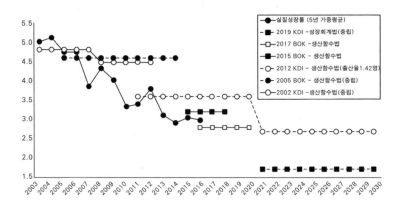

자료: 유종일(2019).

　생산 가능 인구의 감소와 빠른 고령화는 생산성 향상, 저축률 및 투자에 저해 요소로 경제의 역동성을 약화시키고 있다. 경제의 성숙화에 따른 자본 투자의 추세적 저하도 잠재성장률 하락의 요인으로 작용하고 있다. 1970~80년대부터 등장한 자동차, 조선, 석유화학, 전자·반도체, 기계 등 주력 기간 산업을 대체할 만한 새로운 성장산업이 한국 경제에서 자리를 잡고 있지 않다. GDP 대비 R&D 투자 비중은 세계 최고이지만 이에 따른 혁신 성과는 상대적으로 낮은 편이어서 혁신 체제의 효율성이 높지 않다. 대기업으로의 경제력 집중으로 인한 독과점의 심화와 그에 따른 공정한 경쟁의 저하, 다양한 이해관계에 대한 사회적 조정의 미흡으로 인한 부문 간 규제의 비대칭성 등으로 인해 혁신적인 제도적 인프라가 취약한 점도 잠재성장률 하락의 요인으로 볼 수가 있다.

# 5. 성장 체제 동학의 구조와 변화

## 1) 투자 주도 경제

### (1) OECD 국가들과의 비교를 통한 한국의 투자 추이: 1985~2018

한국은 1980년대 중반 이후 현재까지 건설 투자와 유·무형의 설비투자를 포함한 총 고정자본 형성이 GDP에서 차지하는 비중이 매우 높은 투자 주도 경제이다. 〈그림 8〉에서 보는 바와 같이 제조업의 경쟁력이 강한 독일과 일본, 대표적인 복지국가이면서 제조업 경쟁력을 유지하는 스웨덴, 그리고 미국 등과 비교할 경우 한국의 GDP 대비 총 고정자본 투자 비중은 1980년대 중반 이후 현재까지 매우 높은 수준을 유지해 오고 있다. 한국의 GDP 대비 총 고정자본 형성 비중은 1991년에 41.4%로 정점에 도달하고 나서 하락하다 1996년에 39.7%로 이에 근접한 수준으로 상승했으나, 1997년 외환 위기 여파로 27.8%까지 떨어졌다. 2000~08년 기간에는 약 30% 안팎에서 횡보하다가 2009년 글로벌 금융 위기 여파로 30% 이하로 떨어졌으나 곧바로 반등했다. 2013년 이후 그 비중이 30% 이하를 기록하다 2017년에는 31.1%, 즉 30%대로 다시 돌아온 상태이다.

정리하자면 1980년대 중반과 외환 위기 이전에는 약 40%를 넘나드는, 즉 약 30% 후반대의 높은 총투자율을 기록했으나, 외환 위기 이후와 글로벌 위기 전까지는 약 30%대 초반대를 기록했다. 그리고 2013년 이후 그 비중이 30% 이하를 기록했으나 부동산 경기

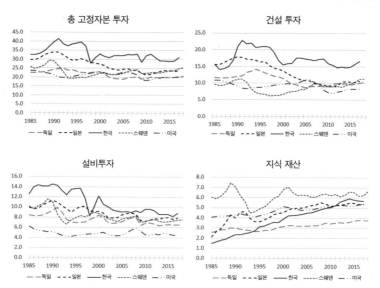

그림 8. 한국 및 주요 OECD 국가들의 GDP 대비 투자 비중 추이: 1985~2018년

단위: %

주: GDP 대비 각 투자 비중임.
자료: OECD Stat.

활성화와 반도체 경기의 호황으로 2017년에는 다시 30% 이상으로 진입했다.

다른 국가들의 경우 2000년대 초반까지는 독일, 미국, 스웨덴 등에 비해 일본의 총투자 비중이 상대적으로 높은 편이지만, 2000 년대 중반 이후에는 독일, 미국, 스웨덴, 일본의 총투자율이 약 20~25% 안팎에서 변동하고 있다. 그리고 글로벌 금융 위기 이후 이들 국가의 총투자율이 미미하게나마 상승하고 있다. 고투자에 대한 주주 자본주의적인 시장 견제가 일정 정도 이루어졌던 외환 위기 이후에도 한국과 비교 대상 OECD 국가들 사이에는 약 5~10% 정도의 총투자율 차이가 있었다.

한국의 총 고정자본 형성에서 가장 큰 비중을 차지하는 것은 건설 투자이고, GDP 대비 건설 투자 비중은 1980년대 중반 이후 비교 대상이 되는 OECD 국가의 그것보다 압도적으로 높다. 한국의 GDP 대비 건설 투자 비중은 1985~91년 사이 급격히 상승해 22.8%에 도달했으며 2000년에 15.5%로 떨어졌다. 그 이후 2011년까지는 약 15% 이상의 비중을 보여 주었으며, 2012~15년 사이에 그 비중이 15% 이하로 떨어졌다가 그 이후 그 이상으로 상승했다. 특히 한국의 건설 투자 비중 추이는 1980년대 말과 1990년대 초반의 대규모 신도시 건설 및 부동산 경기 부양과 긴밀하게 연관되어 있다.

OECD 국가들을 보면 일본의 건설 투자 비중이 상대적으로 높은 편이었지만 지속해서 떨어져 2000년대 중반 이후에는 다른 OECD 국가들과 비슷한 비중을 보여 주고 있다. OECD 국가의 건설 투자 비중은 글로벌 금융 위기 이후 조금이나마 증가하는 추세를 보여 주고 있는데, 이는 전 세계적인 차원의 저금리로 인한 부동산 경기의 변동을 반영하고 있는 것으로 볼 수 있을 것이다. 2000년대 이후로 집중해 보면 한국과 주요 OECD 국가들 사이의 건설 투자 비중 차이가 약 5~7% 차이가 나고 있다는 것을 알 수가 있다. 이는 한국과 주요 OECD 국가 간 총투자율 차이의 대부분이 건설 투자 비중에 의한 것임을 보여 주고 있다.

한국의 GDP 대비 설비투자 비중은 1980년대 중반 이후 하락세다. 3저 호황기인 1986~91년 사이 GDP 대비 설비투자 비중이 약 14%대로 최고 수준을 기록했으나 그 이후에는 14% 이하를 기록하다가 외환 위기 시기에 급락했다. 외환 위기 이후 다시 급격히 반등했으나, 그 비중은 2003년 이후 9% 안팎으로 횡보하면서 변동하고 있지만 하락하는 추세다. 그러다가 2017년 반도체 경기의 활황으로 일시 반등했다.

비교 대상 OECD 국가 중에 미국이 가장 낮은 설비투자 비중을 보여 주고 있으며, 일본, 스웨덴, 독일 등과 한국 간의 설비투자 비중 차이가 2000년대 이후 약 2~3% 안팎으로 나서 건설 투자 비중과 달리 설비투자 비중에서는 큰 차이를 보여 주지 않고 있다. 최근에는 주요 OECD 국가들과 한국의 설비투자 비중 차이가 약 1~2% 안팎으로 좁혀지고 있다. 예외적으로 미국의 설비투자 비중은 여전히 낮아 다른 국가들과 차이가 있다.

한국의 GDP 대비 지식 생산물 투자 비중은 1980년대 중반 이후 지속해서 증가하는 추세이지만 2014년 이후 그 추세가 반전된 상태이다. 비교 대상 OECD 국가 중에 지식 생산물 투자 비중이 가장 높은 나라는 혁신 체제가 잘 구축된 스웨덴이며, 그다음으로 미국, 일본, 독일 등의 순이다. 한국은 2010년대 이후 스웨덴 다음으로 지식 생산물 투자 비중이 가장 높은데, 이는 한국과 스웨덴이 GDP 대비 R&D 투자 비중이 높고 특허 출원과 등록이 최근 증가하고 있는 것과 연관되어 있다.

요약하면, 거시적인 차원에서는 여전히 건설 투자를 중심으로 한국의 총투자 비중이 주요 OECD 국가들과 비교해 상대적으로 높은 수준을 유지하고 있다. 또한 설비투자 비중도 여전히 다른 OECD 국가들과 비교해, 차이는 좁혀졌지만, 여전히 상대적으로 높은 편이다. 또한 지식 생산물 투자 비중도 급속히 증가하고 있다. 그러나 총투자, 건설 투자, 설비투자 비중은 외환 위기 이후 추세적으로 하락하고 있으며, 지식 생산물 투자 비중도 2010년대 중반 이후 하락세다. 1980년대 중반 이후 전체 추세를 보면 여전히 투자 주도의 경제라는 것을 알 수가 있다.

미시적인 측면에서 보더라도 외환 위기 이전의 한국 경제는 '고부채-고투자' 모형에 기반하고 있지만, 외환 위기 이후에는 과거처럼 높은 수준의 투자가 일어나는 것이 아니라 현금 흐름의 범위 내에서 설비투자가 발생하고 있다(이병천 2012). 환언하면, 외환 위기 이전에는 현금 흐름을 벗어나는 과도한 투자가 일어났지만, 그 이후에는 일정한 시장 감시가 작동하면서 기업의 현금 흐름에 기반해 설비투자가 발생하고 있다.

〈그림 9〉에서 보는 바와 같이 외환 위기 이전과 이후에 제조 기업의 상이한 투자 행태가 나타나고 있다. 외환 위기 이전에는 현금 흐름을 넘어서는 설비투자가 이루어져 왔으나 외환 위기 이후 그런 경향이 거의 나타나고 있지 않다(정준호 2020). 2000년대 이후 설비투자/현금흐름 간 비율이 1을 넘어서지 않고 있다. 외환 위기 이후 그 비율이 1 가까이 올라가 투자가 늘어나다가 2010년대 이후 그 추세가 반전되고 있다. 외환 위기 이전에는 대개 대기업의 현금 흐름과 무관한 막대한 설비투자가 발생했으며 이는 외환 위기의 원인 가운데 하나로 언급되고 있다. 하지만 외환 위기 이후에는 현금 흐

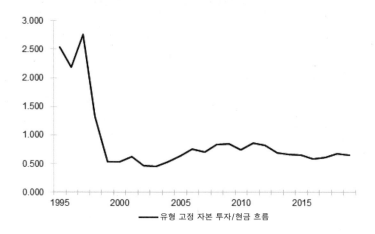

그림 9. 제조 기업의 현금 흐름 내 유형 고정 자본 투자

자료: 정준호(2020, 35).

름 내에서 제조 기업의 설비투자가 일어나고 있다. 물론 이런 현상이 주주 가치를 반영한 경영 스타일의 변화인지, 아니면 투자 기회를 찾지 못한 것인지에 대해서는 좀 더 검토할 필요가 있다. 하지만 이는 기업의 조직 전략과 시장 불확실성 양자를 모두 반영하고 있는 것으로 보인다.

### (2) 노동 절약적인 투자의 가속화

한국이 주요 OECD 국가들과 비교해 높은 투자 비중을 1980년대 중반 이후 현재까지 유지하고 있지만, 총 고정자본 형성의 GDP 성장 기여도는 외환 위기 이후 주요 OECD 국가와 비교해 매우 높다고 볼 수 없다. 외환 위기 이전에는 주요 OECD 국가와 비교해

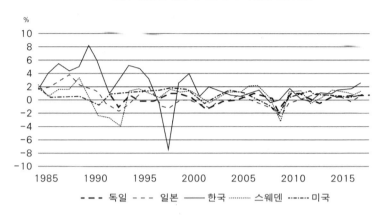

그림 10. 한국 및 주요 OECD 국가들의 총 고정자본 형성의
GDP 성장에 대한 기여도 추이: 1985~2018년

- - - 독일 - - - 일본 ——— 한국 ········ 스웨덴 ····-··· 미국

자료: OECD Stat.

총 고정자본 형성의 GDP 성장 기여도가 가장 높았으나 그 이후에
는 그렇지 않다. 1985~90년 사이에 총 고정자본 형성의 GDP 성장
기여도가 매우 높았지만, 그 이후 심한 변동을 겪다가 외환 위기 당
시 최저가 되었다. 2000년대 이후 그 기여도가 약 1~2% 안팎에서
변동하다가 2010년 이후 증가하는 추세를 보여 주고 있다.

　주요 OECD 국가와 비교해 높은 총투자율을 여전히 유지하고
있지만, 그것의 성장 기여도는 외환 위기 이후 주요 OECD 국가들
과 큰 차이를 보여 주지 못하고 있다. 외환 위기 이후에는 혁신 체
제가 잘 완비된 스웨덴의 총투자의 성장 기여도가 한국의 그것과
거의 차이가 없거나 상회하고 있다. 총투자율이 상대적으로 낮았던
미국도 총투자의 성장 기여도가 한국과 큰 차이를 보여 주지 않고
있다(〈그림 10〉 참조). 이는 외환 위기 이후 한국의 건설 투자 중심의

투자 주도 경제가 GDP 성장에는 한계가 있다는 점, 그리고 설비투자의 성장 기여도도 다른 국가들에 비해 효율적이지 않다는 점을 함의하고 있다. 가령, 스웨덴과 미국의 경우 총투자율이 한국의 그것보다는 상대적으로 낮지만, 혁신 체제가 잘 작동하면서 투자의 효율성이 한국의 그것보다 높은 것으로 보인다.

그렇다면 설비투자가 어떤 방향으로 진행되었는지, 즉 노동을 대체하는 수단인지, 아니면 노동 친화적인 설비투자 확대를 통해 노동생산성의 상승에 기여했는지를 살펴볼 필요가 있다. 카라바라부니스·네이먼(Karabarbounis and Neiman 2013)에 따르면, 1980년대 이후 전 세계적으로 노동에 대한 자본재의 상대가격이 지속적으로 하락하고 있다. 이런 자본재의 상대가격 하락은 저금리 기조와 맞물리면서 지속적으로 유지되고 있다. 노동에 대한 자본재의 상대가격 하락은 자본에 의한 노동의 대체를 견인하고 노동과 자본의 비율에도 영향을 미치게 된다. 이에 따라, 시간당 자본 서비스의 비율, 즉 근로자 1인당 자본 스톡 증감의 비율로 측정되는 자본 심화 capital deepening 지수의 증가가 나타나게 된다.

〈그림 11〉에서 보는 바와 같이 한국의 자본 심화 지수는 2010년 이후 주요 OECD 국가들의 그것을 능가하기 시작했으며, 이는 후술할 2009년 이후 제조업 로봇 밀도의 경사도가 매우 급해지는 시기와 일치한다. 2010년 이전에는 독일, 일본, 스웨덴, 미국의 자본 심화 지수가 한국의 그것을 능가했으며, 특히 독일과 일본의 자본 심화 지수가 상대적으로 높았다. 2010년 이후에는 스웨덴이 한국 다음을 차지하고 있으며 상대적으로 일본이 가장 뒤처져 있다.

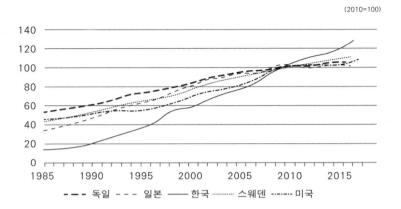

그림 11. 한국 및 주요 OECD 국가들의 자본 심화 지수 추이: 1985~2018년

(2010=100)

--- 독일 --- 일본 ─── 한국 ········· 스웨덴 ─·─·─ 미국

자료: OECD Stat.

한국의 설비투자와 기술 진보는 주요 OECD 국가들과 비교해 글로벌 금융 위기 이후에는 상대적으로 자본 절약적인 기술 진보에서 노동 절약적인 기술 진보로 진행해 왔다는 것을 알 수 있다. 자본재의 상대가격 인하에 따른 장비 구입의 용이함, 경쟁 심화에 따른 제품 품질의 제고를 위한 공정의 효율화, 노조와의 갈등과 그에 따른 작업장 숙련의 경시 풍조 등이 이에 일조한 것으로 보인다(정준호 2018).

제조업 취업자 만 명당 산업용 로봇 스톡을 의미하는 제조업 로봇 밀도는 시기적으로 상이한 기울기를 보여 주고 있다. 제조업 로봇 밀도는 지속해서 증가하는 추세를 보여 주고 있는 가운데, 1994~98년 기간과 2009~17년 기간 사이의 기울기가 상대적으로 급하다. 특히 글로벌 금융 위기 이후 로봇 밀도의 기울기가 더 급해졌

그림 12. 우리나라 제조업의 로봇 밀도 추이: 1990~2017년

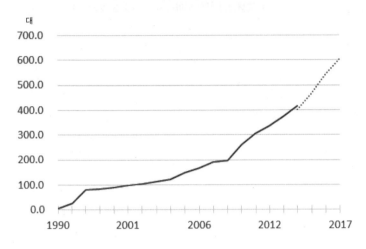

주: 제조업 취업자의 경우 2014년에 그 이전과 시계열적 단절이 있음.
자료: 통계청 및 국제로봇연맹(IFR).

다. 1998~2009년 기간 사이에 로봇 밀도 기울기가 상대적으로 완만한데, 2004년 이후 그 기울기가 급해지기 시작했다.

한국의 제조업 로봇 밀도가 독일, 일본 등의 제조업 강국과 비교해도 최근에는 최고 수준을 기록하고 있는데, 이는 몇 가지 요인들에 기인하고 있는 것으로 보인다. 이는 전자, 반도체, 자동차 등 로봇을 많이 사용하고 있는 업종에서 국제 경쟁력을 가지고 있다는 것에 일차적으로 기인하지만, 이는 공정의 효율성을 제고하고 노조를 회피하고 동시에 지루한 작업 공정의 탈피와 작업환경 개선을 원하는 노조의 암묵적 동의하에서 이루어진 것이다(정준호 2018). 특히 이런 로봇의 사용은 대기업을 중심으로 이루어지고 있으며 점차로 중견과 중소기업으로 확대되고 있다.

## 그림 13. 한국 및 주요 OECD 국가들의 자본 심화 지수의
## 노동생산성 성장 기여도 추이: 1985~2018년

단위: %

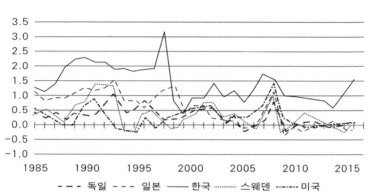

비 ICT

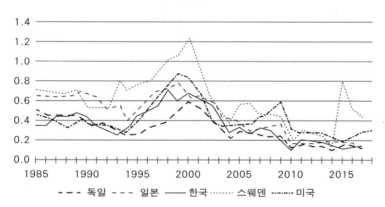

ICT

자료: OECD Stat.

전술한 바와 같이 노동에 대한 자본재의 상대가격의 지속적인 인하로 인해 로봇 도입의 유인은 점차로 증대되고 있다. 전술한 바와 같이 한국의 자본 심화 지수가 주요 OECD 국가의 그것보다 더 높기 시작하는 2010년대부터 로봇 밀도의 상대적인 기울기도 급해진다는 점에서 한국의 설비투자는 다른 OECD 국가들보다 더 자본에 의한 노동의 대체를 겨냥하고 있는 것으로 볼 수가 있을 것이다. 권혁욱·김대일(2014)은 노동시장의 경직성으로 산업의 수요 변동이 투자 조정에 의해 흡수되었다는 분석 결과를 제시하고 있다. 이는 2000년대 중반 이후 자동화·설비투자로 산업 수요에 대처하는 경향이 가속화되었다는 것을 의미하며, 노동 절약적인 설비투자를 통해 노동시장의 경직성을 해소했다는 것을 시사하고 있다. 이런 분석 결과는 글로벌 금융 위기 이후 노동 절약적인 설비투자가 광범위하게 일어난 요인 가운데 하나로 노동시장의 경직성을 꼽고 있다.

〈그림 13〉에서 보는 바와 같이 기술 진보에 의한 노동생산성 증대는 한국의 경우 비 ICT에 기대고 있으며, ICT의 노동생산성 기여도는 상대적으로 낮은 것으로 나타나고 있다. 이는 최근 한국의 자본 심화의 가속화가 주요 OECD 국가들과 비교해 ICT와 기존 기술들이 결합하는 스마트한 방식이 아니라 단순한 자동화에 기반해 이루어지고 있다는 것을 함의하고 있다.

## 2) 성장 체제와 노동 소득분배율

1987년 이후 한국 경제를 관통하는 것은 높은 투자율이고, 이는 외환 위기 이후 다소 완화되기는 했지만, 주요 OECD 국가들과 비교해 여전히 높은 편이다. 이런 높은 투자율에 기반한 투자 레짐은 공급주의적 사고를 강화하고, 가동률의 극대화, 매출 증대를 통한 외형 성장, 장시간 노동, 과도한 비정규직의 활용, 작업장 숙련 형성의 경시, 경기 부양책으로서 건설 투자 활용 등의 효과들을 가지고 있는 것으로 보인다(정준호 2008).

그렇다면 노동 소득분배율의 상승이 투자 레짐에는 어떤 효과를 미쳤는가를 검토하는 것은 문재인 정부가 초기에 내세웠던 수요 레짐을 강조하는 정책을 성찰하는 데 하나의 실마리를 줄 것으로 보인다. 여기서는 미시적인 기업 차원이 아니라 거시적인 차원에서 바라보는 것이며, 미시와 거시 차원의 분석이 동일한 결과를 보여 주는 것은 아니라는 점을 염두에 둘 필요가 있다(Onaran and Stockhammer 2005).

### (1) 외환 위기 이전

외환 위기 이전 기간에 대해 노동 소득분배율이 투자에 미친 효과는 정(+)이라는 분석 결과가 제시되어 있다. 이는 이윤을 줄이는 임금 상승이 투자 지출에 부정적인 영향을 미친다는 포스트 케인스적인 또는 마르크스주의 거시 경제 모형과 대비되는 것이다. 세기노(Seguino 1999)는 앞서 전술한 가설이 한국에서는 유효하지 않다는 결과를 제시하고 있다. 그는 단일 방정식을 이용해 1975~93년 기간 동안 한국의 제조업에서 이윤몫(자본 소득)이 투자에 미친 효과가 부(-)라는 것을 보고하고 있다. 이런 투자 레짐이 유지되었던 이유로 외국인 투자에 대한 규제 및 보조금 지급, 그리고 국내 기업에 대한 당근으로 해당 기업의 수출 목표치 달성과 연계한 투자 자금의 융통 등과 같은 국가의 자본 규율 능력, 즉 전술한 조건부 지대를 언급한다. 이에 따라 기업들은 기술 업그레이드를 통해 임금 인상에 대처하고 이에 따라 생산성 향상과 수출 경쟁력을 유지할 수 있었다는 것이다. 즉 국가의 자본 규율 아래에서 임금 인상 → 기술 향상 → 생산성 향상(수출 경쟁력) 등의 순환이 작동했다는 것이다.

오나란·스톡해머(Onaran and Stockhammer 2005)도 1970~2000년 기간 동안 SVAR 모형을 이용해 한국에서 이윤몫(자본 소득)이 민간 투자에 미친 효과가 부(-)라는, 즉 세기노(Seguino 1999)와 동일한 분석 결과를 제시하고 있다. 그들은 이윤몫(자본 소득)의 증가는 축적에 강한 부(-)의 효과를 미치며 이처럼 이윤몫의 감소가 성장을 촉진한다는 것은 임금 주도 축적 체제라는 것을 시사하며 낮은 이윤몫(자본 소득)이 높은 투자율과 동행한다는 것을 보여 주고 있다. 이런 결과는 세기노(Seguino 1999)가 제조업에 대해 자본 축적률이 임금몫(노동 소득) 및 설비 가동률과 정(+)의 관계를 갖는다는 추정 결과와 대동소이하다. 그들은 세기노(Seguino 1999)와 마찬가지로 이런 결과는 금융기관이 사용하는 전형적인 수익성 지표보다는 수출의 관점에서 기업 성과를 측정하는 국가에 의한 은행 신용의 할당과 연관되며 수출 경쟁력이 기업의 투자 결정 이면에 있는 주요 동기라고 지적하고 있다.

그들은 또한 이윤몫(자본 소득)과 투자 사이에서 나타나는 부(-)의 관계가 경제의 과잉 축적 경향과 긴밀히 연관되어 있다고 언급하고 있다. 치열한 경쟁에서 생존하기 위해, 성장 전망이 불투명하고 인건비가 상승하더라도, 외환 위기 이전에는 재벌 대기업들이 과잉 공급 산업에 투자하는 경향이 있었다. 외채 조달 자금을 동원한 이런 과도한 자본 투자는 외환 위기 사태를 초래한 요인 가운데 하나이다. 정부 지원 및 금융 자유화에 의한 이전 시기에 비해 상대적으로 저금리로 자금 조달이 가능한 값싼 금융이 재벌 대기업의 과잉투자를 부추겼다는 것은 부정할 수 없는 사실이다.

### (2) 외환 위기 이후

외환 위기 이전에는 국가의 자본 규율과 경쟁 심화에 따른 과잉 축적 경향이 임금몫(노동 소득)과 투자 사이에서 정(+)의 관계를 유지했으나, 전술한 바와 같이 외환 위기 이후 국가가 후퇴하고 현금 흐름 내에서 투자가 이루어지는 상황에서는 이런 관계가 어떻게 변동했는지를 살펴볼 필요가 있다.

한국에서 노동 소득 배율과 투자 사이에 정(+)의 관계가 있다는 실증 연구들로는 오나란·스톡해머(Onaran and Stockhammmer 2005), 홍태희(2009), 황선웅(2009), 주상영(2013), 박강우(2015), 전병유·정준호(2016) 등이 있다. 홍장표(2014)는 외환 위기 이후 노동 소득 분배율이 설비투자에 미친 효과는 부(-)이지만 건설 투자에는 정

(+)이어서 전체적으로 상쇄되는 결과를 보여 주었다. 바두리·마글린(Bhaduri and Marglin 1990)의 이론적 주장과 배치된 결과에 대한 이유로 앞서 언급했듯 오나란·스톡해머(Onaran and Stockhammer 2005)는 정부의 금융시장 개입, 황선웅(2009)은 노동 소득분배율 상승으로 인한 설비투자의 증가를 제기하고 있다.

임금 근로자가 주택 소유를 바라는 경우 노동 소득분배율의 변동이 주거용 투자에 정(+)의 영향을 미쳐 부(-)의 관계를 갖는 설비 투자를 상쇄할 수 있으며, 따라서 노동 소득분배율이 투자에 미친 총 효과는 선험적으로 결정되지 않을 수 있다. 스톡해머·윌다우어(Stockhammer and Wildauer 2015)는 OECD 국가를 사례로 한 실증 연구에서 거의 0 또는 작지만, 양(+)의 회귀계수 값에 대해 이와 같은 논리로 해석하고 있다. 홍장표(2014)도 이와 유사한 논리로 외환 위기 이후 설비투자는 수익성에, 반면 건설 투자는 시장 수요에 민감하게 대응한 것으로 보고 있다.

반면 노동 소득분배율 상승이 노동 절약적인 기술 진보를 촉진하는 투자를 확대하고 이것이 생산성 제고로 이어질 수 있다는 연구들도 있다(박강우 2015; 전병유·정준호 2016). 전병유·정준호(2016)는 외환 위기 이후 아파트 가격 상승이 투자를 견인하고 있기 때문에 투자가 건설 부문에 의해 주도되기도 했지만 노동 절약적인 기술 진보의 존재를 뒷받침하는 정(+)의 설비투자가 일어났다는 점을 지적하고 있다. 그들은 임금 주도 경로가 노동 소득분배율의 개선이 소비 증대로 이어지는 전형적인 포스트 케인지언의 경로를 따르기보다는 노동 절약적인 투자 확대와 이를 통한 수출 확대라는 경로를 따르는 것으로 판단하고 있다. 그들은 단기적으로 노동 소득 분배율 개선이 통계적으로 유의하게 민간 소비를 높이지만 장기적으로 부호는 여전히 정(+)이기는 하지만 통계적으로 유의하지는 않다고 지적하고 있다.

전술한 바와 같이 노동 절약형 투자가 대기업을 중심으로 특히 2010년대 이후 광범위하게 확산하고 있지만, 거시 경제적으로 총 투자의 성장 기여도는 주요 OECD 국가들에 비해 그렇게 높다고 볼 수 없다. 스웨덴은 한국보다 낮은 투자율을 보여 주지만, 그것의 성장 기여도는 높은 편인데, 이는 정부와 민간 사이의 경쟁과 협력에 기반한 혁신 체제 때문인 것으로 볼 수 있다(〈그림 13〉 참조). 스웨덴의 경우, 미시적인 차원에서는 민간 기업이 시장에서 개별적인 위험을 일정 정도 감수하는 반면, 거시적인 차원에서는 각종 사회적 위험(예컨대, 실업 등)을 공유하는 제도적 장치, 즉 복지국가가 여러 기능을 적절히 수행하고 있는 것으로 볼 수 있다. 반면에 우리의 경우 개별 재벌 수준에서 재벌이 폐쇄적인 위험 공유 장치(예컨대, 내부 거래)를 제공하고 있으나, 산업이나 국가 차원에서는 위험 공유를 수반하는 과거와 같은 제도적 차원의 산업 정책(예컨대, 값싼 투자 자금 할당, 정부의 R&D 투자 등)은 허물어졌으며 복지국가의 위험 공유 수단도 충분하다고 볼 수가 없다.

한국의 투자 레짐이 소위 발전 국가의 유산인지, 아니면 경쟁력을 유지하고 있는 산업 부문의 기술적 특성과 이에 기반한 기업 전략으로 말미암아 유지되고 있는지, 즉 이런 체제가 앞으로 지속 가능한지가 쟁점으로 등장하고 있다. 소위 4차 산업혁명의 등장으로 대량의 설비투자가 있어야 하는 개방형 모듈 제품에 특화된 기존 산업 부문의 구조 조정 가능성, 미중 간 무역 갈등에 따른 글로벌 가치 사슬의 변동과 그에 따른 글로벌 교역 규모의 축소, 노동 절약적 기술의 적극적 도입으로 인한 고용 창출의 제약과 비정규직의 광범위한 활용, 모듈화에 기반한 전속 거래 등의 문제들이 나타나고 있다.

## 6. '자동화-아웃소싱-탈숙련'에 기반한 산업 체제

### 1) 재벌 대기업의 준수직적 계열화 체제

(1) 다중 대리인 관계로서 재벌 대기업의 지배 구조

기업 지배 구조에 관한 주요 논쟁 가운데 하나는 이해관계자들의 범위 및 이들 간의 견제와 균형의 제도적 배치에 관한 것이다. 다양한 이해관계자들 간의 다중 대리인 관계를 가정해 지배 구조를 자원과 수익을 배분하는 과정으로 이해할 필요가 있다(O'Sullivan 2002; Aoki 2006). 기존 지배 구조에 대한 서구의 논의는 주로 주주와 경영자 사이의 관계에 집중하는 데 반해, 한국의 경우 대기업 재벌 구조의 특성상 지배주주와 경영자는 사실상 동일시되기 때문에 주주들 사이의 관계에 집중해 왔다. 가령, 장하준(2007)은 국내 자본과 해외 자본 간, 반면에 김상조(2007)는 대주주와 소액주주 간 견제와 균형의 논리에 집중하고 있다. 이로 인해 기업의 다른 중요한 이해관계자, 특히 노동은 논의의 시야에서 사라지는 효과가 있다.

이처럼 기업 지배 구조를 다중 대리인 문제multiple agency problems로 인식한다면 지배 구조의 핵심 구성원인 주주, 경영자, 노동자 간 상이한 이해관계들의 조합이 발생할 수 있다. 주주는 단기적 수익을 추구하지만, 경영자는 장기 성장과 통제에 관심을 두고 있으며 또한 근로자는 고용 안정과 숙련 형성을 추구하는(Jürgens, 2002) 상이한 이해관계들을 가진다. 이들 간에는 상이한 이해관계들이 존재하기 때문에 상이한 행위자가 추구하는 상이한 목표들을 동시에 충족하는 하나의 단일 조합은 존재하지 않고, 그 대신에 다양한 행위자 간 협력의 조합이 양산될 수가 있다. 예를 들면, 경영자-근로자(예컨대, '생산주의형 민주적 자본주의'), 주주-경영자(예컨대, '금융 주도형 신자유주의'), 경영자-주주(예컨대, '생산주의형 신자유주의') 등 상이한 이해관계들의 다양한 조합이 현실에서 나타날 수가 있는 것이다(이병천 2013).

아오키(Aoki 2010)는 조직과 지배 구조 사이의 제도적 보완성에 초점을 맞춰 기업의 물적 자산에 대한 소유와 통제에 관심을 두는 '잔여 통제권'보다 기업 인적 자산의 활용에 초점을 두는 '잔여 사용권'을 강조한다. 잔여 사용권을 강조하는 것은 일본적 맥락에서는 제2차 세계대전 이후 거대 대기업의 소유 구조 개혁과 연관된 것이다. 반면 잔여 통제권을 강조하는 것은 서구적 맥락에서 소액주주의 등장과 소유 지분의 다변화를 반영하고 있다. 그는 주주의

**그림 14. 아오키(Aoki 2010)의 다양한 지배 구조의 유형들에 대한 논의**

| | H(A) | G | S(J) | SV | R |
|---|---|---|---|---|---|
| MCA | 핵심<br>(encapsulation) | 쌍방<br>(sharing) | 대칭<br>(sharing) | 벤처자본가<br>(encapsulation) | 상호적<br>(sharing or<br>encapsulation) |
| WCA | 비핵심 | 쌍방 | 대칭 | 핵심(엔지니어) | 상호적 |
| PHA | M에 의한 통제 | 공동결정 | 조건부적인 관계적<br>거버넌스 | 벤처자본에 의한<br>토너먼트 | 부차적, 인적 관계<br>가 일차적 |

주: MCA는 경영자산, WCA는 인적 자산, PHA는 물적 자산을 의미함.
　H(A)는 미국형 기업, G는 독일형 기업, S(J)는 일본형 기업, SV는 실리콘밸리의 벤처형 기업, R은
　관계형 기업을 가리킴.
자료: Aoki(2010).

물적 자산에 대한 소유보다는 경영자와 근로자의 무형 자산에 대한
통제와 이용을 강조하고 있다(〈그림 14〉 참조).

　기업 지배 구조는 주주-경영자 이외에 근로자를 포함한 3대 핵
심 이해 당사자들로 구성되며, 상이한 이해관계의 대립과 조정을
통해 기업이 운영된다고 가정하는 것이 타당할 것으로 보인다. 기
업이 단기적으로 이익을 극대화하고, 중장기적으로 인적 자산을 축
적하고, 장기적으로 경영자(또는 소유·경영자)에 의한 리더십을 발휘
해 성장을 구가하기 위해서는 이들 3자의 이해관계들을 조정하고
해결해야 한다.

　한국적 맥락에서 내부 소유자와 경영자 간의 대리인 문제는 재

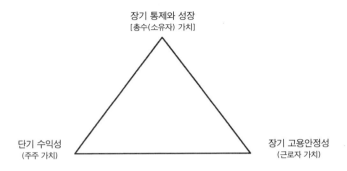

그림 15. 상이한 이해관계의 조합으로서 기업 지배 구조

장기 통제와 성장
[총수(소유자) 가치]

단기 수익성
(주주 가치)

장기 고용안정성
(근로자 가치)

벌 구조의 특성으로 인해 상대적으로 심각하지 않기 때문에 내부 소유자-경영자의 이해관계는 하나로 표출될 수 있다고 가정하여 〈그림 15〉와 같이 지배 구조가 변형될 수 있다고 생각된다. 전술한 바와 같이 내부 소유자와 경영자 입장은 통제control에 중점을 두며 장기 성장을 추구하는 총수 가치controlholder value를, 단기 이익의 추구(배당, 주가 상승)에 관심을 가지는 외부 주주는 주주 가치를, 그리고 노동은 장기 고용 안정과 숙련 형성을 추구하는 노동 가치work-holder value를 가진다.

위르겐스(Jürgens 2002)는 1990년대 VW 그룹의 지배 구조 변화를 주주 가치shareholder value와 노동 가치workholder value의 결합으로 보면서, 독일 고유의 '다각화된 품질 생산'diversified quality production 체제를 기반으로 노동 가치가 주주 가치를 견제하는 역할을 수행함으로써 수익성과 성장의 토대를 마련했다고 평가하고 있다. VW은 주주 가치를 부정하지 않으면서 경영-노동 간 협력을 통한 '생산주의형 민주적 자본주의'라는 기존 독일의 경로를 밟고 있으나, 페르디난트 피에히Ferdinand K. Piëch를 최고 경영자로 발탁하고 경영자-주주가 협력하는 '생산주의형 신자유주의'를 일정 정도 수용하고 있다는 점에서 이들 협력 유형 간의 혼합형hybrid form으로 볼 수 있다.

### (2) 외환 위기 이후 재벌 지배 구조의 변화

주지하는 바와 같이 재벌 지배 구조는 총수 일가의 지분은 적지만 계열사 지분으로 그룹 전반에 대한 지배권을 행사하는 구조로 소유와 지배(통제) 간의 괴리가 심하다(김진방 2005). 이는 환상형 순환 출자 구조나 특정 기업에 대한 지배 및 그 기업의 다른 기업들에 대한 출자를 통해 이루어진다.

전술한 바와 같이 재벌 대기업의 지배 구조는 소유자와 경영자 사이에 이해관계의 괴리가 거의 없어 이들 간의 대리인 비용이 적어 신속하고 과감한 경영상의 의사 결정이 가능하다. 하지만 총수와 근로자 사이의 관계는 위계적이고 수직적인 관계, 결국 총수를 정점으로 경영자와 근로자를 전일적으로 통제하는, 즉 수직적이고 위계적인 관계가 형성되어 있으며, 이는 다시 계열사들을 통해 그룹 외부에 대한 통제를 가능케 한다. 즉 손익의 외부 전가가 가능하다.

외환 위기 이후 재벌 대기업의 기업 지배 구조에 대한 다양한 개혁을 통해 그 이전보다는 경영의 투명성이 개선되었다. 이런 개혁으로 외국자본의 막대한 유입에 따른 재벌 대기업에 대한 적대적인수합병의 가능성을 일컫는 소위 '지배권의 과잉 속에 지배권의 위기'가 발생할 수 있다는 지적(이병천 2013)이 있지만, 이와 같은 우려와는 달리 외국계 투자자와 재벌 체제는 상호 간 공존('생산주의형 신자유주의')하는 것으로 보인다. 이는 외환 위기 이후 재벌의 경영 성과가 개선되고, 외부 주주의 견제를 의식하여 주가 관리를 하는 등 주주 자본주의적인 경영 행태가 전반적으로 도입되고 있다는 것을 반영하고 있다.

이런 외부 해외 주주와의 우호적인 관계 속에 재벌 대기업은 수직 계열화를 통해 계열사로부터 핵심 소재와 부품을 준내부화함으로써 비용을 절감하고 내부적으로 기술을 축적하고 있다. 또한 내부 거래를 통한 신규 계열사의 단기간 급성장을 통해 취약한 그룹 지배 구조의 승계 구조를 공고화하거나 사적 편취를 도모하기도 한다.

재벌 대기업들은 재벌 내 계열사 간에 복잡하게 주고받는 다발적·다원적 출자 구조를 통해 수직 계열화를 형성하고 있다. 이처럼 몇몇 기업들을 중심으로 한 복잡한 출자 구조는 일종의 포트폴리오를 구성해 위험을 낮출 수는 있지만, 핵심 기업이 외부 위험에 노출되는 경우 그 위험이 그룹 전체로 확산될 수 있는 시스템 리스크가 크다. 핵심 계열사, 예를 들면 현대차 그룹의 핵심 계열사인 현대모비스는 핵심 부품을 현대차 또는 기아차에 독점적으로 공급하거나, 또는 모듈 부품을 외부 공급자와 복수로 공급함으로써 그룹 내 이익을 전유하거나 외부 공급자의 교섭 능력을 견제하고 있다(〈그림 16〉 참조). 법적으로 다른 기업이지만 기능적으로 긴밀하게 연계되는 준내부화를 통해 재벌의 경제적 이점을 향유하고 있으며, 현

## 그림 16. 재벌 대기업의 내부 거래: 현대차 그룹의 사례(2011년)

단위: 조 원

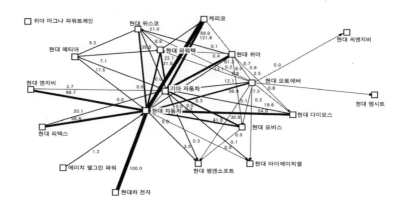

주: 숫자는 전체 매출액 대비 계열사 매출 비중을 의미하고, 일정한 비중 이상의 내부 거래만 나타나고 있음
에 유의할 필요가 있음.
자료: 현대차 사업보고서.

대차의 경우처럼 모듈화에 따른 사업 기회를 포획하여 하위 부품
공급자를 전일적으로 통제·장악하고 있다.

수직적 계열화는 재벌의 지배 구조를 활용하여 폐쇄적인 형태
로 진행되고 있으며 이에 따른 사업 기회를 전유하고 있다. 한국의
재벌은 조직 내부와 외부의 구분이 뚜렷한 폐쇄적 구조를 갖추고
있다. 이런 구조는 사회적 분업을 구성하는 데 상당한 거래 비용과
조정 비용을 수반하기 때문에, 특정 자산에 대한 투자가 필요한 경
우 외부의 기업을 활용하기보다는 내부 자원을 동원하거나 외부 경
제를 사실상 재벌 내로 내부화하는 전략을 선호한다.

재벌의 수직 계열화는 하나의 기업이 아니라는 점에서 미국이

나 유럽 대기업의 수직적 통합과는 구분되며, 또한 그것은 총수를 중심으로 하는 신속한 의사 결정이란 측면에서 일본의 게이레츠 Keiretsu와도 구분된다. 재벌의 계열사를 활용한 내부 자원 동원 전략은 기술정보의 유출 위험을 줄이고 기술정보 전달을 용이하게 해 줌으로써 학습을 통해 기술 능력 발전을 신속히 이루어 낼 수 있는 장점이 있다. 그러나 이런 방식은 유연성과 개방성이 결여되어 있기 때문에 내부 자원을 기업 외부로 전달하거나 외부의 보완적 역량을 조달하는 데에는 취약하다. 재벌 대기업에는 수직 계열화를 수반하는 관련 다각화와 이와 무관한 비관련 다각화가 혼재되어 있다.

### (3) 준수직 계열화의 추구

전술한 바와 같이 삼성, 현대차, LG, SK 등의 주요 재벌 대기업은 외환 위기 이후 수직 계열화를 통해 경쟁력을 구축하고 세계화가 열어 놓은 기회의 창을 적극적으로 포착함으로써 글로벌 플레이어로서 등장했으며, 양호한 기업 성과를 내세워 외부의 해외 주주들과 우호적인 관계를 유지했다. 또한 재벌 대기업의 노동자들은 재벌 대기업의 양호한 기업 성과 위에서, 또한 현대차노조처럼 노조의 교섭력을 활용해, 고임금과 고용 안정을 추구하는 경제주의적인 노동 가치를 보여 주었다. 여기서 상대적으로 숙련 형성은 크게 부각되지 않았다.

김종호 외(2019)는 계열사를 통해 직접 부품과 소재를 공급하는 수직 계열화와는 달리, 기존 계열사뿐만 아니라 계열사에 준하는 관계를 외부의 협력 공급 기업들과 맺고 있을 경우, 이를 준수직 계

그림 17. 재벌 대기업의 준수직 계열화

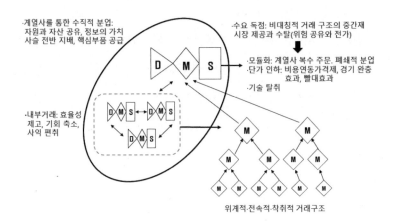

·계열사를 통한 수직적 분업: 자원과 자산 공유, 정보의 가치 사슬 전반 지배, 핵심부품 공급

·수요 독점: 비대칭적 거래 구조의 중간재 시장 제공과 수탈(위험 공유와 전가)

·모듈화: 계열사 복수 주문. 폐쇄적 분업
·단가 인하: 비용연동가격제, 경기 완충 효과, 빨대효과
·기술 탈취

·내부거래: 효율성 제고, 기회 축소, 사익 편취

위계적·전속적·착취적 거래구조

주: D(기획), M(제조), S(판매)를 의미함.

열화라고 명명하고 있다(〈그림 17〉 참조). 이는 재벌 대기업이 내부 계열사처럼 사실상 수직적이고 위계적인 거래 구조를 통해 부품 소재 생태계를 전일적으로 지배·통제할 수 있음을 시사한다.

원자재 가격의 상승, 수요의 분절화, 경제 위기의 발생 등으로 시장 수요의 불확실성이 증가하는 경우 재벌 대기업은 시장 수요의 변동에 대처하기 위해 위험부담을 외부로 전가(예컨대, 단가 인하 요구)할 수 있는 교섭력을 보유하고 있다. 재벌 대기업은 국내에서의 수요독점과 부품의 최종 구매자로서의 교섭상의 지위, 재벌 핵심 계열사의 복수 주문 등을 활용해 시장가격의 변동을 외부 업체에게 전가하고 있다. 예를 들면, 원청 대기업은 비용 연동 가격제를 통해 가격 변동의 일정분을 하청 업체에 전가함으로써 이들의 원가를 통제할뿐더러, 협력 업체의 투자에 따른 이윤을 가져가고 기술을 탈취하기도 한다(김종호 외 2019).

김종호 외(2019)는 준수직 계열화에 위험의 전가라는 부분만 존재하는 것이 아니라 위험 공유의 측면도 있음을 보여 주고 있다. 장기적인 관계에서 재벌 대기업이 부품 소재를 구매해 준다는 점에서 협력 업체에 안정적인 시장을 제공할 뿐만 아니라, 시장 조건이 양호하지 않고 불확실성이 클 때에도 장기적인 관계를 통해 이 같은 시장 변동을 일정 정도 원청 대기업이 흡수할 수 있다는 것이다. 그러나 수직 계열화를 외부의 협력 업체에까지 확대한 이 같은 준수직 계열화는 여전히 폐쇄적이라는 점에서 신규 진입자에게는 공정 거래나 시장 기회를 줄여 시장 경쟁을 왜곡할 수 있으며, 경제력 집중과 지배 문제를 드러내고 있다.

### 2) 아웃소싱의 확대

1987년 이후 한국 경제의 주요 특성 가운데 하나는 아웃소싱의 극대화이다. 이미 1980년대 초반 이후 전 세계적으로 아웃소싱이 커다란 흐름이기는 했지만, 한국만큼 아웃소싱이 빠르게 진전된 사례를 보기 힘들다. 아웃소싱에 관한 직접적인 장기 지표가 제공되지 않아 간접 지표로 통계청의 광공업 통계 조사 자료를 활용하여 주요 생산비 대비 외주 가공비 비중 추이를 보면, 제조업에서 외주 가공비의 비중은 1997년 이후 일시적으로 감소하지만 이미 1990

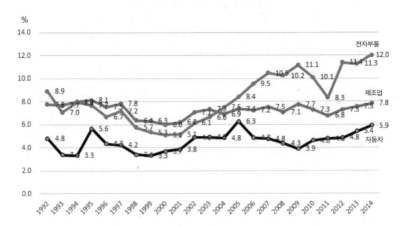

그림 18. 주요 생산비 대비 외주 가공비의 비중 추이

주: 외주 가공비란 "외부의 생산자에게 원자재의 전부 또는 일부를 공급하고, 이것을 가공시켜서 반제품·부품 등
으로서 납품하게 하는 경우에 지급하는 가공비를 말한다. 이는 원가 계산상에서 원칙적으로 제조경비(製造
經費)로서 처리된다."
자료: 통계청 광공업통계조사보고서

년대 초에 높은 비율로 유지되고 있었다. 다만 전자 부품과 자동차
산업의 경우에만 외환 위기 이후 외주 가공비의 비중이 많이 증가
하는 것으로 나타났다(〈그림 18〉 참조). 1987년 이후 외주화 경향은
세계화 전략과 함께 증가한 것이 사실이고, 1997년 외환 위기를 거
치면서 수출 주도 성장 체제하에서 자동차와 전자 부문에서 아웃소
싱의 비중이 더 증가한 것으로 판단된다.

박준식(2001)은 한국 대기업의 고용 모델이 이미 1990년대에 '연
공 모델'에서 '중심-주변 모델'로 전환했다고 평가하고 있다. 1987
년 고용 체제에서 직접 고용 임시직은 감소했지만, 사내 하청과 외
주 이용이 증가했다는 것, 즉 기업의 내부노동시장의 고용 비율은

표 3. 사내 하청의 활용 실태

단위: %

| | 사내 하청을 활용하는 기업 비중 | | 사내 하청 근로자의 비중 | |
|---|---|---|---|---|
| | 2004년 | 2008년 | 2004년 | 2008년 |
| 전체 평균 | 36.4 | 54.6 | 30.1 | 28.0 |
| 조선 | – | 100.0 | 77.1 | 122.1 |
| 전기 및 전자 | – | 62.7 | 27.3 | 13.9 |
| 자동차 | – | 86.4 | 23.9 | 17.4 |
| 서비스 판매 | – | 43.8 | 25.9 | 22.9 |
| 철강 | – | 92.6 | 43.9 | 70.8 |
| 금속 및 기계 | – | 72.5 | 17.0 | 18.0 |
| 화학 | – | 72.1 | 35.9 | 24.8 |
| 기타 | – | 58.4 | 16.3 | 26.3 |

주: 2004년의 경우 표본수는 653개 기업이고, 500인 이상 종업원을 대상으로 하고 있으며, 2008년의
경우 표본수는 1,764개 기업이고, 300인 이상 종업원을 대상으로 하고 있음.
자료: 고용노동부.

낮아지고 외부노동시장의 고용 비율이 증가한 것이다(정이환 2013).

규모에 따른 외부의 이중화뿐만 아니라 기업 내부의 이중화(사
내 하청)가 나타나 산업 부문과 무관하게 광범위하게 사내 하청이
널리 활용되고 있다(〈표 3〉 참조). 사내 하청을 광범위하게 사용하는
이유로는 가동률 극대화와 노동시간의 연장을 통한 수량적 유연성
의 추구, 마름짓marchandage과 유사한 전근대적인 고용계약 관행의
유산, 기업별노조와 낮은 노동 조직률에 따른 노사 관계 포괄성의
제약, 포용적인 노무관리가 아닌 배제적인 노무관리의 확대, 핵심
과 주변부 노동자 간의 이중화 등을 들 수 있다(은수미 2012). 또한
주변부 노동자의 숙련 질은 높은 학력 수준을 가진 일자리 구직자
의 거대한 풀pool에 의해서 유지되고 있다.

### 3) 노동 절약적인 투자와 아웃소싱의 효과

한국 경제는 기본적으로 고정자본 투자에 기반하는 경제이고, 이를 레이·쿠오(Levy and Kuo 1991)는 전자 산업을 사례로 대기업과 중소기업 간의 하청下請에 기반한 '조립형' 전략assembly strategy이라고 일컫고 있다. 그들은 하청과 대비해 중소기업 간의 경쟁과 협력에 기반한 시스템을 횡청橫請 시스템이라고 일컫고 있다. 횡청 시스템의 사례로는 대표적으로 개도국에서는 1960~80년대 대만이며, 이에 기반한 산업화 전략을 '부트스트랩'bootstrap 전략이라고 한다. 대체적으로 조립형 전략은 기업 내 기술적 분업의 심화를 추구하는 반면, 부트스트랩 전략은 기업 간 사회적 분업의 심화를 가정한다(정준호 2016).

한국의 산업화 경로가 조립형 전략을 따르기는 했지만, 이것이 단순히 소위 선진국에서 부품과 소재를 수입해 완성품을 조립·생산하는 것만을 의미하는 것만은 아니다. 추격을 위한 경제주체의 비지적인leapfrogging 기술 학습의 노력이 있었다. 이 전략은 "기업이 시장가격을 초과하는 단위 비용에 직면하더라도 일단 조업을 감행하는 전략"이고, 이는 규모의 경제와 실행에 의한 학습learning by do-ing을 통해 기술 경험을 기업 내부에 축적해 제품 설계와 조업 역량을 확보하는 전략이다(Levy and Kuo 1991). 이런 전략은 막대한 초기 자본 투자와 대기업 위주의 산업구조를 필요로 하고, 단순 기술에서 복잡 기술로 상향하는 기술 학습 과정을 거치기 때문에 최신 공정·생산기술 확보가 생산성 향상과 경쟁력에 중요하다. 따라서 이를 담당하는 엔지니어의 역량과 이들의 적극적이고 헌신적인 노력을 추동해야 한다(Jo et al, 2016).

하지만 후지모토(Fujimoto 2006)는 한국 기업이 반도체나 범용 강, 범용 석유화학 제품 등 자본 집약적인 개방형 모듈 제품에 경쟁 우위를 가지고 있다고 지적한다. 이런 산업 부문은 엔지니어 주도로 가령 디자인 변경 등 제품 수준의 고도화를 통해 충분히 경쟁력을 가질 수 있는 분야이다. 이는 일본처럼 작업장에서의 연속적이고 누적적인 기술 역량의 축적 및 원천 기술의 확보에 기반하여 경쟁력을 확보한 것이 아니라는 것을 시사한다. 그는 이런 부문에서 한국 대기업이 경쟁력을 유지하는 이유로 재벌의 막대한 자금 동원력, 신속한 의사 결정과 집중성 등을 들고 있다. 또한, 정재용·황혜란(2017)도 대량 생산 제품이 아닌 복합 제품 시스템complex product systems에서는 추격이 용이하지 않음을 보여 주고 있다. 또한 대규모의 투자를 수반하는 대량 생산 제품과는 다른 특성을 보유한 산업들 — 가령 기계 제어 컴퓨터 산업(임채성 2006), 기계 산업(김윤지 2006), 무선 인터넷 서비스 산업(이경애 2008), 국내 IT SoC 산업(Hwang and Choung 2014), 이동 통신 산업IMT-2000, Wibro(Choung et al. 2016) 등 — 에서는 추격에 실패하거나 낮은 혁신 성과를 보여 주고 있다고 지적하고 있다.

### (1) 기술과 숙련 간의 분리: 현장 노동의 탈숙련화

투자 주도의 경제는 막대한 고정자본의 구축을 필요로 하기 때문에 대기업 구조와 작업장 숙련보다는 생산기술·공정기술 중심의

## 그림 19. 숙련의 양극화: 인지적 숙련 비중의 저하와 엔지니어링 숙련의 선호

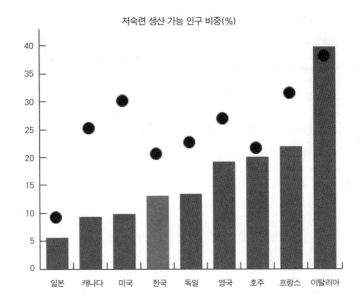

저숙련 생산 가능 인구 비중(%)

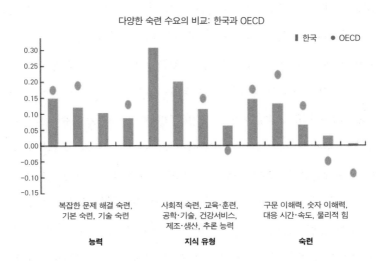

다양한 숙련 수요의 비교: 한국과 OECD

주: 왼쪽 그림 안에 있는 동그라미는 인지 숙련이 낮은 생산 가능 인구의 비중을 나타냄.
자료: OECD(2019).

엔지니어 헌신에 의지할 수밖에 없다(Amsden 1989). 심대한 기술(예컨대, 엔지니어)과 숙련(예컨대, 현장 근로자) 간의 분리는 숙련 수요가 J자형 곡선을 따라 이동해 노동시장의 양극화가 진행되는 숙련 체제를 수반한다. 따라서 광범위한 중간 기술 및 작업장 숙련에 토대를 둔 관계 특수적인 조정 시장경제의 기제가 작동할 수 있는 물적 기반이 취약할 수밖에 없으며, 작업장에 기반한 일본과 독일과 같은 고숙련 경제로 이행하기 쉽지 않은 '비수렴 함정'이 존재한다(조성재 외 2006). 이를 반영하듯이 OECD(2019)에 따르면 한국의 경우 생산 가능 인구의 약 1/5 정도(20.6%)가 인지능력이 낮다고 지적되고 있다. OECD 평균은 26.3%이다. 그리고 OECD 국가들과 비교해 한국은 인지 및 비루틴non-routine 숙련이 부족하고 엔지니어 및 기술 숙련을 선호한다(〈그림 19〉 참조). 또한 한국은 설비에 대한 막대한 초기 투자로 인해 요소 비용 절감을 위한 비정규직의 활용 등과 같은 수량적 유연성 추구에 대한 유인이 강하고, 각종 비용을 전가할 수 있는 위계적인 원·하청 관계가 용인된다.

한국에서 노동은 자신의 작업장 숙련을 활용하여 생산성이 향상되는 것이 아니라 엔지니어 기술을 통한 생산성 제고가 이루어짐으로써 사실상 배제가 되고 있다. 이는 노조의 경제주의적인 전략, 노동시장의 경직성, 사회적 조정 능력의 미약 등에 기인하는 것으로 볼 수가 있을 것이며, 이에 따라 기능적 유연성을 발휘하기 위한 물적 토대가 약하다(정준호 2018). 현장 숙련을 높이려는 노력이 없었던 것은 아니며, 1990년대 중반 전후로 일부 대기업은 예를 들면 직능급 도입과 같은 혁신적인 제안을 했지만, 그 당시 노조원 사이

## 그림 20. 제조업 가동률 및 근로시간의 추이

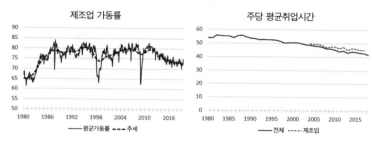

단위: %, 시간

제조업 가동률

주당 평균취업시간

평균가동률 --- 추세

전체 ----- 제조업

주: 추세는 HP 필터를 사용하여 추정한 것임.
자료: 통계청.

의 임금격차 해소를 지향한 민주 진영의 노조는 이런 제안이 오히려 노조원 사이의 임금격차를 심화할 수도 있다고 우려해 이를 수용하지 않았다. 특히 그 당시 제3자 개입 금지, 노조의 정치 활동 금지, 복수 노조 금지 등 '3금 조항'으로 민주 진영의 노조는 배제(노중기 1997)되어 있었는데, 이 같은 상황에서 일본 기업처럼 작업장 숙련과 기술을 긴밀하게 연계하는 '조직적 통합'은 노사 간 신뢰의 부재로 말미암아 이루어질 수가 없었다.

### (2) 가동률의 극대화와 그에 따른 과도한 노동시간의 유인

자본재의 상대가격이 저하하는 추세이더라도 막대한 고정자본 투자에는 규모의 경제와 더불어 가동률 극대화, 장시간 노동 및 저임 노동의 활용에 대한 강력한 유인이 내재해 있다(정준호 2016). 〈그림 20〉에서 보는 바와 같이 1980년대 중반 이후 외환 위기와

**그림 21. 제조업 매출액 증가율 및 매출액 대비 인건비 비중 추이**

제조업 매출액 증가율(%)

제조업 매출액 대비 인건비 비중(%)

자료: 한국은행 기업 경영 분석.

글로벌 금융 위기 같은 경제 위기 시기를 제외하고 제조업 가동률은 거의 80%에 육박했다. 그러나 2011년 이후 제조업 가동률 장기 추세가 외환 위기 시의 최저 수준에 다가가고 있다. 이처럼 가동률이 떨어지고 있지만, 제조업의 근로시간이 전체 근로시간보다는 높은 것으로 나타나고 있다(〈그림 20〉 참조).

2010년대 이후 자본 심화 지수가 증가하고 있음에도 불구하고 이전과 달리 제조업의 가동률 추세는 하락하고 있다. 고정자본 투자는 일정한 규모의 경제를 요구하고 지속적인 매출액 성장이 담보되어야 유지되는데 그런 순환이 2010년대 이후 잘 작동하지 않고 있는 것으로 보인다. 〈그림 21〉에서 보는 바와 같이 제조업의 매출액 증가율이 1960년대 이후 단계적으로 감소해 왔는데, 특히 2010년대에 그 증가율이 한 자리수로 떨어졌다. 이는 일정 정도 글로벌 금융 위기 이후 대외 교역 규모의 축소에 기인한다.

한편, 매출액 대비 인건비 비중은 1991년 14.0%로 정점을 기

그림 22. 제조업 고용과 부가가치 비중 추이

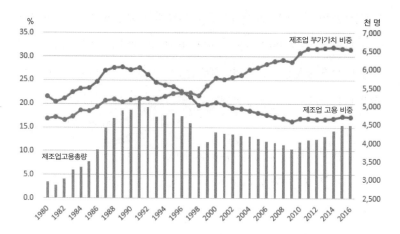

자료: 통계청.

록했으나 그 이후 지속해서 하락했다(〈그림 21〉 참조). 그 비중은 2011년 이후 반전됐으나 2016년 이후 다시 떨어지고 있다. 왜 이런 추세가 나타났는지에 대해서는 추가적인 분석이 필요하다. 그럼에도 2010년대 이후 제조업 매출액 증가율이 둔화되고 매출액 대비 인건비 비중이 이전에 비해 늘어난 것은 사실이다.

### (3) 제조업 고용 성장의 제약

1980년대 이후 수출 확대와 자동화 투자 등으로 제조업 부가가치는 꾸준히 증가했으나 제조업 고용 비중은 감소하고 있다. 제조업 고용 비중은 1989년 27.8%를 최고점으로 하여 이후 1991년 5,156천 명, 2009년 3,836천 명(16.3%)까지 감소했다가 2010년

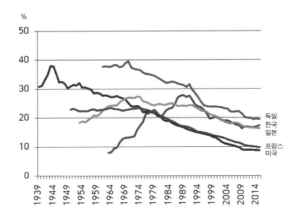

그림 23. 제조업 고용 비중 추이의 국제 비교

자료: 정준호(2016).

대 이후 약간 증가하다 최근에 일부 제조업 구조 조정의 여파로 하락하고 있다. 따라서 제조업에서는 1987년 이후 이른바 '고용 없는 성장'이 진행되었다고 볼 수 있다(〈그림 22〉 참조).

국제 비교 측면에서 보면 제조업 고용 비중은 급속도로 서구처럼 탈공업화의 패턴을 따르고 있다. 한국의 제조업 고용 비중은 1989년 27.8%로 최고점을 찍고 나서 지속적으로 하락세이며, 1990년대 이후 일본의 그것과 유사한 수준 및 패턴을 따르고 있다. 프랑스와 미국의 경우 1970년대 중반 이후 제조업 고용 비중 수준 및 그 추세가 급격히 하락해 두 국가가 유사한 패턴을 보여 주고 있다. 반면에, 독일의 경우 제조업 고용 비중이 1970년 39.5%로 정점에 도달한 이후 다른 국가들처럼 지속적으로 줄어들고는 있지만, 그 수준은 다른 선진국보다 높다(〈그림 23〉 참조). 한국의 경우, 노동 절약적인 자동화 투자는 제조업 노동생산성의 향상에는 기여하고 있지만, 제조업 고용 비중은 다른 국가들과 비교해 너무나도 빠르게 감소하고 있다. 한국에서 노동은 경영과 숙련 형성에서 사실상 배제되는 동시에, 고용 없는 성장이 일어나면서 소위 이중으로 배제되는 현상이 나타나고 있다(정준호 2018).

### 4) 노동의 이중화/양극화

노동의 이중화는 기업 규모와 고용 형태 요인에 의해 강화되었다. 노동시장의 이중화는 1997년 외환 위기 이후 노동시장의 유연화에 따른 비정규 고용 형태의 확산뿐만 아니라 1987년 이후 노동에 대한 노동조합의 제한적(기업별 수준에서) 통제 권력, 그리고 이에 대한 자본의 대응으로 자동화-아웃소싱의 강화 및 이에 따라 생산물 시장에서 나타난 이중구조화의 경향을 반영한 것이다.

발전 국가의 억압적 노동 통제와 동원 시스템은 1987년 노동자 대투쟁에 의해서 해체되기 시작했고, 중화학공업 대기업을 중심으로 노동조합이 노동시장을 통제할 수 있는 여지를 확보해 가기 시작했다.[1] 그러나 1987년 노동 체제의 한계는 이런 노동시장에 대한

---

1_물론 발전 국가의 통제적인 제도의 잔재는 1987년 노동자 대투쟁으로 한 번에 모두 해소되는 것은 아니었다. 외환 위기를 계기로 민주노총과 전교조의 합법화가 정리해고와의 교환으로 1999년에야 이루어졌다.

제도적 통제가 매우 제한적이었다는 점이었고, 이는 향후 노동시장을 이중화하는 계기로 작용했다.

적어도 1987년 이전의 노동시장에서는 '생산직 노동시장이 단일화-동질화 경향'(김형기 1988)과 노동시장의 이질성 감소 경향(송호근 1990)이 나타났다. 김형기(1988)는 '예속적 독점자본주의 하에서의 임노동자의 동질화 경향' 가설을 실증했으며, 송호근(1990)도 중화학공업화에 따라 생산물 시장의 이질성은 증가했지만, 독점 부문이라고 할 수 있는 중화학공업-대기업 부문의 노동자들의 임금 프리미엄이 1972~84년 사이에 감소했다는 점에서 노동시장에서의 이질화 및 분절화는 나타나지 않은 것으로 평가하고 있다. 생산직 노동자의 이 같은 단일화 경향은 노동조합을 국가가 억압적으로 통제하고, 노동시장을 시장 경쟁의 폭력성에 노출시킴으로써 독점 지대를 기업이 전유할 수 있도록 한 것에 기인한다.

1987년 이전에는 사업체 규모별 임금격차가 거의 나타나지 않았으나 1987년 이후 규모별 임금격차가 확대되기 시작했다. 1990년대 초반 일시적으로 노동시장 내 격차가 줄어들기는 했지만, 이것은 노동조합의 임금 평등화 정책과 1990년대 초반 경기 호황으로 인한 인력난 등에 기인하는 것이었다. 이런 사업체 규모별 임금격차의 확대는 1987년 이후 형성된 대기업 내부노동시장 형성 및 기업별노조의 제도적 틀 내에서 규모별 생산성과 지불 능력의 격차 확대에 기인한 것으로 볼 수 있다(〈그림 24〉 참조).

1997년 이후 사업체 규모별 임금격차의 심화는 기존 대기업의 내부노동시장 및 기업별노조의 작동에 따른 노동시장 전반에 관한

## 그림 24. 사업체 규모별 임금격차 추이

주: 10~299인 대비 300인 이상의 상대적 임금 비율임.
자료: 고용노동부, 임금 구조 기본 조사, 각년도 원자료.

제도적 통제(예컨대, 노조를 통한 대기업과 중소기업 간 임금격차 해소 등)의 한계뿐만 아니라 생산물 시장에서의 부문 간 격차의 확대 등에 기인하는 것으로 볼 수가 있다. 500인 이상 사업체의 종업원 1인당 급여액은 외환 위기를 거치면서 외환 위기 이전 1.3배 수준에서 1.6배 수준으로 한 단계 높아졌고, 종업원 1인당 부가 가치액과 이윤액도 외환 위기 이전 1.5~1.9배 수준에서 2.2~2.4배 수준으로 높아졌다. 이처럼 1997년 이후의 사업체 규모별 임금격차의 확대는 기업 간 생산성과 지불 능력의 격차 확대에 기인하는 것으로 볼 수 있다. 이는 앞에서 검토한 외환 위기 이후 산업 체제의 이중적 성격에 기인하는 것으로 보인다(전병유 2016).

1997년 외환 위기 이후 노동시장의 유연화가 확산하면서 고용 형태상의 이중구조가 중첩되어 나타나고 있다. 이를 둘러싸고 여러 가지 해석이 있을 수 있다. 우선 이 같은 노동시장의 변화가 기업의 유연화 전략에 의해 일어났다고 보는 견해다. 이는 이런 비정규직 증가와 격차 확대에 주목해 기업 규모에 따른 노동시장의 이중화보다 고용형태에 따른 노동시장의 유연화가 지배적인 경향이라고 본다. 후자는 1997년 이후 성립된 신자유주의 체제에 기반한다(김철식 2014). 이른바 1차(내부)와 2차(외부) 노동 간의 차이가 크지 않고, 기업 내부노동시장은 신자유주의 체제라는 바다에 떠 있는 섬 정도라는 것이다. 또는 이중화와 분절화 자체를 신자유주의의 결과로 해석한다. 하지만 이에 대해 다소 상이한 견해가 있다. 정이환 (2018)에 따르면, 이런 해석이 우리나라 노동시장에서 중심과 주변 간의 차이가 크고, 서로 작동 원리가 다르며, 중심의 규모가 작지 않다는 점을 경시하는 경향이 있다고 보고 있다.

다른 한편으로, 외환 위기 이전에는 생산성-임금을 연계하는 사회적 조정의 경험이 없었으며, 이를 뒷받침하는 제도적 장치로 노사정 합의 기구가 설치된 것도 아니었다. 상호 상생이 되는 사회적 조정이 이루어지기 위해서는 노사정 간의 수평적 조정 체제가 형성되어야 하지만, 그 당시 조정 체제의 근간은 국가-재벌-은행 간의 개발주의적인 수직적 조정 체제였으며, 여기서 노동은 완전히 배제되어 있었다. 이런 상황에서 생산성-임금을 연계하는 사회적 합의를 이끌어 내기에는 역부족이었던 것으로 보인다. 외환 위기 과정에서 많은 노동자가 해고됐으며, 노동의 유연화 전략으로 인력의 상시적인 구조 조정이 이루어졌다. 이에 대한 대기업 노조의 집단적 대응은 방어적이고 경제주의적인 방향으로 나아갔지만, 표면적으로 노사 관계는 외환 위기 이전보다 더욱더 악화되었다.

기존의 억압적인 노동 배제와는 달리 전투적인 노동을 우회하는 하나의 수단으로 대기업은 자동화를 과도하게 추구했다. 대기업은 작업장 수준의 숙련 형성을 주변화하면서 엔지니어 중심의 공정 합리화와 효율성을 극단적으로 밀어붙였다(정준호 2016). 현장 숙련을 배제한 자동화 설비투자는 막대한 고정비용을 수반하기 때문에 설비 가동률을 극대화하기 위해 장기간 노동이 자연스레 요구된다. 지루하고 힘든 작업 공정으로 인해 대기업의 자동화 투자는 노조에 의해 적극적으로 지지되고, 작업장 숙련이 경시되면서 IT 기반의 자동화가 제품의 품질 수준을 균등화시키는 기제로 자리 잡게 되었다. 2000년대 세계적 호황 속에서 가공 조립 제조업을 영위하는 재벌 대기업과 노조는 암묵적으로 또는 명시적으로 자동화 설비투자 -장시간 노동과 비정규직 활용 등에 동의했고, 이에 대한 대가로 노조는 경제적 실리를 챙기게 되었다.

반면에 현장 숙련의 경시로 기능적 유연성을 발휘할 수 있는 여지가 줄어들었으며 그 대신에 사내 하청이나 사외 하청기업을 통한 수량적 유연성이 극단적으로 추구되었다. IT 기술과 결합한 모듈화는 재벌 대기업에 하청기업들을 계층별로 선택적으로 포섭하고 배제할 수 있는 물적 기반을 제공했다. 극단적인 IT 기반 자동화는 탈숙련과 노동의 배제를 야기하며, 현장 숙련의 경시와 비용 절감 때문에 아웃소싱이 심화되면서 비정규직이 노동 유연화 전략의 대상으로써 적극적으로 활용되었다. 이런 '자동화-아웃소싱-탈숙련 및 노동의 이중화'에 기초한 산업-노동 체제는 재벌 대기업의 수직 계열화 또는 준수직 계열화로 나타났다(이병천 외 2014; 김종호 외 2019).

문제는 기술 진보와 아웃소싱이 1980년대 이후 구조적 추세라고 할지라도, 자동화에 의한 숙련의 대체 및 모듈화와 아웃소싱이 정치적 매개(예컨대, 노사정 협의, 정부 개입, 의회 논의 등) 없이, 즉 이에 따르는 사회적 문제에 관한 논의가 부재한 상황에서, 단일 기업은 효율성 측면에서만 접근해 국내 공급 기반을 도외시하고 대기업은 하청기업에 대해 수요독점의 위치를 활용함으로써 과도하고 왜곡되며 불공정한 형태로 진행되었다는 점이다(전병유 2016). 따라서 로봇의 지나친 활용은 외환 위기 이후 현장 숙련의 경시와 엔지니어 기반의 공정 합리화, 노사 간 반목과 불신, 중국 효과, 사회적 대화의 미비 등이 맞물린 결과들로 볼 수가 있을 것이다(정준호 2016).

요약하면 1987년 이후 우리나라 노동시장은 기업 규모, 원하청 관계, 고용 형태, 성별 차이 등에 따라 중층적 분절 구조를 나타내고 있는 것으로 볼 수 있다. 한국은 고용 형태상의 노동 유연화가 지배적인 영향을 발휘하는 이중화, 즉 EU 국가들의 제도화된 이중화라기보다는 산업 생산 체제에서의 특수성에 의해 강하게 규정받는 형태의 노동시장 이중화라고 볼 수 있을 것이다. 한국의 이중화에서 고용 형태의 규정력을 무시할 수는 없지만, 기업 규모의 영향력이 상당히 중요하다는 것이다. 이는 유럽의 이중화와 다른 측면이다. 물론 두 요소가 착종되어 현재의 이중화를 규정하고 있다는 점은 부인할 수 없다.

# 7. 전망과 과제

## 1) 기존 산업 체제를 넘어서기 위한 몇 가지 과제들

### (1) 이행 가능한 경로

전술한 바와 같이 1987년 이전에는 탈정치화와 자본에 대한 통제를 기반으로 권위주의적인 경성 국가가 현존했다. 그 이후 10여 년은 세계화와 자유화의 효과로 이런 권위주의적인 경성 국가가 점차로 와해하고 민주적 연성 국가로 가는 교량적 시기이다. 외환 위기 이후 자유화 및 세계화로 사회경제적 민주주의가 미약한 민주적 연성 국가가 나타났다. 현행 민주적 연성 국가는 권위주의적인 경성 국가의 유산인 대기업의 대마불사와 정부와 기업 간 담합 문제, 투명성과 절차적 민주주의(공정 경쟁)의 문제들을 해결하지 못했다. 다른 한편으로 사회경제적 민주주의를 정립하지도 못했다. 이런 상황에서 우리나라는 어떤 국가로 이행이 가능할 것인가?

아오키(Aokio 2000)의 논의를 보면 네 가지의 경로가 가능하다. 하나는 일본식 상관 국가correlated state이다. 이는 일본식 재벌 개혁을 바탕으로 중재자로서 정부 관료와 은행이나 협회(조합)의 역할을 강조하는 것으로, 능력에 기반한 관료주의를 전제하며, 이들은 사회 전체의 이해관계를 조정할 수 있다고 생각한다. 이런 유형의 국가에서 산업 체제는 잔여 소유권이 아니라 잔여 사용권에 기반하기 때문에 관련 행위자들 간의 협력과 통합이 부각된다. 하지만 여

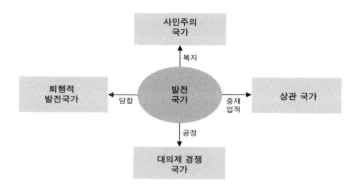

그림 25. 이행 가능한 경로

사민주의
국가

복지

퇴행적
발전국가  ←담합—  발전
국가  —중재
업적→  상관 국가

공정

대의제 경쟁
국가

자료: Aoki(2000) 논의를 기반으로 저자가 재구성

전히 관료주의를 기반으로 하고 있어 행위자들 간의 위계적인 관계
가 여전히 남아 있다. 두 번째는 영미식 국가로서 분권과 자유경쟁
— 대의제 기반 — 에 기반하여 국정을 운용하는 것이다. 여기서는
시장 질서의 유지와 강화가 주요한 담론으로 부각된다. 세 번째 경
로는 퇴행적 발전 국가이다. 이는 기존 자본과 관료 간의 담합에 따
른 부정부패의 문제를 해결하지 못하는 경우이다. 네 번째 경로는
국가 주도의 계급 타협에 기반한 사민주의이다. 하지만 이는 결사
체 간의 조정과 타협을 강조하는 독일식 코포라티즘 국가와는 다소
차이가 있다.

그렇다면 우리나라는 어느 경로로 이행이 가능한 것인가? 아니면
네 가지 유형의 혼합hybrid으로서 자리매김할 수 있는 것인가? 주로
진보 진영에서는 사민주의를 우리가 지향해야 할 경로로 상정하고
있다. 전술한 바와 같이 1987년 민주화 이후 자유화와 세계화의 효

과로 우리나라는 권위주의적 경성 국가에서 민주적 연성 국가로 이동한 것으로 보인다. 이 과정에서 우리나라는 퇴행적인 발전 국가와 영미식 국가 사이의 어느 지점으로 나아가고 있는 것으로 보인다. 따라서 사민주의 경로와는 거리가 멀어져 있다.

이런 상황에서 퇴행적인 발전 국가를 지양하고 거시적으로 위험을 공유하고 미시적으로는 위험을 감수할 수 있는 국가가 우리가 지향할 경로라고 생각된다. 이하에서는 이런 경로를 염두에 두면서 몇 가지 대안적인 논의를 검토하고 향후 정책 방향들을 제시하고자 한다.

### (2) 대안적인 논의들

4차 산업혁명으로 대표되는 기술 진보의 방향, 미중 간 무역 갈등과 한일 간 무역 분쟁 등으로 나타나는 대외 조건의 변동(보호주의 기조)뿐만 아니라, 기존 국내 주력 기간 제조업의 구조 조정 등 대내외적 조건 등이 맞물리면서 기존의 '자동화-아웃소싱-탈숙련'에 기초한 산업 체제의 지속 가능성에 대한 문제 제기가 있었다. 재분배(포용)를 통한 경제성장을 이야기하는 소득 주도 성장론은 이런 산업 체제의 문제들을 해소하려는 시도에서 등장한 것이다. 유종일(2019)은 한국 경제를 살리기 위해서는 '전환적 뉴딜'이 필요하다고 주장하고 있다. 그는 수확체감의 법칙으로 자본축적 기반의 성장은 점점 효력이 저하되고 있다고 지적하며 한국 경제의 문제는 투자 부진이 아니라 혁신 부진, 특히 디지털 시대의 도전에 제대로 대응하지 못하는 것에 있다고 보고 있다. 이에 대한 대안으로 그는 인적 자본, 디지털화, 에너지-환경 분야에 대한 전환적 뉴딜 전략이 필요하다고 역설하고 있다. 이처럼 유종일(2019)은 혁신 부진의 원인이 발전주의 국가의 유산이라는 점을 강조하고 있다.

웅거(Unger 2019)는 "지식경제"knowledge economy에서 수요 부족에 대처하는 방식으로 네 가지 방식들을 열거하고 있으며, 그는 세 번째와 네 번째 방식을 대안으로 선호하고 있다. 이는 신용과 부채의 확대, 공공 지출과 공적 이전을 통한 재분배, 제도적 혁신으로 1차 분배의 강화, 그리고 파괴적인 혁신의 영속화 등이다. 첫 번째는 신자유주의적 방식이며, 두 번째는 소득과 자산 불평등을 완화하기 위해 재정지출의 확대를 통해 구매력을 확대하지만 기존 시장 질서를 개혁하지 않는 방식이며, 세 번째는 슘페터적인 혁신으로 제도적 혁신을 통해 경제적 기회와 역량에 대한 접근을 강화하여 1차 분배를 강화하는 방식이며, 네 번째는 세 번째의 한계를 보완하며 중앙과 지방정부 간 분권화된 전략적 조정, 협력적 경쟁, 권리의 다발로서 재산권의 활용, 파괴적인 혁신 등을 옹호하는 방식이다. 세 번째와 네 번째에서 웅거는 슘페터적 혁신, 즉 창조적 파괴를 그대로 수용하는 것이 아니라 사람과 숙련에 대한 투자를 강조하고 있다. 반면에 슘페터주의 혁신 성장론을 주장하는 아기온(Aghion 2016)은 노동시장의 개혁을 수반하는 구조 개혁을 중시하고 있다.

(3) 정책 방향[2]

투자 일변도의 양적 성장, 노동의 분절화와 이중화, 기술과 숙련 분리 등을 수반하는 '자동화-아웃소싱-탈숙련'에 기초한 산업

체제를 넘어서는 위해서는 다음과 같은 정책 방향이 필요할 것으로 보인다. 거시적으로 복지국가를 통한 위험 공유 체제를 구축하고 미시적으로 파괴적인 혁신이 나타날 수 있도록 산업 공유 자산의 구축, 권리의 다발로서 재산권의 수용, 인적 자원, IT, 에너지 환경 부문에 대한 권한 위임을 수반하는 전략적 조정과 투자 등이 필요하다. 최근 한일 간 무역 갈등에 따른 문제를 해결하기 위해 부품과 소재 분야에 대한 기술과 역량을 습득·축적할 수 있는 산업 체제의 재구축이 요구되고 있다. 이에 대한 몇 가지의 정책 방향들을 제시하면 다음과 같다.

● 유연한 거시 경제 정책의 구사

경기 대응적인 거시 경제정책들은 경기 침체기에 신용 제약 또는 유동성 제약 기업들이 혁신적 투자를 단행할 수 있는 여지를 제공하거나, 총수요를 관리하여 시장규모를 유지할 수 있게 한다(Agion and Howitt 1998; Bhaduri 2007). 슘페터주의 혁신 성장론을 주장하는 아기온·아키지트(Aghion and Akcigit 2015)는 경기 침체기에 수요를 진작하기 위한 무차별적인 재정지출을 주장하는 케인스주의 입장과 조세와 재정지출을 무조건 축소하자는 신자유주의적 입장 모두에 반대하고 혁신 투자를 위한 전략적이고 선택적인 재정 지출 확대를 지지한다.

---

**2_**이 부분은 주상영·정준호(2018)의 일부 내용을 본고에 맞게 요약·정리한 것이다.

혁신 성장 정책은 창조적 파괴를 계획적으로 일으키는 것으로, 창조와 파괴가 잘 매칭되지 않거나, 그 사이에 시차가 존재하는 경우 혁신의 부정적 측면이 경제사회 전반을 지배하여 사회경제적 통합이 저해될 수가 있다(Bhaduri 2007). 혁신 성장 정책은 사회정책 또는 사회 안전망의 구축과 보완적으로 되거나 조율이 되어야 한다.

● 공정 경쟁 기반의 강화

지대 추구 행위의 근절은 창조적 파괴를 용이하게 하고 혁신을 촉진하기 때문에 혁신 성장에서 필수 불가결한 요소이다. 퍼먼 (Furman 2108)은 미국의 소득 불평등과 낮은 투자의 문제를 해결하기 위해 독점과 지대를 억제하고 시장 경쟁을 강화하는 것이 현재의 경제문제를 해결하는 데 효과적이라고 주장했다. 『이코노미스트』(Economist 2018)는 비정상적으로 높은 대기업의 이윤을 축소하고 혁신으로 미래 성장을 구가하기 위해서는 시장 경쟁을 강화하는 것이 필요하다는 '차기 자본주의 혁명'Next Capitalism Revolution을 제안하고 있다. 이처럼 혁신은 기술 중립적인 것이 아니라 다분히 정치적인 과정이라는 것을 염두에 둘 필요가 있다. 바두리(Bhaduri 2007)도 지적하고 있듯이, 시장 경쟁 구조에 따라 혁신의 성과는 사회에 긍정적일 수도 또는 부정적일 수도 있다.

● 다양한 경로의 구조 개혁 추진

투자 주도형 성장은 투자를 극대화하기 위해 기존 기업의 경영진과 생태계를 최대한 활용한다. 따라서 이런 생태계에서 혁신적인 신생 기업이 새로운 성장 기회를 찾기가 쉽지 않다(Acemoglu, et al. 2006). 이처럼 기존 기업이 독점적으로 시장을 지배하면 새로운 기업의 혁신이 시장에 도입될 여지가 줄어듦으로써, 즉 신생 기업이 새로운 기회를 활용하여 더 성장하지 못함으로써 생태계에서 기존 기업 간 관계가 유지되는 '비수렴 함정'이나 '지대 보호 효과'가 나타날 수 있다. 이를 극복하기 위해 아기온·비칸(Aghion and Bircan 2017)은 생산물 시장과 노동시장의 유연화, 고등교육에 대한 투자 등을 포함하는 구조 개혁 정책이 단행되어야 한다고 제시하고 있다.

그런데 효율성이라는 하나의 잣대로 이루어지는 구조 개혁 방안만이 있는 것이 아니다. 기득권을 해소하고 자원의 재배분을 추구하는 구조 개혁 정책은 단 하나의 방안이 아니라 복수로 존재한다. 이사켄 외(saksen et al. 2018)는 기존 산업의 확대, 업그레이드, 다각화, 새로운 산업의 창출 등으로 다양한 유형의 구조 개편의 성장 경로들을 경험적으로 제시하고 있다. 이처럼 조정 실패를 초래하는 일방적인 노동시장 유연화와 같은 급격한 구조 개혁 정책은 경제의 회복력에 부정적 영향을 미칠 수 있기 때문에, 이를 단 하나의 유일한 방안으로 생각하는 것은 위험하며, 다양한 구조 개혁 방안을 검토하고 실행할 필요가 있다(Dosi and Virgillito 2016).

● 포용적인 혁신 투자의 제고

포용적 혁신 투자의 대상은 저숙련 근로자, 취약 집단, 낙후 지역 등이다. 포용적 혁신 투자 정책은 혁신 정책의 대상과 목적이 확장되는 것을 의미한다. 예를 들면, 구조조정 위협에 처해 있는 기존 산업, 소수자, 취약 집단 등이 혁신 정책의 의제에 들어간다. 혁신 투자는 경제적 의미만이 아니라 사회적 가치를 고려하는, 즉 수월성만을 겨냥한 하나의 혁신 정책을 지양한다. 이를 통해 최신 첨단 기술이 아니라 처 한 사회경제적 여건에 따라 선택된 적정 기술에 기반한 혁신 성과가 사회 전반에 파급될 수가 있다.

혁신 정책은 기본적으로 공급 기반을 구축으로 하는 것을 목표로 삼는데, 이런 정책이 다양한 경제주체들에게 성장 기회를 제공하고 이들 주체가 가지는 미활용 자산을 극대화하는 방식으로 수요를 견인하는 것이 필요하다. 이처럼 다양한 경제주체의 자원과 자산을 널리 활용함으로써 포용적인 혁신 투자를 수용할 수 있는 제도적 차원의 혁신으로 새로운 공급 기반의 발굴과 내수 경제의 확장을 도모할 수가 있을 것이다.

| 3장 |

# 한국 노동시장 구조의 변화와
# 정책 평가

전병유

## 1. 연구의 배경과 목적

우리 사회는 개발년대를 마치고 민주화를 이룩했음에도, 1987
년과 1997년을 거치면서 노동시장은 오히려 이중구조와 격차의 문
제로 분단되고 분열되는 모습을 나타내고 있다. 이는 상생과 연대
의 미래 한국 사회 구축에 커다란 장애 요인으로 작동하고 있다. 노
동시장의 이중구조는 경제, 산업, 복지 등 다른 영역과의 상호작용
을 통해 한국 사회의 미래 발전을 제약하는 요인으로 작용하고 있
는 것이다. 대-중소기업 노동자 간 임금격차와 정규직과 비정규직
과 같은 고용 지위에 따른 격차의 심화는 복지 체제의 포용성과 지

속 가능성에 영향을 줄 뿐만 아니라 기업과 산업의 혁신을 위한 생태계 형성에도 장애 요인으로 작용한다.

우리나라의 노동시장은 1987년 이후 30여 년간 격차와 불안이 확대되는 시기였다. 대기업과 비정규직 사이의 임금과 고용조건에서의 격차는 지속적으로 벌어졌고, 비정규직 문제가 우리나라의 중요한 사회적 문제로 고착화되었다. 1987년 체제와 1997년 체제의 결합은 노동시장의 이중화로 귀결되었다. 특히 1990년대 중반 이후, 대기업의 수직 계열화와 자동화-탈숙련에 기반한 기업 전략은 이런 이중화를 더욱 심화했다. 대기업 정규직과 중소기업-비정규직으로의 분단 심화는 한국 노동시장의 핵심적 문제가 되었다. 지난 10년간 비정규직의 비율은 추세적으로 줄어 왔으나 2015년 이후 2년 연속 증가세를 보이고 있고 사내 하청, 특수 고용, 플랫폼 노동 등 통계로 파악되지 않는 비정규 고용 형태가 광범하게 확대되고 있다. 저임금 노동자들의 경우 임금과 근로소득만을 가지고 빈곤에서 벗어나기 힘든 근로 빈곤층에서 벗어나지 못하고 있다. 대기업 노동자들은 현상적으로 고용이 안정돼 있으나 잠재적이고 지속적인 고용 불안에 직면하면서 단기적인 임금 상승에만 매몰되어 있고 노동 내부의 연대에는 소극적으로 되어 갔다.

우리나라의 노동시장은 고령화, 청년 실업, 여성 경제 활동 참가, 노동시간 단축, 고용 조정(기업 구조 조정과 기술 변화로 인한 산업과 직업 구조의 변화) 등 매우 다양한 문제와 쟁점을 가지고 있지만, 노동시장의 이중화가 단기적으로는 핵심적 과제이다. 이 문제를 해소하지 않으면 다른 문제들을 풀어 나가기가 어렵기 때문이다. 2008

년 세계 금융 위기를 거치면서 '불평등' 문제가 전 세계적으로 중요한 사회경제적 이슈가 됨에 따라 노동시장 이중구조 문제는 불평등 완화와 빈곤층 축소, 나아가 사회 통합을 위해 더욱 더 절실한 정책적 해결 과제가 되고 있다.

이 장에서는 지난 30여 년간 노동시장에서의 구조 변화와 변화의 원인을 밝혀내고 관련 정책을 평가하여 상생과 연대의 한국 사회를 재구성하기 위한 시사점을 도출하고자 한다. 2절에서는 우리나라 노동시장의 구조 변화를 전반적으로 검토하고, 3절에서는 노동시장에서의 불평등과 이중구조의 현황 및 원인에 대해 분석해 보고, 4절에는 이중화 해소를 위한 정책들을 평가하고 향후 대안 마련을 위한 시사점을 도출해 보고자 한다.


## 2. 한국 노동시장의 구조 변화

현대 한국의 노동시장의 구조적 특성들은 이른바 대기업 중심으로 노동이 조직화되기 시작한 1987년 체제와 외환 위기 이후 노동의 유연화가 강화된 1997년 체제를 계기로 형성되었다고 볼 수 있다. 더불어, 앞 장에서 검토한 대로, 1990년대 초반 이후 전개된 생산 체제의 구조 변화와도 밀접하게 관련이 되어 있다. 대기업 중심의 수직 계열화와 중국 효과에 의존하는 동아시아의 공간적 분업 구조 속에서 고도의 자동화로 경험적 숙련에 의존하지 않고 제한된 고숙련 노동에만 의존하는 생산 체제가 노동시장에도 반영되고 있다고 볼 수 있다.

1987년 노동자 대투쟁 이후 개발년대의 억압적이고 가부장적인 노동 체제는 해체되고 노동기본권은 확대되었지만, 여전히 우리나라 노동은 많은 숙제를 안고 있다. 2019년 현재 우리나라의 노동 시장은 여전히 상대적으로 낮은 고용률과 취업자 증가율, 여성의 낮은 경제활동 참가율, 저출산과 고령화, 청년 일자리 문제와 베이비붐 세대의 은퇴, 여전히 높은 장시간 노동 체제, 경직적인 임금 체계, 외환 위기 이후 고착화된 고용 불안 등 해결해야 할 수많은 과제들을 가지고 있다.

우선, 2010년대 들어와 GDP 증가율이 3%대 이하로 떨어지면서 장기 저성장 국면으로 진입하고 있는 가운데 경제의 장기적인 일자리 창출 여력이 약화되고 있다. 1970년대 50%대의 고용률이 외환 위기 직전 60%대까지 진입했으나 여전히 60%대에 머물고 있다. 남성 고용률은 75%를 상회했던 1969년이 정점이었고 외환 위기 직전 1997년에 73.9%를 기록했으나 2018년 현재 70.8%에 머물러 외환 위기 직전에 비해 감소했다. 다만, 여성 고용률은 미미하게 증가하여 1997년 48.6%에서 2018년에 50.9%로 증가했다. 그러나 여성 고용률은 여전히 OECD 국가들과 비교해 보면 낮은 편이다. 다만, 〈그림 2〉에서 보듯이, 출산과 보육으로 인한 여성 경력 단절 현상인 M자 커브는 2000년대 초반에 비해서는 개선된 편이다. 30~39세의 고용률도 2000년 52.6%에서 60.7%로 느리지만 개선된 것으로 판단된다.

## 그림 1. 고용률 추이

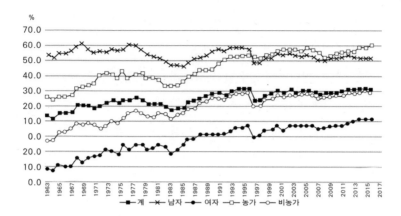

자료: 통계청, 「경제활동인구조사」, 각 연도. KOSIS

## 그림 2. 여성의 연령대별 고용률 추이

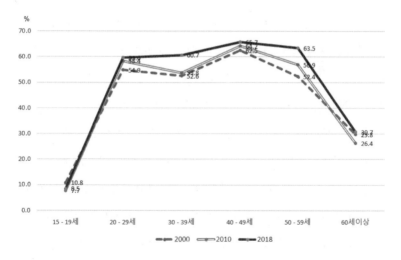

자료: 통계청, 「경제활동인구조사」, 각 연도. KOSIS

〈그림 3〉에서 연령대별 고용률과 고령자 취업 비중을 보면, 2000년대 이전에는 20대나 30~49세, 50세 이상 연령대 모두 고용률이 증가했다. 그러나 2000년 이후에는 고령자의 고용률이 증가하는 반면, 청년층의 고용률은 감소하는 경향이 뚜렷하게 나타나고 있다. 20대 고용률 감소는 고학력화에 따른 대졸자 비중의 증가 때문이기도 하지만, 20대 남성의 고용률은 지속적으로 감소하는 반면, 20대 여성의 고용률은 지속적으로 증가하는 패턴으로 나타나고 있고 여성들의 고학력화도 빠르게 진행되었다는 점을 고려하면, 20대 청년층의 고용률 감소를 단순히 고학력화 경향으로만 보기 어렵다. 과거 20대 남성들이 갈 수 있었던 일자리의 감소가 수요 측면에서 동시에 나타난 것으로 볼 수 있다. 반면, 전체 취업자에서 50세 이상의 취업자 비중도 2000년 이후 매우 빠르게 증가하고 있다. 2000년까지 30% 수준이었던 50세 이상 취업자 비중은 2010년에 38.2%, 2018년에 46.4%로 매우 빠르게 증가하고 있다. 저성장-저고용 추세와 노동시장에서의 이동성 감소 등으로 청년층 고용 사정이 좋지 않다는 점을 반영하는 것으로 판단된다.

　　한편, 산업별 고용 추이를 보면, 제조업 일자리의 감소, 즉 고용 측면에서의 탈산업화 경향이 1990년대 초반에서 2000년대 중반까지 뚜렷하게 나타나다가 2010년 이후 "고용의 탈산업화 경향"은 다소 완화되는 것으로 판단된다. 이는 글로벌 금융 위기 이후 글로벌 시장에서 한국의 제조업이 상대적으로 반사 이익을 더 많이 받았기 때문으로 판단된다. 특히, 중국이 확장적인 정책 기조를 유지한 것도 한국의 제조업에는 유리한 상황이었다. 그러나 2015년 이

## 그림 3. 연령대별 고용률과 50세 이상 취업자 비중 추이
### (20세 이상 인구 기준)

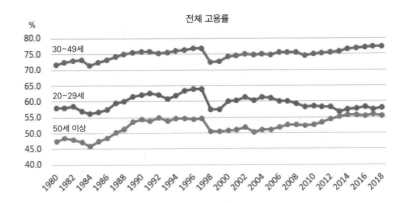

전체 고용률

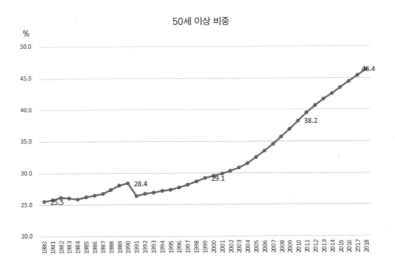

50세 이상 비중

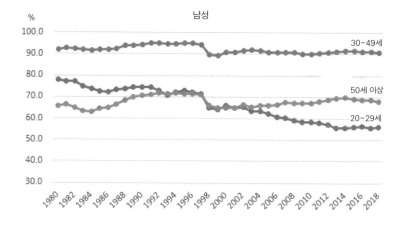

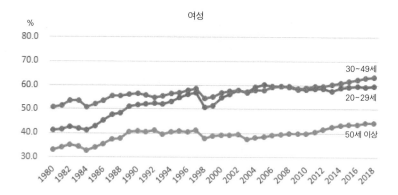

자료: 통계청, 「경제활동인구조사」, 각 연도. KOSIS

후 이런 상대적 이점이 사라지면서, 제조업 위축에 따른 일자리 위
기가 심화하고 있다. 2010~15년간 상대적으로 국내 제조업의 호
조로 제조업 일자리가 증가했으나 제조업 구조 조정이 본격화하면
서 제조업 일자리는 다시 감소 추세로 바뀌고 있다. 2018년 현재
제조업의 고용 비중은 16.8%에 451명 수준이다. 이런 제조업 일자

**그림 4. 제조업 취업자 수와 고용 비중 추이**

주: 연도별로 그래프의 선이 다르게 표시된 것은 통계청의 분류기준이 바뀐 것을 반영하기 위한 것이다.
자료: 통계청, 「경제활동인구조사」, 각연도. KOSIS.

리 감소 경향은 대기업 일자리의 감소를 의미하는 것으로 이는 청
년 일자리의 감소와 추세를 같이한다.

제조업 고용 감소는 기본적으로 노동 절약형 자동화 투자의 확
대에 기인하는 것으로 판단된다. 물론 중국과의 교역 확대로 공장
의 중국 이전과 제조업체 내 서비스 기능의 아웃소싱, 외국인 인력
도입 확대 등도 지표상의 제조업 고용 감소에 기여했을 것으로 판
단된다. 2008년 이후 제조업 고용 확대는 해외 제조업의 위축과 중
국 시장 부양에 따른 효과 등에 기인하는 것으로 판단된다. "다만,
생산성 증가의 고용에 대한 부정적 영향은 금융 위기 전후 차이 없
는 것으로 나타나"(성재민 외 2017), 고용 절약형 투자는 지속된 것
으로 판단된다.

자동화 투자에 따른 제조업 고용의 하락은 생산성 상승률과 임금 상승률의 괴리로 나타난다. 〈그림 5〉에서 볼 때, 취업자 1인당 실질 GDP 지수와 1인당 피용자보수의 증가율은 1990년대 중반 이후 괴리를 나타내기 시작한다. 다만, 10인 이상 상용직의 임금 상승률은 생산성 증가율을 따라가고 있다. 즉, 저임금의 취약한 일자리의 확대로 노동 분배율의 하락이 나타난 것으로 볼 수 있다. 또한, 임금을 소비자물가지수가 아닌 GDP 디플레이터로 계산할 경우 생산성과 임금의 괴리는 약간 줄어든다. 이는 박정수(2019)에서도 지적된 바 있다. 이것이 시사하는 바는 우리나라에서 적어도 1990년대 중반 이후 자본재 가격의 하락으로 투자가 크게 확대되면서 노동 분배율이 하락했다는 점이다.

기술혁신과 자본재 교역의 확대, 즉 글로벌 가치 사슬GVC에 따른 중간재의 가치 사슬 확장(Baldwin 2016)으로 자본재 가격이 지속적으로 하락했고, 이것이 자본재 중심의 투자 확대, 고용 감소, 저임금 일자리 감소 등으로 나타난 것으로 판단된다. 즉, 1990년대 중반 이후 한국 경제의 생산 체제와 기술 변화는 노동의 생산(부가가치) 기여도가 체계적으로 낮아지는 방식으로 진행되고 있는 것으로 평가해 볼 수 있다. 다만, 이런 효과가 글로벌 금융 위기로 완화되면서 제조업 고용 감소가 둔화된 것으로 볼 수도 있다. 성재민(2019)에 따르면, 우리나라 전후방 GVC 참여 모두 글로벌 금융 위기 이전 급속 확대되다가 글로벌 금융 위기 이후 정체되는 모습을 나타냈고, 이것이 금융 위기 이후 고용에 대한 부정적 영향이 줄어든 것으로 나타났다.

## 그림 5. 실질 노동생산성과 실질임금 추이: 1970~2018년

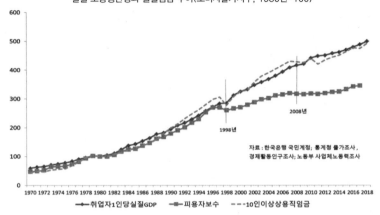

실질 노동생산성과 실질임금 추이(소비자물가지수, 1980년=100)

자료 : 한국은행 국민계정; 통계청 물가조사,
경제활동인구조사; 노동부 사업체노동력조사

1998년
2008년

취업자1인당실질GDP    피용자보수    10인이상상용직임금

주: 실질임금(1)=소비자물가지수를 사용해서 구한 피용자 1인당 실질임금

실질 노동생산성과 실질임금 추이(GDP 디플레이터, 1980년=100)

자료 : 한국은행 국민계정; 통계청 물가조사,
경제활동인구조사; 노동부 사업체노동력조사

1998년
2008년

취업자1인당실질GDP    피용자보수    10인이상상용직임금

주: 실질임금=생산자물가지수를 사용해 구한 피용자 1인당 실질임금
자료: 김유선(2019).

## 3. 우리나라 노동시장에서의 불평등 구조

한국 경제의 전환점을 일반적으로 1997년 외환 위기로 보고 있다. 그러나 외환 위기로 이르기까지의 변화들은 짧게는 1990년 전후에서 이미 시작되었다고 봐야 할 것이다. 1992년 중국과의 수교, 1995년 김영삼 정부의 세계화 선언, 자본 자유화의 확대, 1996년 OECD 가입 등 일련의 사건들이 1997년 외환 위기를 준비했다고도 할 수 있다. 이런 변화와 더불어 1986~88년 3저 호황의 시기에 1987년 노동자 대투쟁을 거치면서 노동조합의 시민권 확보 과정이 이런 시장의 자유화 과정과 겹쳐서 드러난 시기가 1990년대 중반이다. 한국 사회의 불평등은 이 때부터 심화하기 시작했다.

우리나라 불평등의 핵심적 부분은 노동시장에서의 불평등이라고 할 수 있다.

현재 한국의 불평등은 매우 다차원이다. 소득뿐만 아니라 자산과 교육에서의 불평등이 서로 얽혀 있고, 특히 자산이나 재산소득의 불평등은 국민 생활에 매우 민감한 부분이고 그 중요성이 증가하고 있는 문제이다. 피케티의 "21세기 자본"의 문제 제기 이후 자산 축적에서의 불평등과 최상위층으로의 소득 집중의 문제가 글로벌한 불평등 이슈로 등장하고 있다.

다만, 본 연구에서는, 전체 소득에서 70% 이상을 차지하는 노동소득의 불평등 변화에 우선 주목하고자 한다. 1990년대 중반 이후 노동시장에서의 임금 불평등도가 크게 증가한다. 1987년 노동자 대투쟁으로 노동자가 조직화하여 자신의 권리를 확보하는 과정이 주로 대규모 공장의 조직노동자 중심으로 이루어지면서 대기업과 중소기업 간 임금격차가 확대되기 시작했고, 이후 1997년에는 외환 위기를 거치면서 우리나라 노동시장 최대 이슈였던 노동시장 유연화 문제가 제기됐다.

노동시장에서의 장기적인 격차의 추이를 보면, 1990년대 이전만 해도 노동시장에서의 격차는 주로 성, 연령, 근속 등이 주된 변수였지만, 1990년대 중반을 넘어서면서 노동시장에서의 격차는 기업 규모와 고용 형태가 핵심적인 변수로 등장한다. 기업 규모 간 임금격차는 지속적으로 확대되었고, 최근 들어서야 약간 통제되는 추세이다. 즉, 우리나라의 노동시장에서는 인적 속성보다 자기가 어느 조직에 속했느냐에 따라 격차가 벌어지는 정도가 매우 크고 지속적으로 심화되고 있다. 다만, 2007년 기간제 기간 제한 및 차별 시정 법제가 도입되면서 비정규직의 확산과 격차는 어느 정도 통제되고 있는 것으로 보인다.[1] 300인 이상 사업체 규모의 임금 프리미엄이 가장 큰 30~40% 수준이며 2017년 현재 약 30% 수준으로 매우 크고, 고용 형태상 비정규직의 부(-)의 임금 프리미엄은 -2~ -7% 수준으로 2009년 글로벌 금융 위기 시 확대되었지만, 2017년에는 -2% 수준으로 감소했으며, 임시직이나 일용직의 부(-)의 임금 프리미엄은 비정규직의 부(-)의 임금 프리미엄보다도 크며, 다만 최근 들어 줄어들고 있다(전병유 2017). 그러나 비정규직 차별

---

1_물론 기간제의 확산과 격차가 줄어든 것으로 보이지만, 이른바 간접 고용이나 특수 고용 형태의 비정규직화는 여전히 확산되고 있는 것으로 판단된다.

## 그림 6. 사업체 규모별 임금격차 추이

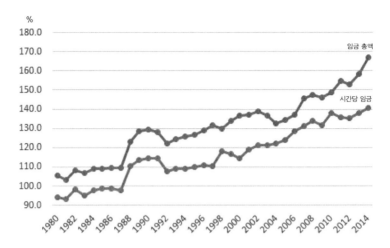

주: 10-299인 대비 300인 이상의 상대적 임금 비율임.
자료: 고용노동부, 임금구조기본조사, 각년도 원자료; 전병유(2017)에서 재인용.

문제도 기간제 문제뿐만 아니라 기업 규모 변수와 묶여서 간접 고용이나 하청 문제와도 연결되어서 지속되고 있다고 봐야 할 것이다.

즉, 1987년 이후 우리나라의 노동시장을 이중화-분절화하는 두 가지의 균열선이 강화되고 있다고 볼 수 있다.

첫째는 무엇보다도 규모 간 분절의 문제이다. 이는 대기업 중심의 수출 주도 성장 체제가 가격 경쟁력 유지를 위해 추구한 외주화와 단가 인하 전략이 주된 원인으로 작용했고, 다른 한편으로 자영업이나 영세 사업체와 같은 전근대적인 영역의 비중이 크고 이 부분이 저임금-저생산성 함정에 벗어나지 못하고 있다는 것에 기인

**152**

**표 1. 고용 형태와 종사상 지위 변수의 성격**

| 경활인구 본조사의 종사상 지위 분류 | 경활인구 부가조사의 고용 형태상 분류 | | | | |
|---|---|---|---|---|---|
| | | 비정규직 | | | 정규직 (사내 하청) |
| | | 한시적 | 시간제 | 비전형 (파견, 용역) | |
| | 상용직 | A | | | D |
| | 임시직 | B | | | C |
| | 일용직 | | | | |

| | 조사 변수 | 문제의 성격 |
|---|---|---|
| 비정규직 | 고용 형태 상의 비정규직 (기간제, 시간제, 비정형) | · 고용 불안<br>· 고용 차별 |
| 취약 근로자 | 종사상 지위 상의 임시직·일용직 | · 근로 기준<br>· 최저 임금<br>· 근로 빈곤 |

한다. 특히, "1987년 노동자 대투쟁으로 형성된 노동시장의 제도적 규율 시스템이 기업별노조 시스템하에서 사회적으로 확산되지 못하고 매우 제한된 영역으로 국한되면서, 한국 노동시장의 분절화는 시작되었다. 이는 1997년의 외환 위기를 거치면서 더욱 심화했고, 여기에 노동시장의 유연화 흐름이 추가되어 현재의 한국 노동시장 체제가 형성되었다"(전병유 2017). 규모에 따라 나타나는 이 같은 분단은 〈표 1〉에서 보듯이, 노동자의 입장에서는 저임금과 근로조건(근로 기준)의 문제로 나타난다. 이는 통계 지표상으로는 전통적인 종사상 지위 변수로 파악할 수 있다. 상대적으로 고임금을 받고 근로조건이 좋고 근로기준법이나 기업 복지 혜택을 제대로 받는 상용직은 주로 대기업에서 높은 비중으로 나타나고, 그렇지 못한 임시직이나 일용직은 중소기업에서 높은 비중으로 나타난다는 점에서

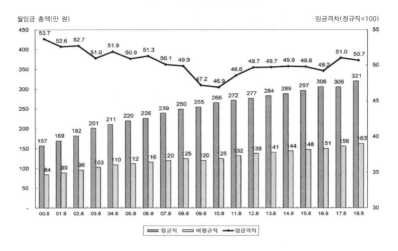

**그림 7. 비정규직의 임금 추이**

월임금 총액(만 원)                                                    임금격차(정규직=100)

자료: 통계청, 경제활동인구조사, 부가조사; 김유선(2018)에서 재인용.

종사상 지위에 따른 구분은 대중소기업 간 구분을 반영하는 지표의
하나로 볼 수 있다.

　둘째는 고용 형태 상의 균열로 이른바 노동시장의 유연화와 비
정규직화의 문제이다. 이는 1997년 외환 위기 이후 1998년 정리해
고와 파견 제도가 도입된 것이 상징적인 계기로 언급된다. 그러나
기업들의 노동시장의 유연화 시도는 사실 외환 위기 이전부터 존재
했었다. 노동시장 유연화는 1987년 체제로 대기업에서 노동조합이
조직화하고 발언이 강화되면서 나타난 1990년대 초반 기업의 인력
전략 변화에도 기인한다.

　1987년 이후 노동조합의 조직화와 이에 따른 임금 상승에 대응
하여 대기업들이 직능급과 내부 숙련 형성 시스템의 가능성을 검토

그림 8. 정부와 노동계 비정규직 규모와 비중: 2003~2016년

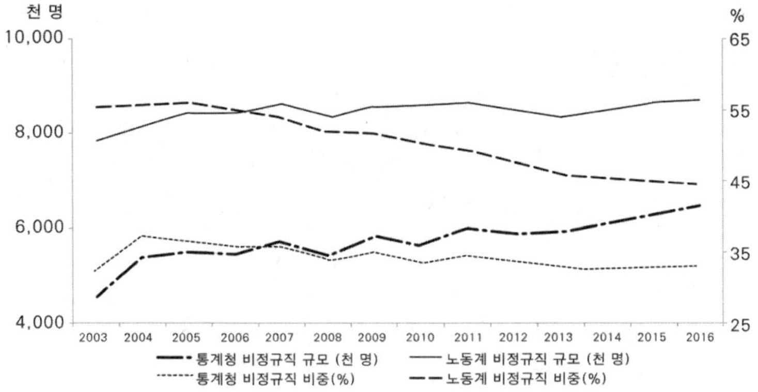

자료: 통계청, 경제활동인구조사, 부가조사; 성재민(2019)에서 재인용.

했으나, 1990년대 이후 숙련-임금의 선순환에 관한 기업 차원에서의 합의는 성공하지 못했다. 기업 내 숙련 형성 시스템의 경험이 부족했고, 노동조합도 업무 강도가 강화될 것으로 우려했고, 기업에 대한 신뢰도 부족했기 때문이다. 당시 중국 시장이 빠르게 확대되는 상황에서, 기업들은 정규직의 숙련에 기초한 전략을 포기하고 자동화와 모듈화에 기초한 대량생산 방식을 추구했다.

따라서 노동시장 유연화에 따른 문제는 시장 규제 완화와 제도 부재의 문제이면서도 동시에 기업 전략 변화의 결과이기도 하다. 이는 노동자에게는 불안과 차별의 문제로 등장하게 된다. 이를 경험적으로 드러내 주는 통계적 지표가 고용 형태 상의 지위로서의 비정규직이다. 이는 2002년 노사정위원회(현, 경제사회노동위원회)에서 기간제, 시간제, 비정형 노동으로의 분류 체계를 도입하면서 조

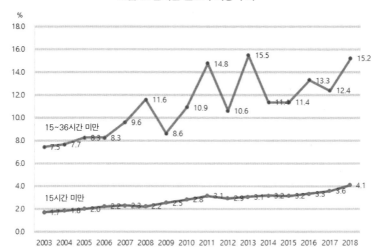

**그림 9. 단시간 근로자 비중 추이**

자료: 통계청, 경제활동인구조사, 원자료.

사되기 시작했다.

　노동계에서는 종사상 지위에 따른 임시직과 일용직을 비정규직으로 본다. 〈그림 8〉에서 보듯이, 종사상 지위에 따른 임시직과 일용직은 노동시장이 근대화하면서 지속적으로 감소하고 있으며, 고용 형태 상의 비정규직은 2007년 기간제법이 시행되면서 비중은 약간 감소하는 추세이나 전체 비정규직 수는 증가하고 있으며, 고용 형태와 상관없이 주당 35시간 미만 일하는 단시간 근로자 비중은 매우 빠르게 증가하고 있다.

　EU나 OECD 국가들의 경우 노동시장의 이중화-분절화는 주로 안정적인 일자리와 불안정한 일자리 사이의 이중화의 문제이고, 이는 주로 노동시장 제도(EPL, ALMP, UI, IR 등)[2]의 문제로 이해한다. 반면, 우리나라의 경우 노동시장 유연화와 규모 간 격차의 문제가 동시에 중첩되어 나타난다는 점이 특징이다. 즉, 우리나라에서 노동시장 유연화는 노동시장 제도 이외에 생산물 시장과 관련된 구조의 문제로도 접근해야 하는 문제이다. 이런 의미에서 우리나라 노동시장의 이중화는 "이중의 이중화"로 이해해 할 것이다. 독점, 원하청, 아웃소싱, 전근대적 고용 관행 등에 따른 규모 간 분절과 노동시장 탈규제와 규제 부재, 기업의 단기주의 경영전략 등으로 인한 노동시장의 유연화에 따른 분절이 중첩해서 나타난다는 것이다. 즉, 한국의 노동시장은 규모에 따른 격차와 분절, 그리고 고용 형태에 따른 격차와 분절이 동시에 나타나는, 이중의 이중화로 고착화되기 시작했다.

이런 노동시장에서의 '이중의 이중화'는 사회적 보호에서의 이중화로 연결된다. 정규직 중심의 사회보험 확대 과정에서, 대기업과 중소기업, 그리고 정규직과 비정규직 사이에 사회보험 가입률의 격차가 크게 나타나고 있고, 이는 사회적 보호의 사각지대가 대규모로 발생하는 문제로 나타나고 있다.

---

2_고용 보호 제도(Employment Protection Law, EPL), 적극적 노동시장 정책(Active Labour Market Policy, ALMP), 실업보험(Unemployment Insurance, UI), 노사관계(Industrial Relations, IR).

## 4. 평가와 과제

상생과 연대의 노동시장 체제를 구축하기 위한 일치적 과제는 우리나라 노동시장의 이중화-분절화 경향을 차단하고 완화하는 것이다. 우리나라 노동시장의 이중화, 분절화 문제의 역사는 30년을 넘는다. 그럼에도, 노사정을 비롯한 핵심 경제주체들은 물론 전문가들과 여야 정당 등 사회 각 영역의 주체들이 이 문제의 심각성을 모두 인정하면서도 이중구조의 원인과 해법에 대한 진단과 처방에서 커다란 이견을 나타내고 있다.

보수 진영에서는 이중구조의 원인이 노동시장의 경직성에 있으며, 대기업과 공공 부문의 정규직 근로자로 구성된 1차 노동시장의 내부자들이 고용보호법제와 연공급 임금 체계, 강한 노동조합의 보호를 받고 있기 때문이라고 주장한다. 따라서 정규직 근로자에 대한 과보호를 완화하는 것이 필요하며, 구체적으로는 해고 규제 완화와 연공형 임금 체계 개편 등을 대안으로 제시하고 있다.

진보 진영에서는, 우리나라 노동시장은 이미 충분히 유연하며 노동시장 이중구조의 원인은 재벌 대기업의 지나친 이윤 독점과 대중소기업 간 불공정 거래 관행, 비정규직의 지나친 고용 불안과 열악한 근로조건에 문제가 있다고 판단한다. 정규직에 대한 고용 보호는 임금과 고용의 하향평준화를 초래하기 때문에 올바른 해법이 아니며, 비정규직 남용 규제와 원하청 거래 개혁, 최저임금 인상 등 하층의 노동조건을 끌어올림으로써 이중구조를 완화해야 한다고 주장한다. 아울러 노동시장의 이중구조는 산업 차원의 이중구조와

표 2. 노동시장 개혁 사례 개괄 정리

| 정권 | 핵심 의제 | 노동유연화 포함 여부 | 노사합의(동의) 여부 | 입법화 |
|---|---|---|---|---|
| 김영삼 | 고용보험제 도입 | 미포함 | 유 | 성공 |
| 김영삼 | 노동3권 보장과 유연화 | 포함 | 무 | 실패 |
| 김대중 | 정리해고·파견제 도입 | 포함 | 유 | 성공 |
| 노무현 | 주40시간제 | 미포함(일부 포함) | 무(일부 유) | 성공 |
| 노무현 | 기간제·파견 보호 | 미포함 | 무(일부 유) | 성공 |
| 노무현 | 특수고용 보호 | 미포함 | 무 | 실패 |
| 이명박 | 기간제 규제완화 | 포함 | 무 | 실패 |
| 박근혜 | 노동시장 이중구조 개선 | 포함 | 무(일부 유) | 실패 |
| 문재인 | 주52시간제 | 미포함 | 무(일부 유) | 성공 |

자료: 정이환(2019)에서 인용.

자본-노동간 불균형에서 비롯되는 것이기 때문에 재벌에 대한 규제와 이에 대항하는 노동권의 강화를 통해서 이중구조를 개선해야 한다는 입장이다.

우리나라의 경우 노동시장 구조 개혁을 위한 노동 개혁이 시작된 것은 1990년대 중반 김영삼 정부 시기부터라고 볼 수 있다. 정이환(2019)은 김영삼 정부 이후 시도된 9번의 노동시장 개혁의 정치과정을 분석했다. 9번의 노동시장 개혁이 대부분 노동시장의 유연화 의제와 2차 노동시장의 보호를 위한 의제들로 노동시장에서의 불평등과 이중구조의 문제에 대응하기 위한 것으로 볼 수 있다.

다만, 노동시장의 이중구조 문제를 명시적으로 노동시장 개혁의 의제로 제시한 것은 박근혜 정부의 노동시장 개혁이었다. 박근혜 정부의 노동 개혁에는 사회 안전망이나 청년 실업과 관련된 대책들도 포함되어 있기는 했지만, 가장 핵심적인 의제는 정규직의 고용 보호를 완화하려는 일반 해고 제도 도입과 취업규칙 변경 등 양대 지침 도입이었다. 즉, 노동시장의 불평등 문제를 고용 보호를 걷어 내는 식으로 추진했다.

정규직에 대한 고용 보호는 기업의 성과 평가에 따라 해고를 가능하게 하는 일반 해고 제도의 도입과 이를 실현하기 위한 취업 규칙 변경 제도의 개정, 그리고 비정규직에 대해서도 기간제 기간 제한 연장과 파견 근로 제도의 확대 등으로 유연성을 높이는 개혁을 추진했다. 그러나 노동계의 반대와 국민 설득 실패 등으로 개혁은 성공하지 못했다. "청년 실업-노동시장의 이중구조-정규직 과보호-비정규직 보호'라는 의제를 들고 나왔지만, 우리나라의 현실에서 '더 많은 노동시장 유연화'가 한국 경제의 저성장과 불평등에 대한 대안이 되기에는 설득력이 부족하기 때문이다. 경제 활성화와 청년 고용 문제 해결을 위해서는 노동시장 이중구조의 문제를 풀어야 한다고 하고 있으나 정규직 과보호를 풀면 이중구조가 해소되고 경제가 활성화된다는 논리는 현실적으로 대단히 취약했다"(전병유 2015).

한편, 문재인 정부는 한국 사회의 불평등과 노동시장의 이중구조에 대응하기 위해 소득 주도 성장과 일자리 중심 경제, 그리고 노동 존중 사회를 제시했다. 노동시장에서의 불평등과 이중구조에 대한 문재인 정부의 대응은 대기업-정규직 노동의 과보호를 개혁하려고 했던 박근혜 정부의 개혁과는 달랐다. 박근혜 정부가 추진했던 양대 지침(일반 해고 규제 완화와 취업규칙 불이익 변경 완화)을 폐기했으며 공공 기관 성과 연봉제를 중단했고, 노동 존중 사회를 기치로 하여 공공 부문의 비정규직 정규직 전환, 최저임금 인상, 근로시간 단축, 국제노동기구ILO 기본 협약 비준 등을 추진했다. 문재인 정부 노동 존중 사회 정책들은 공공 부문 일자리 확대, 비정규직의 정규직화, 불공정 원하청 거래 해소, 차별 시정 등 1차 노동시장을 확장하면서, 취약 근로자 노동권 보호를 위해 ILO 핵심 협약 비준, 비정규 노동 사용 사유 제한 도입, 원청 공동 사용자 책임 의무화 등 2차 노동시장에 대한 보호를 강화하는 정책 기조를 채택했다. 여기에 초기업적 임금 결정 구조를 지향하는 산별 교섭, 단체 협약 효력 확장 제도, 직무형 임금 체계 구축 등도 정책 아젠더에 포함되어 있다.

'노동 존중 사회'의 실현은 우리 사회가 반드시 추구해야 할 중요한 과제였고, 문재인 정부 역시 이 방향으로의 정책을 추진했고 어느 정도 성과도 거두었다. 최저임금 인상으로 저임금 노동자 비율도 OECD 최고 수준에서 평균 수준으로 낮추었고, 근로시간 단축과 비정규직 축소 등 한국 노동시장의 오랜 과제들을 해결해 나가는 방향으로 가고 있다.

다만 정책이 성공하기 위한 환경과 조건, 경로 의존, 그리고 정책의 우선순위와 전략적 배열, 상호 보완성에 대한 고려의 부족으로 노동 존중 사회의 실현과 상생과 연대의 노동 체제 구축이 성공하지 못하고 있다는 평가가 제기되고 있다.

문재인 정부의 노동정책 실험은 우리 사회가 향후 상생과 연대의 노동 체제 구축으로 나아가기 위한 몇 가지 시사점을 제공하는 것으로 판단된다.

첫째, 노동의 질과 노동의 양의 상충 관계의 문제이다. 진보 진영은 노동의 질을 높이는 것이 노동의 양을 높이는 것으로 주장했다. 그러나 '노동 존중 사회'가 '일자리 경제'와의 충돌하는 모습이 나타났다. 2년 간 거의 30%에 달하는 빠른 속도의 최저임금 인상이 이루어졌지만, 경기 하강 국면과 맞물리면서 일자리의 양적 창출이 부진해졌다. 2019년 들어와 정부 재정 지원 일자리 창출로 어느 정도 일자리의 양적인 회복은 달성했지만, 40~50대와 제조업의 고용은 여전히 부진하다. 사후적인 평가이지만, 노동 존중 사회와 일자리 경제가 상호 보완적으로 이루어졌어야 했다. 최저임금 인상의 보완책으로 일자리 안정 자금 정책을 도입했지만, 사전적으로 정교하게 설계된 정책이라기보다는 응급 처방의 성격이 강했다. 공공 부문의 일자리 창출 이외에 재정 정책과 산업 정책을 연계한 일자리 창출 플랜이 제시되었어야 했고, 최저임금의 구조 조정 효과를 고려해 복지 정책과의 연계도 사전에 정교하게 설계되었어야 했다. 취약 계층의 고용 보호를 강화하는 노동시장 개혁이 전체 노동시장의 불평등을 심화하는 부작용에 대한 고려도 필요했다. 최저임금을 통한 일자리의 질 제고가 자영업-영세 기업이나 미취업(고용 기회 약화)과 충돌하지 않도록 하여 최저임금 사회적 수용성을 높일 필요가 있었다.

둘째, 노동정책은 경제 산업 정책과 복지 정책과 보완적으로 설계되고 집행되어야 한다는 점이다. 문재인 정부의 소득 주도 성장은 혁신 성장과 공정 경제와 패키지로 제시되기는 했다. 그러나 이세 가지 축이 어떻게 정합적으로 결합되는지 이해 당사자들과 전문가, 국민들을 설득하지 못했다. 비정규직 정책의 경우도 공공 부문

정규직화 이외에 비정규직에 대한 사용 사유 제한이나 원청 사용자 책임 인정 등에 대해서도 현실적인 실현 가능성을 정확하게 판단하지 못했다. "주로 노동계가 요구해 온 다양한 사항들을 정책으로 채택했을 뿐 이것을 통해 어떤 노동시장 질서를 지향했고 다시 이것이 문재인 정부가 지향하는 사회 경제 체제의 일부로서 어떻게 작동할 것인가에 대한 전망이 부족했다."[3] 여러 정책들이 패키지로 연결되어 상호 정합적으로 추진되기 위해서는 큰 틀에서의 정책 비전이 필요하다.

셋째, 포용적인 노동시장 체제의 구축은 2차 노동시장의 취약 노동을 개선하는 것만으로는 한계가 있다. 문재인 정부 노동정책에서 1차 노동시장의 대기업-정규직 일자리에 대한 정책 전략은 거의 생략되었다고 볼 수 있다. 일터 혁신, 직무형 노동시장, 공공 부문 임금 체계 개편 등의 논의가 나오고 있기는 하나 1차 노동시장 개혁에 대한 계획이나 정책, 전략은 거의 부재했다. 1차 노동시장 영역의 개혁이 초래할 수 있는 정치사회적 비용을 감안한 실용주의적 정책 방향을 취한 것으로 판단되지만, 취약한 임금노동자의 고용보호 강화는 2차 노동시장을 다시 분절화하는 결과를 초래할 가능성이 있다. 상생과 연대의 노동시장을 구축하기 위해서는 1차 노동시장과 2차 노동시장 사이의 격차를 줄이고 이동성을 높이기 위한 연대 임금 전략을 회피할 수만은 없다고 판단된다.

---

**3_**정이환, 2019, 한국노동연구원 노동정책포럼 발표문.

넷째, 상생과 연대의 노동시장 체제가 구축되기 위한 필요조건의 하나가 사회 안전망의 구축이다. 문재인 정부는 아동 수당과 기초연금의 확대, EITC 확대, 실업 부조(국민취업지원제도) 제도 도입, 특수 형태 근로 종사자의 고용 보호 가입 등을 추진했다. 매우 중요한 정책 과제들이다. 다만, 이런 정책들이 연대의 노동시장을 만들기에 적절하고 충분한지는 여전히 미지수이다. 노동시장 내부의 연대를 이끌어 내기 위해서 사회 안전망을 어느 수준에서 어떤 방식으로 추진해야 할지는 여전히 숙제로 남아 있다.

다섯째, 상생과 연대의 노동시장 체제 구축을 위한 노동 개혁의 주체 문제이다. 우리나라에서 지금까지의 노동 개혁은 정부가 주도하여 정책 방향과 내용을 설계하고 노사정위원회를 보조적 수단으로 사회적 합의의 모양새를 갖추고 국회에서 입법안을 통과시키는 방식이다. 서구 국가들과 달리 사회적 합의의 역량이 충분하지 않은 현실에서 이런 추진 방식 이외의 선택이 쉽지 않다. 노동 개혁의 이해 당사자들이 충분한 대표성과 역량을 가지고 사회적으로 합의를 도출하는 서구형의 코포라티즘적 타협 모델은 쉽지 않은 것이다.

현재 한국 노동시장은 일종의 '나쁜 균형' 상태에 있는 것으로 보인다. 내부노동시장의 주체들은 개별적 후생 수준에 안주하면서, 사회적 후생이 더 큰 '좋은 균형'으로 이동할 인센티브를 가지지 못하고 있는 것이다. 나쁜 균형도 균형이기 때문에 서로 먼저 움직이면 손해를 보는 게임이다. 따라서 내부노동시장의 기업이나 노동자 모두 특별한 변화를 필요로 하지 않는다. 반면, 외부노동시장의 경제주체들은 의제화와 조직화 능력이 취약하다. 정부는 정치적 이해 관계로 노동 개혁 의제를 추진할 동력이 미약하고, 사회적 주체인 경사노위는 정부나 국회가 제기한 단기적 정책 과제를 수습하는 구조에서 벗어나지 못하고 있다. 국회는 장기적 비전보다는 당파적 이해에 따라 노동 관련 법안을 처리하는 수준이다. 그러나 경제나 노동시장 전체적으로는 이런 균형으로부터의 탈출이 요구된다. 정부 주도의 개혁이 필요하더라도 사회적 대화의 역할과 기능을 어떻게 설정할 것이고 국회라는 거부점을 어떻게 극복할 것인가에 대한 비전까지 제시될 필요가 있다.

상생과 연대의 노동시장 체제 구축을 위해서는 일자리의 양과 질의 선순환 구조 구축, 노동정책과 산업-재정-복지 정책과의 패키지 설계, 1차 노동시장과 2차 노동시장의 연대 전략, 보편적이고 실질적인 사회 안전망, 사회적 타협에 기초한 정부 주도 노동시장 개혁의 정치경제학 모델 등에 대한 새로운 비전과 전략, 정책 설계가 재구성될 필요가 있다.

## 4장

# 한국 복지국가의 과거와 현재
## : 진단과 비판

백승호

## 1. 서론

한국 사회는 압축적 경제성장이라는 용어로 확인할 수 있듯이 외형적으로는 성공의 길을 걸어온 것으로 평가되고 있다. 그러나 경제성장률이 낮아짐과 동시에 그 성공의 이면에 가려져 있던 한국 사회의 불편한 모습들이 최근 드러나고 있다. 낮은 출생률, 높은 자살률, 심각한 양극화와 불평등, 노동시장의 다층적 분절, OECD 최하위를 기록하고 있는 젠더 평등 수준, 삶에 대한 낮은 만족도, 세대 간 계층 간 혐오 등 한국 사회가 직면한 불편한 모습은 헤아리기조차 어렵다. 이 책의 목적은 한국 사회가 빠져 있는 이런 덫에서 벗어나기 위한 출발로서 그 동안 한국 사회가 걸어왔던 누적된 역사적 유산의 역설들을 드러내고 이해하는 것이다. 이 장 역시 이런 맥락에서 한국 복지 자본주의가 걸어온 길을 정확하게 조명하고, 비판적으로 진단함으로써, 복지국가의 관점에서 외형적 성장에 가려진 허구적 성공의 실체를 드러내고 미래 한국 복지국가의 실질적 발전을 위한 함의를 찾는 것이 목적이다.

한국 복지 자본주의의 발전은 두 가지로 요약할 수 있다. 첫째는 압축적 경제성장이다. 1960년 1인당 GDP가 158달러였던 한국은 2018년 3만 달러를 넘어섰다(World Bank 2019). 둘째는 압축적 복지 확대다. GDP 대비 한국의 공공 사회 복지 지출은 1970년 0.83%, 1987년 2%, 1998년 2.7%, 그리고 2018년 기준 11.1%까지 증가했다(백승호·안상훈 2007; OECD 2019). 1980년대까지 정체되어 있던 공공 사회 복지 지출은 1987년 민주화 이후 급격하게 성장하여 30년 만에 증가율이 약 다섯 배에 달했다. 서구의 복지국가 발달과 비교하면 그야말로 압축적 복지 성장이다.

한국 복지 자본주의는 1990년대 말 김대중 정부가 집권하면서 실질적인 복지국가의 제도적 틀이 완성되기 시작했다(김연명 2002; 정무권 2007; 최영준 2011). 특히 지역 조합주의 방식에서 통합 방식으로의 건강보험 개혁, 전 국민 공적 연금의 적용 시행 등 사회보험 중심 한국 복지국가의 틀이 완성되었고, 국민기초생활보장제도가 도입됨으로써 공공 부조의 패러다임도 획기적으로 전환되었다(김연명 2002, 110). 그리고 지난 20여 년 동안 한국 복지국가의 제도적 틀은 서구의 그것들을 형식적으로는 따라잡았고, 그에 따라 공공 사회복지에 투입되는 재원의 양도 증가했다. 그러나 복지의 외형적 성장만큼 사람들의 삶의 질이 풍요로워졌는지는 의문이다.

우선 복지 지출의 증가에도 소득 불평등은 개선되지 않았다. 세계불평등데이터베이스World Income Inequality Database의 보고에 따르면, 상위1%의 소득 집중도는 1997년 경제 위기 전후 8% 수준이었으나, 2016년에는 13.2%로 상승했고, 상위 10%의 총소득 점유율은 43%에 달했다. 불평등 문제는 격차 자체만의 문제로 끝나지 않는다. 불평등은 자살률, 범죄율, 강력 범죄율, 출산율과 높은 상관관계를 보인다(김교성 등 2018, 89). 소득 10분위 배율은 인구 10만 명당 자살자 수와 0.93, 범죄 건수와 0.83, 강력 범죄 건수와 0.89, 합계 출산률과 −0.72의 높은 상관관계를 보여 주고 있다.

한국인들의 심리적 불안정성 문제는 더욱 심각하다. 한국 사회에서 울분 수준을 조사한 서울대 행복연구센터 유명순 교수의 조사 결과에 따르면, 중증 이상의 울분 상태에 있는 한국인의 비율은 14.7%에 달했으며, 임상적으로 유의한 울분 상태에 있는 사람들의 비율도 39.9%에 달했다. 그리고 울분은 계층 인식, 고용 상태, 가구 소득 등 경제 및 복지 수준과 밀접한 관련이 있는 것으로 나타났다. 연구진은 독일의 경우 중증 이상 울분 상태에 있는 사람의 비율이 2.5%에 불과했는데, 이와 비교하면 한국인의 정신 건강 상태는 매우 심각한 상태라고 지적하고 있다.

하지만 한국의 경제성장은 이런 문제들을 완화하기보다 심화시키는 방향으로 작용한 것으로 보인다. 일반적으로 경제성장은 자살률의 하락을 동반하지만 한국은 그 반대의 경로를 걸어왔다. 1990

년대 이후 1인당 GDP의 상승과 자살률의 상관관계는 무려 0.96였는데, 한국의 압축적 경제성장은 시민들의 삶을 풍요롭게 하는 성장이 아니라 '자살 친화적 성장'이었다(김승원·최성명 2014). 경제성장이나 복지 제도의 확대에도 불구하고 불평등은 완화되고 있지 못하고 있고, 오히려 한국 사회의 사회적 불안정성과 한국인들의 심리적 불안정성은 심화되고 있다. 이것이 현재 한국 복지 자본주의의 현주소다.

그렇다면 왜 한국은 복지도 경제도 양적으로 성공적인 성장을 달성한 것으로 보임에도 불구하고 시민들의 행복과 삶의 질은 더 나아지지 못하고 있는가? 이 장에서는 이런 질문에 대한 해답을 한국 복지 자본주의가 걸어온 길에 남겨진 복지 체제의 제도적 유산에 주목하여 살펴보고자 한다. 특히 여전히 한국 사회를 성장 중심의 담론에 머물게 하고 있는 발전주의적 복지국가[1]의 제도적 유산에 주목한다. 그리고 이런 경로를 단절하기 위해서는 한국 복지국가의 패러다임 전환이 필요함을 역설하고자 한다.

---

[1] 1장에서 사용되는 개발 국가 개념과 달리 이 장에서는 발전 국가 개념을 사용하고자 한다. 1장에서 설명되어 있듯이 개발 국가 개념이 경제적 성장에 국한하여 한국 산업화 과정의 성격을 더 잘 드러내고자 했다면, 이 장에서는 경제와 복지를 아우르는 한국 복지 자본주의의 발전 전략이 어떤 특성을 가지고 있는지를 설명하고자 하기 때문에 발전주의 복지국가 개념을 사용하고자 한다. 발전주의 복지국가의 가장 중요한 특징으로 언급되는 것은 사회정책의 경제정책에 대한 종속이다. 따라서 복지 정책의 도입도 경제성장을 촉진하는 것을 목적으로 하는 경향을 보이며, 경제성장에 방해가 되지 않는 최소한의 선별적 복지 제도들이 지배적인 경향을 보인다. 그리고 국가보다는 기업과 가족의 복지 공급 역할이 강조된다.

## 2. 한국 복지 자본주의의 발전과 성격에 대한 기존 연구 검토

### 1) 한국 복지국가의 발전에 대한 평가들

한국 복지국가의 발전에 대한 기존의 평가들은 크게 두 가지로 구분할 수 있다. 첫째는 복지 제도의 발전이나 공공 사회복지 지출 수준의 변화에 주목하여 한국 복지국가의 특성을 분석하고 평가하는 연구들이고(김연명 2002; 백승호·안상훈 2007; 안상훈 2010 등), 둘째는 복지 체제론이나 유형론의 관점에서 한국 복지국가의 성격을 규명하고 평가하는 연구들이다(김연명 외 2002; 정무권 2007; Kim 2008; Kwon & Holliday 2007 등). 이와 같이 사회정책의 확대에 주목하는 입장이든, 복지 체제 유형에 주목하는 입장이든 김대중 정부 이전 시기까지의 한국 복지국가에 대한 평가는 크게 다르지 않다.

1950년대 이승만 정부 시기는 '복지국가의 빈공간'(안상훈 2010, 20)으로 규정되며, 1960~70년대 박정희 정부는 발전주의 복지국가의 시작으로 평가된다. 그리고 1990년대 김대중 정부 이전 시기까지는 발전주의적 복지국가에 머물러 있어 사회정책이 국가가 주도하는 경제성장의 종속물이었다는 평가가 지배적이다(정무권 2007; Kwon 2005). 주요 복지 제도로서 사회보험 제도들이 도입되었으나, 주요 목적과 기능은 경제성장을 견인하기 위해 고생산성 부문인 대기업의 핵심 노동력을 유인하고 보호하는 것이었다거나

(정무권 2007; 홍경준 2017; 윤홍식 2019), 각종 사회보장제도가 도입되긴 했지만, 여전히 국가의 재정지출을 최소화하고, 민간 부문 재정에 의존적이며, 선별적인 복지 정책을 중심으로 복지국가가 구성되었다(백승호·안상훈 2007)는 평가들이 지배적이다.

또한 서구에서는 복지 제도를 통한 빈곤과 불평등의 완화가 있었다면, 한국에서는 1장에서 언급된 것처럼 복지 제도가 아닌 산업화가 추동한 일자리 창출이 빈곤과 불평등을 완화하는 기능적 등가물로 작동했다. 산업화로 인한 일자리 창출뿐만 아니라 민간 저축이나 가족의 역할도 낮은 수준의 국가 복지를 대체하는 기능적 등가물로서 작동했다(김도균 2018; 장경섭 2011)는 평가에 큰 이견은 없어 보인다. 한국의 복지 자본주의는 경제성장 우선이라는 목표 아래에서, 시장과 가족을 통해 복지가 만들어지고, 국가는 보편주의적 복지를 발전시키기보다는 잔여적인 복지의 제공에 머무는 전형적인 발전주의적 발전 과정을 거쳐 왔다. 이렇게 박정희 정부에서 시작된 발전주의 국가의 정책 기조는 전두환, 노태우 정부에 이르기까지 변함없이 지속되었다.

하지만 1990년대 이후의 한국 복지국가 발전에 대해서는 상이한 평가들이 공존한다. 김영삼 정부 시기에 도입된 고용보험 제도에서도 여전히 발전주의적 특성이 강하게 관찰된다는 주장(정무권 2007, 294)이 있는 반면, 김영삼 정부 시기에 이르러 발전주의 국가의 해체가 시작되었으며, 김대중 정부 이후 시기는 '탈생산주의'로 규정되어야 한다 입장(최영준 2011)도 존재한다. 하지만 주류의 시각은 김대중 정부 이후 한국의 발전주의적 복지국가는 해체되었으며, 발전주의 복지국가와 친화적인 자유주의 복지 체제로의 체제 전환이 발견된다는 입장을 지지한다. 다만, 발전주의 복지국가 시기에는 권위주의적 정부가 시장과의 적대적 관계 속에서 시장 친화적 정책을 주도했다면, 자유주의 복지 체제로 전환되면서 정부는 시장과 상호보완적인 관계 속에서 복지에 대한 재정적 개입을 최소화하고, 사회복지 서비스의 제공 등에서 민간의 역할이 강조되는 방향으로 전환되었다는 점이 다르다(최영준 2011, 32).

그럼에도 불구하고 발전주의의 해체 이후 한국 복지국가의 특성을 어떻게 규정할지에 대해서는 여전히 논쟁거리다(김연명 등 2002). 특히 김대중 정부를 거치면서 한국 복지국가의 제도적 전환이 있었다는 점에 대해서는 대체로 의견이 일치하지만, 어떤 방향으로의 제도적 전환이었는지에 대해서는 다양한 시각이 존재한다. 대체로 국가 복지가 강화되었다는 주장(김연명 2002), 한국 복지국가는 가족의 역할을 중시하고, 사회보험 중심으로 구성된 보수적 조합주의 체제라는 주장(남찬섭 2002), 발전주의가 자유주의 또는 신자유주의 복지국가로 전화했다는 주장(조영훈 2002)이 대립되어 왔다.

이런 접근법이 한국 복지국가를 특정한 복지 체제로 유형화하려는 시도였다면, 한국 복지국가의 구성적 속성에 주목해 한국 복지 체제의 특성을 분석하려는 연구들도 존재한다. 대표적으로 백승호·안상훈(2007)은 공공 사회복지 지출의 세부적 구성 및 변화 수준을 분석하면서, 1970년대 이후 한국 복지국가의 패러다임 전환은 발견되지 않았다고 결론짓고 있다. 이 연구에 따르면 한국 복지 체제의 특성은 세 가지로 요약된다. 첫째는 현금 급여 중심의 여전히 낮은 공공 사회복지 지출 수준, 둘째는 선별주의적 프로그램 중심의 지출 구조, 셋째는 근로 연령대의 가족에 대한 낮은 현금 및 서비스 지출 구조다.

한국 복지국가가 이렇게 선별주의적 사회복지 지출을 중심으로 발전한 이유는 국가가 복지 제공의 책임을 적극적으로 이행하는 주체가 아니라 규제자로서의 역할을 주로 담당해 왔기 때문이다(김연명 2000). 그 결과 국가는 복지 지출을 최소화하면서 공공 부조와 같은 선별주의적 프로그램을 중심으로 복지 제도를 발전시켜 왔다. 시민들의 복지 욕구는 국가의 개입보다는 주로 시장과 가족의 자체적인 노력을 통해 충족되어 왔다. 그리고 산업화 시기에 빠른 경제성장의 성과들은 국가 복지의 확대 없이도 사람들의 복지 욕구를 충족시키기에 충분했다. 이런 한국 복지국가의 유산은 1997년 경제 위기 이후 복지에 대한 수요가 증폭된 시기에도, 국가에 의한 보편적 복지 제도 확대보다는 공공 근로 등 노동 연계 복지나 공공 부조를 중심으로 한 복지 지출의 확대로 이어졌다(백승호·안상훈 2007).

비슷한 맥락에서 김도균(2018)의 연구도 주목할 만하다. 그는 기존 연구들이 사회정책 발달의 형식적·제도적 발전 측면에만 주목하거나, 경제성장 중심주의로 한국 복지국가의 발달을 설명해 왔다고 지적하면서, 어떤 방식으로 한국인들의 복지 욕구가 충족되어 왔는지에 대해서는 충분히 설명하고 있지 못하다고 비판한다. 이런 비판에 기초해서 김도균(2018)은 한국 복지국가 발전에서 복지에 대한 기능적 등가물로서 가족의 역할에 주목한다. 1997년 경제 위기 이전에는 부실한 국가 복지의 기능을 가족의 저축을 통해서 해결해 왔으며, 경제 위기 이후에는 주택에 대한 투자를 통해 노후 준비나 가족이 직면하게 될 위험에 대비해 왔다는 것이다. 김도균(2018)은 복지의 기능적 등가물로서 가족의 저축 및 부채로 표현되는 자산 형성이 국가의 경제성장을 위한 자원 동원이나 금융자본의 자본 축적 메커니즘과 밀접하게 연결되어 있음을 잘 보여 주고 있다. 이런 분석을 통해 한국 복지국가를 복지국가 이륙에 성공한 예외적 사례가 아니라, 신자유주의적 금융의 세계화에 친화력이 있는 자산 기반 복지국가의 대표적 사례라고 평가하고 있다(김도균 2018, 218).

홍경준(2017)의 연구도 흥미롭다. 그는 한국 복지국가의 발전이 고생산성 부문에서는 기업 복지, 가족 임금 등의 계약 지대, 그리고 저생산성 부문에서는 연복지, 감세 및 면세 등 '숨겨진 사회보장'이 복지의 기능적 등가물로 작동하는 방식이었다고 평가한다. 그는 현재에도 한국의 복지국가에서는 이런 '개발 국가형 생활보장 체제'가 유지되고 있다고 평가하고 있다. 홍경준(2017, 12)은 1960년대 이후 1990년대 중반까지 한국 생활보장 체제의 특징을 계약 지대에 기초한 개발 전략의 재생산 과정으로 규정하고 있다. 즉, 개발 전략을 원활하게 재생산하기 위해, 경제성장에 헌신하는 참여자에게 산업 정책과 관치금융의 특혜라는 계약 지대를 제공하는 방식으로 집합적으로 조직된 등가교환, 재분배 그리고 호혜를 결합해 온 것이 한국 생활보장 체제의 특성이라는 것이다.

그는 이런 계약 지대에 기초한 특징을 네 가지로 요약하고 있다(홍경준 2017, 14). 첫째는 경제 발전 우선 전략이 지속될 것이라는 참여자들의 확신에 기반하여 사회보장이 탈정치화되었다. 둘째는 참여자들에 대한 적절한 크기의 계약 지대를 유지하기 위해 정부는 경제 발전과 상관없어 보이는 지출을 최대한 억제함으로써 사회보장제도의 발전 수준이 낮을 수밖에 없었다. 셋째는 서구에서의 보편적 사회보장제도보다는 고생산성 부문의 산업적 성취가 높은 참여자들에게만 선별적으로 계약 지대를 제공하는 방식으로서 기업 복지, 가족 임금, 장기 고용을 특징으로 하는 고용 보장 제도가 발전했다. 넷째는 저생산성 부문에 대한 '숨겨진 사회보장'으로서 연복지, 소득공제 등 조세 지출, 보조금이 큰 비중을 차지했다.

요약하면, 고생산성 부문에는 기업 복지, 가족 임금, 장기 고용이라는 고용 보장 제도, 저생산성 부문에는 조세 지출과 보조금이 복지의 기능적 등가물로서 작동하는 방식이 1990년대 중반까지 한국 복지국가의 특징이라는 것이다. 하지만 1990년대 중반 이후 복지의 확대에도 불구하고, 이런 생활보장 체제는 탈산업화, 세계화, 신자유주의의 확산, 기술혁신의 숙련 편향성 등으로 인해 약화되었고, 저생산성 부문뿐만 아니라 고생산성 부문에서도 삶의 불안정성을 확대되어 왔다고 홍경준(2017)은 평가한다.

이상에서 살펴본 연구들을 종합해 보면, 복지 제도 그 자체의 형식적 확대나 발전만으로 한국 복지국가를 평가하는 것은 한계가 있음을 알 수 있다. 왜냐하면, 이미 서구 복지국가의 제도들을 대부분 수용해 왔음에도 불구하고, 여전히 한국 복지국가가 저발전되어 있는 이유를 이런 접근 방식으로는 설명하기 어렵기 때문이다. 이뿐만 아니라 복지 제도들의 도입 및 발전과 관련된 맥락들 그리고 공공 복지 제도의 기능적 등가물 역할을 해왔던 가족과 시장의 역

할이 한국인들의 복지 욕구 충족에 어떤 기능을 해왔는지를 분석해
내지 못함으로써 한국 복지국가에 대한 정확한 진단을 어렵게 하기
때문이다.

따라서 국가, 시장, 가족을 아우르는 복지 체제론의 관점에서
한국 복지국가를 평가할 필요가 있다. 또한 한 국가의 복지 체제라
는 것이 과거의 유산들과 결별하는 패러다임적 전환을 이루어 내기
가 쉽지 않다. 마찬가지로 한국 복지국가에서도 과거와 단절하는
패러다임적 전환이 발견되지 않는다는 것이 기존 연구들의 지배적
인 시각이다. 따라서 이 장에서 한국 복지국가를 진단함에 있어서,
한국 복지국가의 기원이었던 발전주의적 복지국가의 제도적 유산
에 주목하고자 한다. 한국을 특정 복지 체제로 유형화하는 접근보
다는 발전주의 복지국가의 속성이라 할 수 있는 요소들을 뽑아내고
그런 요소들이 현재 한국의 복지국가에서도 여전히 유효하게 작동
하고 있는지 분석하고자 한다. 다음 절에서는 이에 대해 다룬다.


## 2) 한국 복지 자본주의의 전환: 발전 국가에서 자유주의 복지 체제로

앞선 논의들을 종합하면, 현재 한국의 복지국가는 발전주의 복
지 체제의 제도적 유산을 이어받은 자유주의 복지 체제로 평가할
수 있다. 일반적으로 발전주의 복지 체제는, 권위주의적 국가가 시
장을 통제한다는 점을 제외하면, 복지 생산에서 시장과 가족의 역
할이 중요하다는 점에서 자유주의 복지 체제와 친화적이기도 하다

(안상훈 2010; 최영준 2011). 따라서 발전주의 복지 체제에서 자유주의 복지 체제로의 변화는 체제 전환이라기보다는 하나의 연속선상에 놓여 있는 변화라고 보아도 무리가 없을 것이나.

그렇다면 한국 복지국가에 뿌리 깊게 남아 있는 발전 국가의 유산은 무엇인가? 이를 확인하기 위해 먼저 발전 국가의 전형적인 속성을 살펴볼 필요가 있다. 발전 국가론은 존슨(Johnson 1982)에서 비롯되었는데, 그는 후발 산업국가인 동아시아 국가들에서 성장 주도형 산업화 전략이 성공한 맥락들에 주목했다. 존슨(Johnson 1982) 이후 많은 연구들은 권위주의 국가 주도의 수출 주도형 산업화 정책의 특징으로 사회정책이 경제정책에 종속되는 경향을 보이거나, 경제성장을 유인하는 방식으로 자리매김 되어 왔음을 강조했다. 이와 같이 경제성장을 국가의 핵심 목표로 강조하는 발전국가의 특징은 국가의 복지 생산 기능 최소화와 시장과 가족에 의한 자가 복지 생산의 제도화로 귀결되었다(김도균 2018; 윤홍식 2019; Holliday 2000 등). 한국에서 이런 발전 국가의 전통은 권위주의적 정부가 민주화되는 과정을 거치면서 자유주의적 방식의 복지국가로 전환되었다.

자유주의적 복지국가의 가장 큰 특징은 복지의 생산과 분배라는 관점에서 볼 때, 시장과 가족이 복지 생산의 주요한 역할을 담당한다는 점이다. 복지가 생산되고 분배되는 방식은 국가, 시장, 가족이라는 세 주체의 역할 분담에 따라 국가마다 다른 형태로 나타난다(Esping-Andersen 1990). 노태우 정부까지의 권위주의적 국가는 경제성장 견인을 최우선 과제로 추진해 왔고, 김영삼 정부 이후의 민주화된 정부들에서도 사회정책의 방향은 경제성장과의 상호 보완성을 강조하는 방향으로 자리매김 되어 왔다. 특히 친복지적 성향이라고 기대되었던 김대중, 노무현 두 정부에서조차 경제성장이 국정 전략의 비전 제시에서 매우 중요한 위치를 차지하고 있었다. 김대중 정부의 생산적 복지론은 노동과 복지를 연계하는 복지의 생산적 성격을 강조하고 있으며, 노무현 정부의 사회 투자 국가론은 인적 자본에 대한 투자를 통해 경제성장을 견인하고 복지에 대한 수요를 억제하는 방식으로 복지와 경제성장의 상호보완적 성격을 강조하는 것이었다.

결국 복지가 확대되는 경향 속에서도 국가의 재정 구조를 보면 조세부담률은 낮게 유지되고, 개발 관련 재정지출의 비중이 다른 나라들에 비해 높게 유지되며(홍경준 2017), 따라서 공공 사회복지 지출 수준도 낮다. 공공 사회복지 재원의 구성은 조세보다는 주로 사회보험 가입자들이 부담하는 보험료에 기반하여 마련되는 경향이 강하다. 사회 서비스의 공급에서 국가는 서비스 공급자보다는 규제자의 역할을 담당한다. 산업화로 인해 발생하는 사회적 위험에 대한 대응에서는 주로 시장 기제가 활용되거나, 가족의 역할이 강조된다. 기업이나 민간에서의 자발적 복지가 상대적으로 높은 비중을 차지한다.

1장에서 언급된 것처럼 발전주의 국가 시기의 저축 장려 정책이 부채를 동원해서라도 부동산이라는 자산을 축적하도록 하는 방향으로 바뀌었을 뿐, 한국 사회에서는 여전히 사적 영역에서의 자산 축적을 통해 개인이 생애주기적 위험에 대응하도록 하는 자산 기반 복지가 작동하고 있다. 또한 조세 감면 등 숨겨진 복지가 국가 복지의 기능적 등가물로서 가족들이 직면한 사회적 위험의 대응에서 여전히 중요한 위치를 차지하고 있다. 이렇게 시장과 가족이 복지 생산의 주요 기능을 담당하면서 국가는 보편주의적 복지 제도의 확대보다는 욕구나 필요를 충족하는 선별적 방식의 복지 제도를 확대하는 데 집중하는 경향을 보여 왔다. 코로나라고 하는 긴급한 재난 국면에서도 국가는 재정 건전성 신화만을 내세우며 위험에 직면한 자영업자들에 대한 선별적이고 충분한 지원에서도 소극적일 뿐만 아니라, 예산 제약을 이유로 전 국민 80%라는 무의미한 재난 지원금 논쟁만을 이어가고 있다.

다음 절에서는 보다 구체적으로 한국 복지국가의 과거와 현재를 진단하면서 발전주의적 유산이 어떻게 한국 복지국가에 투영되고 있으며 그 결과는 어떤지를 살펴본다.

## 3. 한국 복지국가 진단과 비판

### 1) 한국 복지국가의 과거

한국 복지국가의 발전주의적 유산을 살펴보기 전에 우선, 한국 복지국가가 지나온 길을 살펴보고자 한다. 한국 복지국가의 과거는 크게 세 가지로 요약할 수 있다. 압축적 경제성장과 복지 성장, 그

## 그림 1. 1인당 GDP 변화 경향

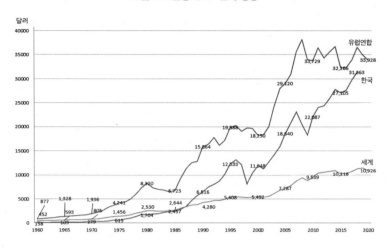

자료: 유럽연합과 세계 자료는 1990년 구매력평가지수(PPP) 기준 미국 달러이며 출처는 Bolt, Marcel & Jan Luiten(2014), 한국 자료는 2019년 기준 경상 미국 달러이며 출처는 World Bank(2020)

럼에도 불구하고 확대된 불평등과 노동시장 불안정성의 일상화 그리고 재생산의 위기가 그것이다. 이에 대해 좀 더 구체적으로 살펴보자.

첫째는 압축적 경제성장이다. 〈그림 1〉에서 볼 수 있듯이, 서유럽 국가들[2]의 1인당 GDP 성장은 1820년 1,226 PPP 달러였으며, 2010년에는 20,841 PPP 달러까지 성장하여, 190년 동안 약 20배 정도 성장했다. 세계 평균은 1820년 605 PPP 달러였으며, 2010년에는 7,890 PPP 달러로 약 15배 정도 성장했다. 반면에 한국은

---

2_자료에 포함된 국가는 영국, 네덜란드, 프랑스, 독일, 이탈리아, 스웨덴임.

1960년 158달러에서 2010년 22,087달러로 50년 만에 약 150배 정도 성장했다. 이런 압축적 경제성장은 한국 사회를 단시간 내에 최빈 국가에서 탈피할 수 있게 했고, 경제적 풍요를 가져다주었다는 점에서는 긍정적으로 평가되기도 한다.

그러나 이런 긍정적 평가 이면에는 압축적 경제성장이 가져온 부작용 또한 매우 심각하게 존재한다. 서론에서 언급했듯이, 한국의 압축적 경제성장은 인간중심적 성장이라기보다 인간성을 말살하는 성장이었다. '자살 친화적 성장'(김승원·최상명 2014)이라는 표현은 압축적 경제성장의 부정적 측면을 가장 극단적으로 보여 주는 표현이다. 〈그림 2〉는 한국의 경제성장과 자살률이 얼마나 친화적이었는지를 보여 주고 있다.[3]

둘째는 압축적 복지 성장이다. 경제성장뿐만 아니라, 한국의 복지국가 또한 압축적으로 확대되었다. 한국의 공공 사회복지 지출은 1970년대 중반까지 GDP의 1%에도 못 미치고 있었다. 1977년 처음으로 공공 사회복지 지출 수준이 GDP의 1%를 넘어섰고, 1982년이 되어서야 공공 사회복지 지출이 GDP의 2%를 넘어섰다(백승호·안상훈 2007). 이런 추세는 1997년 경제 위기 이전까지 3% 수준에서 정체되어 있었고, 1997년 경제 위기와 함께 한국의 공공 사회복지 지출은 빠르게 증가하여 1998년에 4.8%로 증가했다. 그리고

---

3_자살률은 2010년을 기점으로 감소하는 경향을 보이는데 이는 자살 예방을 위한 입법 등 자살에 대한 사회적 관심의 증대뿐만 아니라, 2008년에서 2015년 사이의 불평등 완화와 어느 정도 관련이 있을 것으로 보인다.

## 그림 2. 자살률과 1인당 GDP의 추이

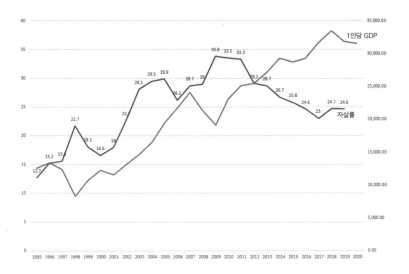

주: 자살률은 10만 명당 사망자 수(왼쪽 축), 1인당 GDP는 2019년 기준 경상 가격 미국 달러임.
자료: OECD(2021). Suicide Rates. https://data.oecd.org/healthstat/suicide-rates.htm; WorldBank
(2021). GDP per Capita. https://data.worldbank.org/indicator/NY.GDP.PCAP.CD?end=201
8&locations=KR&name_desc=true&start=1960&view=chart

2015년에 한국의 공공 사회복지 지출은 처음으로 10%를 넘어섰다. 1997년 이후 약 20년 만에 한국의 공공 사회복지 지출이 세배 이상 증가한 것이다. 하지만 한국의 압축적 복지 성장도 2013년 박근혜 정부가 집권한 이후 기초연금 제도의 시행과 복지의 자연 지출분 증가를 제외하면 큰 변화를 발견하기 어렵다. 2018년 현재 한국의 공공 사회복지 지출 수준은 OECD 평균인 20.1%의 절반 수준인 11%에 불과하다. 그럼에도 불구하고, 비록 서구 복지국가와 비교하면 여전히 저발달된 복지 수준에 머물러 있지만, 40여년 만

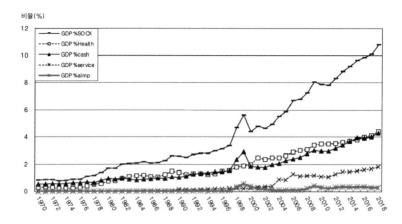

**그림 3. 한국의 공공 사회복지 지출 변화 추이**

자료: 서울대학교 사회정책연구그룹(2008). 비교사회정책 데이터셋.
OECD(2021). OECD Social Expenditure Database. OECD.

에 복지 지출은 GDP의 1%에서 11%로 빠르게 증가해 왔다고 할
수 있다.

한국의 빠른 공공 사회복지 지출은 경제 위기와 친복지적 성격
의 정권 교체와 관련이 있다. 1997년 경제 위기는 한국의 복지국가
가 양적, 질적 측면에서 확대되는 계기로 작용했다. 한국 복지국가
는 1997년 경제 위기 이전에 이미 공공 부조 및 사회보험 제도 등
서구의 복지 제도들을 형식적으로는 갖추고 있었다. 하지만 그 포
괄 범위는 제한적이었다. 그러나 1997년 경제 위기는 시장과 가족
을 통한 복지 생산의 한계를 드러냈고, 1998년 집권한 김대중 정부
에 의해 공공 부조와 사회보험제도의 포괄 범위 확대가 이루어졌다.

공공 부조는 2000년에 18세 미만 65세 이상만을 대상으로 하

던 생활보호법에서 인구학적 기준이 폐지된 국민기초생활보장법으로 전환되었다. 4대 사회보험의 포괄 범위도 지속적으로 확대되어 1인 이상 사업장을 모두 포괄하게 되었다. 국민연금은 1999년에 도시 자영업자까지 포괄함으로써 전 국민 연금 시대를 열었고, 국민건강보험은 통합 방식으로의 제도적 전환이 있었다. 고용보험은 1999년에 산업재해보상보험은 2000년에 1인 이상 사업장까지 포괄하게 되었다. 이런 이유로 법제도적으로 한국의 사회보험은 대상 포괄성에서 보편성이 완성되었다고 평가된다(구인회·백학영 2008; 이병희 2012 등). 이런 변화들로 인해 1997년에 중도 좌파 성향으로 평가되는 김대중 정부로의 정권 교체는 복지 확대에 긍정적으로 작용했다고 평가된다(안상훈·백승호 2008).

이후에도 2008년 7월부터 65세 이상 노인 60%를 대상으로 시작해 약 10만 원을 지급했던 기초노령연금이, 2014년 65세 이상 노인 70%를 대상으로 20만 원을 지급하는 기초연금으로 전환되었다. 2020년 4월부터는 소득 하위 40%의 경우 30만 원으로 기초연금 수준이 확대되었다. 또한 2018년 9월 소득 하위 90% 미만 가구의 6세 미만 아동에게 10만원을 지급하는 것으로 출발했던 아동 수당이 2019년 7월에는 7세 미만으로 수급 대상 연령이 확대되었다. 이외에도 한국형 실업 부조라 일컬어지는 국민 취업 지원 제도가 2021년 7월 27일부터 시행되었다. 이 제도는 2019년 3월부터 시행된 청년 구직 활동 지원금 제도와 2009년부터 시행중인 취업 성공 패키지 사업을 통합하여 법제화한 제도로서, 저소득층 구직자에게 6개월간 취업 지원 서비스와 최대 월 50만원의 구직 촉진 수당

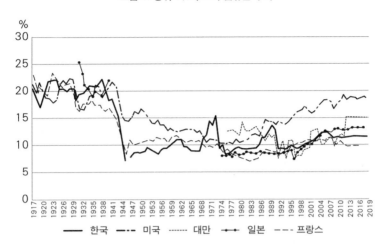

**그림 4. 상위 1%의 소득 점유율 추이**

자료: World Inequality Database

을 지급하는 내용을 담은 제도이다. 이상과 같이 한국의 복지 제도
는 외형적으로는 서구 국가들이 가지고 있는 제도적 틀들을 빠른
속도로 수용해 왔다.

셋째, 불평등의 확대, 불안정성의 일상화, 재생산의 위기다. 앞
서 살펴보았듯이 경제도 성장했고, 복지도 확대되었음에도 불구하
고, 한국 사회의 불평등과 양극화는 오히려 강화되었다. 〈그림 4〉
를 보면, 한국의 상위 1% 소득 점유율이 1997년 경제 위기 이후로
급격히 상승하고 있는 것을 알 수 있다.

가구 단위의 소득분배 지표 또한 크게 다르지 않다. 2015년 까
지 지니계수가 감소하는 경향을 보이다가 이후 다시 증가 추세로
돌아서고 있다(〈그림 5〉).

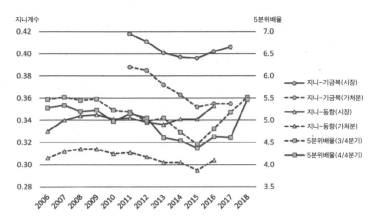

**그림 5. 지니계수와 5분위배율 추이**

지니계수 / 5분위배율

- 지니-기금복(시장)
- 지니-기금복(가처분)
- 지니-동향(시장)
- 지니-동향(가처분)
- 5분위배율(3/4분기)
- 5분위배율(4/4분기)

자료: 김낙년(2019)

앞서 살펴보았듯이 이 시기는 한국의 복지 수준이 양적, 질적으로 확장되던 시기이다. 이 그림은 재분배 정책인 복지 제도의 확대만으로 불평등 문제를 해결하고 있지 못함을 보여 준다. 물론 불평등 확대 현상이 한국에서만 나타나는 현상은 아니다(〈그림 4〉). 하지만 한국과 서구의 상황은 다르다. 서구의 복지국가는 현상 유지 또는 복지 축소 과정에서 불평등의 심화 현상이 진행되었던 반면, 한국은 복지가 확대되는 과정에도 불구하고 불평등과 양극화 문제를 해결하지 못하고 있다. 재분배 정책이 불평등 완화의 기능을 충분히 하고 있지 못한 것이다.

노동시장의 불안정성은 1997년 경제 위기 이후 호전될 기미를 보이지 않고 있다. 〈그림 6〉은 불안정 노동을 고용 불안정, 소득 불안정, 사회적보호의 불안정으로 구분하여 그 추이가 어떻게 변화되

그림 6. 불안정 노동의 규모

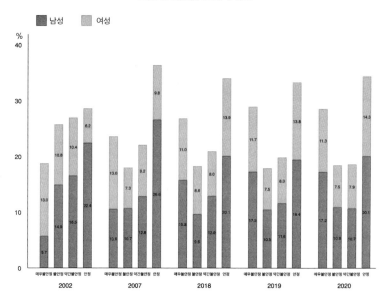

그림 6. 불안정 노동의 규모

있었는지를 보여 주고 있다. 이 세 가지 지표 모두에서 불안정한 집단 Highly Precarious의 비중은 경제활동인구[4] 대비 2002년 약 14%에서 2020년 약 29%로 증가한 것으로 나타났다. 세 가지 지표 모두에서 안정적인 집단Not Precarious 집단의 비중이 이 시기 동안 약 6% 포인트 증가한 것에 비하면 매우 큰 폭의 증가를 보여 준다. 세 가지 지표 모두에서 불안정한 집단과, 두 가지 지표에서만 불안정한 집단Precarious, 한 가지 지표에서만 불안정한 집단Mildly Precarious의 비

---

**4_**장기 실업과 잠재적 실업을 경제활동인구로 분류하여 계산했음.

중을 합하면 2020년 기준 경제활동인구 대비 약 70%가 불안정한 집단에 속한다. 이는 전통적 산업사회의 표준적 고용 관계가 해체되고 불안정성이 일상화되고 있는 단면을 보여 주고 있다.

불평등의 확대뿐만 아니라, 한국 사회에서는 저출산으로 표현되는 재생산의 위기 역시 강화되고 있다. 이런 현상을 장경섭(2011)은 한국의 압축적 근대화가 서구와 달리 가족 동원 체제에 의존해서 진행되어 왔기 때문으로 설명한다. 국가는 경제성장과 고용 창출에 모든 역량을 집중하고, 교육과 부양의 책임을 가족에게 이전했다는 것이다. 결국 이런 가족 의존적 사회경제 체제는 만성적 가족 피로 증후군을 유발했으며, 이는 한국인들의 이혼, 저출산으로 이어짐으로써 가족의 재생산 위기가 구조화되었다는 것이다. 가족의 재생산 위기는 노동력의 재생산 위기로 이어지며 결국 장기적이고 지속적인 경제성장의 부담으로 작용하게 된다. 그러나 본인과 자녀뿐만 아니라 형제의 교육 성취를 위해 가족의 자원을 최대한 동원했음에도 불구하고 그 성과는 가시적이지 않았을 뿐만 아니라, 그런 '사회 투자 가족'(장경섭 2011)의 결과는 행복으로 이어지지 않았다. 오히려 한국인들은 15% 가까이가 중증 울분 상태에 직면해 있고, 54% 가까이가 중증 울분과 만성 울분을 호소하고 있는 것으로 보고되고 있다(유명순 2018).

## 2) 발전주의 복지국가 유산의 그림자

이 절에서는 발전주의 국가의 유산이 한국 복지국가에 이떻게 투영되고 그 결과는 어떤지를 살펴본다.

### (1) 국가 재정지출의 측면

첫째 발전주의 국가의 가장 중요한 특징인 경제성장 우선주의는 국가 재정지출의 구조에서 개발 관련 지출이 여전히 높은 비중을 차지하고 있다는 사실에서 확인할 수 있다. 한국의 경우 경제, 환경, 주택 및 지역사회개발을 포함하는 개발 분야의 지출 비중이 2017년 기준 총지출 대비 16.1%를 상회한다. OECD 16개국 평균은 약 9.2% 수준이다. 반면에 사회 보호 분야에 대한 지출은 총지출 대비 한국이 19.4%, OECD 16개국 평균은 37%를 넘는다(홍경준 2017).

둘째, 한국은 OECD 국가 중 미국과 함께 최근 10년간 순사회복지 지출이 유일하게 증가한 국가에 속한다. 순사회복지 지출은 지난 10년간 미국이 8.9% 포인트 증가했고, 한국은 3.6% 포인트 증가했다. 순사회복지 지출은 공공 사회복지 지출과 법정 퇴직금, 기부금 등 민간 부문의 법정 및 자발적 복지 지출에 조세 지출을 합하고 조세 부담을 제외하여 산출된다. 사민주의 국가들은 공공 사회지출 대비 순사회지출의 비율이 낮지만, 자유주의 국가들은 공공 사회지출 대비 순사회지출의 비중이 훨씬 높다. 복지 재원이 주로 민간 부문을 통해서 조달되기 때문이다.

셋째, 한국의 근로소득세 비과세 감면의 규모는 2018년 기준 GDP의 약 3% 수준으로 추정된다(이원재 등 2019). 비과세 감면은 주로 소득 중상위 계층의 실효 소득 세율을 낮추는 방식으로 작동하고 있다. 이런 조세 지출의 규모에 대한 신뢰할 수 있는 자료는 부족하지만, OECD(2010)에 따르면, 영국, 미국, 캐나다 등 자유주의 복지국가들에서 조세 지출의 비중이 큰 것으로 분석되고 있다(윤홍식 등 2019, 413).

### (2) 사회보장의 제도적 부정합

앞 절에서는 복지 재정의 관점에서 발전주의 복지국가의 유산이 현재 한국의 복지국가에 어떻게 이어지고 있는지를 살펴보았다. 이 절에서는 발전주의 복지국가 시기에 도입된 핵심적인 사회정책으로서 사회보험이 사회적 보호의 기능을 충분히 담보하고 있지 못함을 살펴보고자 한다. 발전주의 시기의 사회보험제도는 노동시장에서의 제조업에 종사하는 핵심 노동자를 보호하는 기능을 수행하는 방향으로 도입된 후, 적용 사업장 규모를 포괄하는 방향으로 확대 발전되었다.

그러나 제조업의 표준적 고용 관계가 지배적인 환경에 적합한 사회보험제도는 산업구조의 변화와 그로 인한 비표준적 형태의 일의 확대, 노동시장의 중층적 분절화가 일반화된 현재 노동시장의 불안정성 문제를 해결하기에는 역부족이다. 산업구조의 변화에 따라 노동시장에 이중구조가 확대되면 사회보험에 의한 이중화도 확대 재생산되는 경향을 보인다. 사회보험은 노동시장의 구조를 투영하는 속성을 가졌기 때문이다. 그렇다면 제조업 중심 산업화 시기 핵심 노동자를 보호하기에 적합했던 사회보험이 어떻게 변화된 노동시장 환경에서 정합적이지 않은지를 살펴보자.

먼저, 한국 사회보험의 제도적 부정합 사례로 법적 배제에 대해 살펴본다.[5] 한국의 사회보험법의 확대는 주로 대규모 사업장에서 전체 사업장으로 적용 사업장을 확대하는 방향으로 진행되어 왔다. 그 결과 사회보험의 사각지대가 사업장 규모 면에서는 축소되었다고 할 수 있지만, 고용 형태 측면에서는 그러하지 못해 왔다. 왜냐하면 서비스 경제로 산업구조가 전환되면서 기업들은 핵심 역량에 집중하면서 일터에서의 균열을 강화해 왔고(Weil 2005), 그 결과 외주, 용역, 파견 등의 새로운 고용 형태가 증가해 왔기 때문이다. 사회보험은 표준적 형태의 고용을 중심으로 설계되었기 때문에 이런 불안정하고 비전형적인 고용 형태의 근로자는 사회보험의 법적 테두리에서 배제되는 경향이 있다. 결국 비전형 고용의 증가는 사회보험의 사각지대를 확대하는 주요한 요인으로 작용해 왔다(Eichhorst and Mark 2012).

이런 비표준적 형태의 일에 종사하는 사람들은 사회보험의 직장 가입에서 법적으로 적용 제외되는 경향이 있다. 특히 1개월 미만의 일용근로자, 월 60시간 미만의 단시간 근로자, 특수 형태 근로자 등 비전형 노동, 종속적 자영업자들은 사회보험의 직장 가입에

---

5_이 부분은 서정희·백승호(2014)의 일부에 해당한다.

**표 1. 고용 형태와 사회보험 직장 가입 적용 제외 규정**

| 고용 형태 구분 | 직장 가입 적용 제외 근거 법률 |
|---|---|
| **임시직(39.2%) 중**<br>일용근로자나 1개월 미만의 기한을 정하여<br>사용되는 근로자 | 「국민연금법 시행령」제2조 제1호,<br>「국민건강보험법」제6조제2항 제1호 |
| **시간제(15.9%) 중**<br>1개월 동안의 근로시간이 60시간 미만인 단시간<br>근로자, 시간제 공무원 및 교직원 | 「국민건강보험법」제6조 제1호,<br>「국민건강보험법 시행령」제9조 제1호, |
| 1개월 동안의 근로시간이 60시간 미만인 단시간<br>근로자 | 「국민연금법[6]」제3조 제1항 제1호,<br>「국민연금법 시행령」제2조 제4호,<br>「고용보험법」제10조 제1항<br>「고용보험법 시행령」제3조 제1항 |
| **비전형 노동(8.1%) 중**<br>소재지가 일정하지 않은 사업장의 근로자 | 「국민연금법 시행령」제2조제2호,<br>「국민건강보험법 시행령」제6조제2항 제4호 |
| 가사 서비스업(가구 내 고용 활동) 근로자 | 「고용보험법 시행령」제2조 제1항 제3호<br>「산업재해보상보험법 시행령」제2조 제1항 제6호 |
| **종속적 자영업(2.4%) 중**<br>특수 형태 근로 종사자 | 「산업재해보상보험법」제125조 |
| **순수 자영업(21%) 중**<br>50인 미만 자영업<br>예술인, 중소기업 사업주 특례 | 「고용보험법」제2조(임의가입)<br>「산업재해보상보험법」제124조(특례적용) |

주: 괄호 안의 수치에서 순수 자영업은 2020년 기준 통계청의 종사상지위별 취업자 통계에서 취업자 대비
자영업자의 비율이며, 나머지는 김유선(2020)의 경제활동인구조사 부가조사 분석 결과이다. 비전형 노
동은 호출, 파견, 가내 근로의 비율이다. 종속적 자영업의 비율은 경제활동인구조사의 종속적 자영업 구
분 문항이 제한적이어서 과소 추정된 수치이다. 김유선(2020)에 반영되지 않은 종속적 자영업의 대표
적인 형태인 플랫폼 노동의 규모만 해도 장지연(2020)에 따르면 2020년 기준 7.6%에 달하는 것으로
추정되고 있다.
자료: 서정희·백승호(2014)를 2021년 4월 1일 기준으로 수정 및 재구성, 백승호·이승윤·김태환(2021).


서 법적인 적용 제외 대상으로 명시되어 있는 것으로 나타났다.

〈표 1〉에 직장 가입 적용 제외로 명시된 근로자들의 규모를 추정

---

6_3개월 이상 계속하여 근로를 제공하는 사람(시간강사 및 본인희망자)은 근로자로 포함
됨(국민연금법 시행령 제2조 제4호)

하면 다음과 같다. 정규직의 사회보험 미가입률은 국민연금 5.1% 국민건강보험 0.0%, 고용보험 3.9%에 불과하지만, 불안정 노동자들의 경우 국민연금에서 적게는 45%(종속적 자영업)에서 69.4%(가내 근로)가 미가입하고 있었다. 고용보험은 최소 35.8%(임시직, 파견 용역)에서 99.5%(순수 자영업)가 미가입하고 있었다. 국민건강보험의 경우 직장 가입 피부양자 기준으로 가입하고 있는 경우가 많아 미가입률이 매우 낮다. 가내 근로 44.9%, 시간제 40.3%, 특수형태 근로종사자 25% 정도가 직장 가입 피부양자 자격으로 국민건강보험에 가입하고 있었다(김유선 2020, 25). 순수 자영업자는 지역 가입의 형태로 국민연금과 국민건강보험에 가입할 수 있다. 그러나 직장 가입자와 달리 보험료 전액을 부담해야 하며, 고용보험도 임의로 가입할 수 있지만 가입 자격도 제한적이어서 실질적 가입 비율도 0.5%에 불과하다(김진선 2020).

다음으로 국민연금에서의 제도적 부정합 사례를 분석한 결과이다(이승윤·백승호·김윤영 2019). 이승윤·백승호·김윤영(2019)은 한국 노동시장의 분절 구조가 국민연금에 의해서 확대 재생산되고 있음을 시뮬레이션 분석을 통해서 보여 주고 있다. 분석 결과는 〈표 2〉에 제시되어 있다. 〈표 2〉에 따르면, 국민연금 40% 소득 대체율과 기초연금 30만 원 안의 경우 정규직 유지형은 평균임금 대비 약 40%, 비정규직 유지형은 약 12%의 연금을 수급할 것으로 분석되었다. 연금 수급액의 격차 관점에서 보면 정규직 유지형의 연금 수급액을 100으로 보았을 때 비정규직 유지형은 정규직 유지형의 약 30% 수준에 불과한 연금액을 수급할 것으로 예상된다.

**표 2. 가정적 인구 집단들의 예상 연금액 추정 결과**

| | | | 국민연금 (1) | 기초연금 (2) | 총액 (1)+(2) | 평균임금 대비(%) | 격차 정규직 유지형 대비(%) |
|---|---|---|---|---|---|---|---|
| 대안 1. 국민연금 소득 대체율 40% 균등 부분 (A값) 유지 | 대안 1-1. 기초연금 30만원 | 정규직 유지형 | 5,152,738 | 795,242 | 5,947,980 | 39.90 | 100.00 |
| | | 비정규직 유지형 | 957,505 | | 1,752,747 | 11.76 | 29.47 |
| | | 한시직 유지형 | 814,189 | | 1,609,431 | 10.80 | 27.06 |
| | | 비전형 유지형 | 864,149 | | 1,659,391 | 11.13 | 27.90 |
| | | 시간제 유지형 | 953,143 | | 1,748,385 | 11.73 | 29.39 |
| | 대안 1-2. 기초연금 50만원 | 정규직 유지형 | 5,152,738 | 1,325,403 | 6,478,141 | 43.46 | 100.00 |
| | | 비정규직 유지형 | 957,505 | | 2,282,908 | 15.31 | 35.24 |
| | | 한시직 유지형 | 814,189 | | 2,139,592 | 14.35 | 33.03 |
| | | 비전형 유지형 | 864,149 | | 2,189,552 | 14.69 | 33.80 |
| | | 시간제 유지형 | 953,143 | | 2,278,546 | 15.29 | 35.17 |

주: 예상 연금액은 미래 가치임(2016년 가입 2063년 연금 수급을 가정함).
자료: 한국노동패널 자료를 활용해 필자가 계산함

이런 결과는 현재 노동시장에서의 다층적 분절 구조가 노후 소득의 격차에서도 그대로 유지될 수 있음을 보여 준다. 2016년 현재 한국의 노인 빈곤율이 45%에 달한다는 점을 고려한다면, 국가 개입의 최소화, 시장과 가족을 통한 복지 기능의 대체라는 발전주의 유산에 대한 패러다임 전환적 개혁이 진행되지 않을 경우 한국 복지국가의 미래는 현재의 모습을 그대로 유지하게 될 가능성이 농후하다.

## 4. 결론

이상으로 한국의 발전주의적 복지국가의 유산이 현재 한국 복지국가에 어떻게 이어지고 있으며, 그것이 사회적 보호의 기능을 충분히 담아내고 있는지를 개략적으로 살펴보았다. 한국 경제는 급속한 성장을 통해 외형적 성공을 달성했다. 그런 외형적 성공에는 발전주의적 복지국가 전략이 있었다. 발전주의적 복지국가 전략의 핵심은 복지의 제공에서 국가는 규제자의 역할에 머무르는 것이다. 국가는 경제성장을 우선적으로 추진함으로써 성장을 통한 노동자들의 소득 증대와 사적인 저축 그리고 기업 복지를 통해 복지에 대한 수요를 해결하거나 이들을 복지의 기능적 등가물로 활용해 왔다.

이런 발전 국가의 유산은 복지의 생산과 분배에서 국가의 역할은 최소화하고, 시장과 가족의 역할을 강조하는 방향으로, 보편적 복지보다는 자산 조사에 기반을 둔 선별적 복지를 지향하는 방향으로 한국 복지국가를 이끌어 왔다. 한국 복지국가의 이런 특징으로 말미암아 사회보장제도는 현재의 불평등과 양극화 문제를 해결하는 데 한계를 보이고 있다. 한국 복지국가의 미시적 개혁이 아닌 패러다임적 개혁이 필요한 이유가 여기에 있다. 더욱이 현재 한국의 복지 자본주의가 산업자본주의에서 금융 자본주의를 거쳐 플랫폼 자본주의로 전환하고 있다는 점에서, 한국 복지국가의 패러다임 전환에 대한 논의는 시급해 보인다.

한국의 노동시장은 이미 균열이 심화되어 왔다. 하청, 용역, 프랜차이즈의 확대를 통해 기업은 사회보험과 같은 노동비용을 줄이기 위해 노력하고 있고, 이에 따라 일터의 균열과 함께 노동의 균열도 가속화되어 왔다. 그 결과는 불안정 노동의 일상화로 귀결되었다(이승윤·백승호·김윤영 2019). 여기에 더해 플랫폼 자본주의로의 전환은 일터의 균열을 더욱 강화하고, 새로운 형태의 불안정 노동을 양산하고 있다. 고용과 일의 작동 방식이 산업사회의 그것과는 근본적으로 다르게 변화하고 있다. 산업화 시기의 핵심 노동자 보호를 목적으로 했던 기존의 사회보험이 개혁되어야 하는 이유가 여기에 있다.

이런 상황에서 우리 앞에 놓인 과제는 발전주의적 유산으로서 경제정책 위주의 재정 전략에서 탈피하고, 일자리 만들기를 넘어 좋은 일자리를 창출하기 위한 사회변혁 수준의 정책적 전환이 필요하다. 여기에서는 소득 보장 제도의 개혁 방향에 대한 제안으로 글을 마무리하고자 한다.[7]

먼저, 기존의 사회보험에 대한 대대적인 개혁을 통해 고용과 사회보험 가입 및 급여가 연동되는 시스템을 해체하고, 사업주와 노동자들 각각의 소득에 기반한 사회보험으로 전환하는 것이 필요하다. 소득 기반 사회보험(소득 보험)으로의 사회보험 개혁은 변화하는 노동시장 구조와 정합적인 개혁이라는 측면에서 매우 중요하다. 그러나 소득 보험은 노동시장에서의 성과와 급여 수준이 연동되는

---

7_이 부분은 백승호·이승윤·김태환(2021)의 결론을 수정 보완한 것이다.

사회보험이다. 현재 불안정 노동의 핵심적 문제가 저임금이라고 할 때, 저임금-낮은 보험료-저급여가 연동되는 사회보험의 특성상 소득 보험 개혁만으로는 부족하다. 따라서 소득 보험이라는 소득 비례형 소득 안전망에 더하여 1차적 소득 안전망으로서 모든 일하는 사람들을 위한 새로운 대안들에 대한 고려가 필요하다.

둘째, 1차 실업 안전망으로 국민 취업 지원 제도는 이런 측면에서 의미가 크다. 하지만 국민 취업 지원 제도의 구직 촉진 수당은 월 50만원, 최대 6개월까지 지급된다는 점에서 온전한 소득 보장이 되기 어렵다(김종수 2020, 205). 급여의 수준 또한 적실성이 다소 떨어진다(이승윤 외 2020, 42). 국민 취업 지원 제도는 실업보험에서 배제되고 소득수준이 매우 낮은 구직자에 대한 최소한의 소득 보장 정책으로 유용할 수 있지만, 노동시장 변화에 보다 적극적으로 대응할 수 있는 1차적 실업 안전망으로서는 부족하다.

따라서 조세 방식의 보편적 소득 보장을 한국 복지국가에 한 층 더 추가하는 것이 필요하다. 최근 가장 활발하게 논의되고 있는 기본소득이 여기에 해당한다. 기본소득은 공유부에 대한 정기적 현금 배당으로 정의된다(금민 2020). 따라서 기본소득은 재분배 정책이기 이전에 공유부에 대한 선분배 정책의 성격을 갖는다. 이런 기본소득의 선분배는 1차적 소득 안전망 기능을 수행할 수 있다. 일정 수준의 소득을 정기적으로 보장하는 것은 비표준적 형태로 일하고 있는 모든 사람들의 최소한의 소득수준을 보장하고 예측 가능성을 높여 줄 수 있다. 단기적으로 기본소득만으로는 1차적 소득 안전망을 완성하기 어렵다. 따라서 기존의 공공 부조 제도와 공존하는 단계적 발전 과정이 필요하다(기본소득한국네트워크 2021).

새롭게 등장한 비표준적 형태들의 일과 새로운 계약 관계는 노동자와 고용주에게 더 큰 유연성을 제공할 수 있지만, 사회보장제도의 포괄성에 있어 매우 큰 격차를 초래하고 있다. 사회보장제도에 포괄되기 어려운 이런 새로운 형태의 노동은, 다시 시장 소득에의 의존도를 높여 협상력을 낮추고 불안정성을 높이는 데 기여한다. 따라서 사회보장제도가 소득 보장 및 불평등 완화의 기능을 할 수 있도록 노동시장의 변화와 정합적인 방향으로 사회보장제도의 조정과 개혁이 필요하다. 개혁을 위한 대안으로 현재 논의 중인 전국민 고용보험으로의 개혁은 계획대로 진행되어야 할 것이다. 그러나 불안정 노동자들이 사회보장제도에 충분히 포괄되기 위해서는, 보다 보편적 형태인 1차 안전망을 한층 더 층화layering할 필요가 있다. 뿐만 아니라 노동시장과 정합한 적절한 대안적 제도가 무엇인지 여부와 이의 도입 가능성을 지속적으로 점검하고 논의할 필요가 있다. 발전주의 복지국가의 유산을 이어받은 자유주의 복지 체제로는 제1장에서 언급된 성공의 역설을 넘어설 수 없다.

| 5장 |

# 한국 복지 정치의 구조와 행위자
## : 평가와 과제

김영순

## 1. 머리말

많은 기대를 모으며 출범했던 문재인 정부의 사회 개혁이 지지
부진을 면치 못하고 있다. 공공 부문 비정규직의 정규직화, 노동시
간 단축, 최저임금 인상 등 노동 개혁 과제들은 대부분 호랑이를 그
리려다 고양이를 그리고 말았다는 비판에 직면해 있다. 복지 개혁
쪽은 이보다는 사정이 나아서 아동 수당 도입, 기초연금 인상, 건강
보험 보장성 확대 등 성과도 없지 않다. 그러나 국민기초생활보장
법의 부양 의무자 기준 철폐, 사회서비스원 설립, 국민연금 개혁,
그리고 무엇보다 복지 재원 확보를 위한 조세 개혁은 성과가 미미

하거나 방향을 상실했다는 비판을 받고 있다. 집권 전의 화려한 정책 청사진과 집권 후의 낮지 않은 지지율에도 불구하고, 왜 이렇게 사회 개혁은 부진을 면치 못하고 있을까? 이 글에서는 이를 사회 개혁의 정치, 그중에서도 특히 복지 정치를 중심으로 살펴보고자 한다. 사회 분야 개혁이란 결국은 자원 할당을 둘러싼 이해관계자와 정치 세력들의 갈등과 대립을 어떻게 조정하고 돌파할 것인가의 문제이며, 복지정치는 사회개혁 정치의 핵심적 단면을 보여 줄 수 있기 때문이다.

'자본주의사회에서 시장력market force의 역할을 수정하기 위해 정치권력을 사용하는 국가'라는 아사 브릭스의 복지국가 정의(Briggs 1961, 228)는 사회복지의 본질을 잘 포착하고 있다. 사회적 임금이라고도 불리는 복지는 법과 제도에 의해 수혜와 부담이 결정된다. 당연히 민주적 자본주의democratic capitalism 사회의 여러 집단들은 복지국가를 비롯한 재분배 제도의 운영 원리와 작동 방식이 자신에게 유리하도록 개입하고자 하며 이들의 이해관계와 선호, 자원과 역량, 그리고 제휴의 양상은 어떤 복지국가가 만들어지느냐에 결정적이다. 한국에서 사회 연대적 복지국가가 만들어지기 위해서는 이에 이해관계를 갖는 집단들의 조직화, 연대 세력과의 제휴, 지지 집단의 정치적 동원, 집권, 정교한 정책 전략과 집행, 개혁의 유지 및 역진 방지를 위한 제도화 등이 필요하다.

그런데 복지국가와 관련된 이해관계 집단들의 정치적 상호작용, 즉 복지 정치는 주요 사회집단들의 분할과 갈등에 대응해 형성된 해당 사회의 정치적 대립 구조, 즉 균열 구조를 기반으로 이루어진다. 그렇다면 보편주의적 복지국가 수립을 위한 정치적 주체와 연대 세력의 형성이라는 측면에서 볼 때 현재 한국 사회가 안고 있는 문제점은 무엇인가, 그리고 이런 문제점들은 어떤 정치적 균열 구조에 뿌리를 두고 있는가를 해명하는 것이 이 장의 과제이다. 제도의 문제는 다른 장에서 별도로 다루어질 것이다.


## 2. 한국 복지 정치의 기반으로서의
##    사회적 균열 구조


### 1) 사회적 균열 구조와 복지 정치


　한국에서는 왜 가난한 노인들이 복지국가의 확대와 증세를 지지하지 않는가? 설령 지지한다 할지라도 그에 모순되게 신자유주의적 경제정책을 내세우는 보수정당에 투표하는가? 왜 노동조합은 시장 임금 만큼이나 중요한 사회 임금인 복지에 별 관심이 없는가? 왜 민주화 이후로도 오랫동안 한국의 주요 정당들은 구미 정당들의 가장 중요한 정치적 경쟁의 대상인 복지 정책에 또 그토록 무관심했는가? 한국의 복지 정치의 특징과 긴밀히 닿아 있는 이런 질문들에 답하기 위해서는 먼저 그 기반으로서의 한국의 사회 균열 구조와 정당정치 간의 관계의 특징을 이해할 필요가 있다.

정치사회학적 개념으로서의 '균열'cleavage이란 사회적 분할과 갈등이 정치적 대립 구조로까지 발전한 것이다. 이 개념을 처음 제창한 립셋과 로칸(Lipset & Rokkan 1967)은 서구의 민주주의 정치를 규정하는 중요한 사회적 분할과 그것의 정치화에 주목하여 균열 이론을 정립했다. 이들에 따르면 사회에는 다양한 분할division 요인이 존재하는데, 이 중 어떤 것들은 집단적 정체성과 조직화에 기초해 정치적 대립 구조로 발전할 만큼 중요해진다. 서구 사회의 경우에는 대부분의 나라에서 국민국가nation-state 건설과 산업혁명을 계기로 중심-주변, 국가-교회, 도시-농촌, 그리고 자본-노동이라는 네 가지 균열이 형성되었다. 그리고 이중 어떤 균열이 보다 중요하게 대두되었는가에 따라 각국의 정당 체계가 서로 다른 양상으로 형성되었다. 예컨대 언어적, 종교적 분할 요인이 적었던 영국이나 스웨덴의 경우에는 계급적 분할이 중요한 역할을 했다. 그리고 그것의 '정치적 번역'으로서 각 계급을 대변하는 정당들이 존재하는 계급 정당 체계가 생겨났다. 반면 종교적 분할이 중요했던 독일의 경우, 계급과 종교가 중요한 분할선이 되면서 그것이 정치화되고 정당 체계의 형성에 영향을 미쳤다. 사회적 분할과 그것의 정당으로의 발전을 매개한 것은 각 계급의 정체성 확립과 조직화, 그리고 보통선거권의 확산 및 대중정당의 등장이었다. 유럽의 1920년대 정당 체계의 형성 과정에서는 립셋과 로칸이 지적했던 다양한 균열 요인들이 작용했으나, 이후 자본주의의 발전과 계급 갈등의 심화에 따라 대부분의 나라에서 계급이 정당 간 경쟁과 갈등을 규정하는 가장 중요한 균열로 자리 잡게 된다(Bornshier 2009; Mair 1997).

1960년대까지도 '동결'frozen 되었다고 얘기되었던 계급에 기반한 서구 정당 체계가 동요를 보이기 시작한 것은 1970년대였다. 풍요의 시대가 도래하고 신중간 계급이 증대하면서 물질적 이해관계보다는 환경, 젠더, 성적 자기 결정권 등 탈물질주의적 가치를 반영하는 분할이 시민사회에 생겨났다. 그리고 이 분할이 녹색당의 정당 체계 내의 진입 등으로 반영되기 시작했다(Inglehart 1977; Pedersen 1987). 또한 유권자들 사이에서도 역시 정당 일체감이 약해지고 교차투표를 하는 경향이 증대되었다. 공급 측면에서 본다면, 정당들이 더 이상 특정 계급만을 대변하기보다는 선거 승리를 위해 계급을 넘나드는 정책을 구사하는 포괄 정당catch-all party으로 발전한 것도 이런 흐름을 가속화했다. 이런 상황이 1920년 이후 유지되었던 균열 구조의 해체와 새로운 정당 체계의 등장을 의미하는 것인지를 두고 많은 논란이 이어졌다. 그러나 대부분의 연구들은 기존 균열 구조가 동요, 혹은 완화된 것은 사실이나, 서구 사회에서 계급 균열이 해체되고 이를 대체할 만한 새로운 균열이 등장한 것은 아니라고 주장했다(Maier 1997; Evans 1999; Manza, Hout, and Brooks 1995).

가라앉는 듯 했던 계급 균열 구조의 변화와 정당 재편성party re-alignment 논쟁은 최근 들어 다시 불붙을 조짐을 보이고 있다. 서유럽의, 그리고 미국의 하층 노동자계급은 그들이 전통적으로 지지해왔던 좌파 정당에 투표하지 않고 극우 정당 쪽으로 몰려가고 있다. 극우의 약진은 대륙 유럽 각국에서의 극우 정당의 부상, 심지어 스웨덴 같이 정치 지형이 왼쪽으로 기울어 있던 나라에서조차 반이민 포퓰리스트 정당이 제3당이 되는 현실에서 잘 나타난다. 비례성이 낮은 선거제도를 가진 영국과 미국에서는 보리스 존슨의 총리 취임과 도날드 트럼프의 집권에서 보이듯, 정통 보수정당이 극우 세력에 포획되는 현상이 나타나고 있다. 반면 유구한 역사를 지닌 프랑스 사회당이나 독일 사민당 등은 지지자들의 분열 속에 고전을 면치 못하고 있는 형국이다.

그렇다면 왜 이런 현상이 벌어지고 있을까? 그동안 꾸준히 지적되어 왔던 요인은 탈산업화에 따른 노동자계급의 축소와 이질성 증대, 고등교육 확대와 중간층 증대에 따른 물질주의와 탈물질주의적 가치의 분화였다(Dalton 2010). 이에 더하여 최근에는 '세계화 균열'을 지목하는 목소리가 높아지고 있다. 세계화의 성숙에 따른 세계화주의자들globalists과 토착주의자들nativists의 균열이 서유럽과 미국의 정당 체계를 근본부터 흔들고 있다는 것이다.

피케티(Piketty 2018)는 영국, 미국, 프랑스의 1948~2017년 사이의 선거후 조사post-electoral survey 데이터를 이용해 이 나라들이 계급 기반 정당 체제class-based party system에서 '다중 엘리트' 정당 체계'multiple-elite' party system로 변화하고 있다고 주장했다. 그는 1980년대 이후 불평등 심화가 왜 계급 정치의 강화가 아닌 외국인 혐오 파퓰리즘과 정체성의 정치, 그리고 계급 정당 체계의 동요로 귀결되었는가라는 질문에서 출발한다. 그리고 위 세 나라를 사례로, 대표적인 좌파정당의 지지자 변화를 그 이유로 지목한다. 〈그림 1〉에 나타나듯 이 좌파 정당들은 1960년대까지는 저학력자=저소득자가 투표하는 정당이었으나 점차 고학력자=중간 이상 소득자가 투표하는 정당으로 변해 왔으며, 이에 따라 이들 정당의 정책 역시 지지자

**그림 1. 노동자 정당에서 고학력자 정당으로**
**: 영국, 프랑스, 미국에서 좌파 정당 지지 투표**

('대졸 유권자가 좌파 정당에 투표한 비율'에서 '고졸 이하 유권자가 좌파 정당에 투표한 비율'을 뺀 값)

자료: Piketty(2018), appendix.

들의 이익과 정서에 맞게 변해 왔다는 것이다. 그에 따르면, 이제 고학력자이면서 고자산가인 사람들은 여전히 대표적 우파 정당에 투표하지만 고학력자들은 대표적 좌파 정당에 투표하며, 결국 주요 정당들은 이들 고학력 엘리트들만을 대표하게 되었다. 즉 과거의 하층 노동자계급도 대변해 주던 정당이 존재하던 계급정당 체계는 이제 엘리트들만을 대변하는 '다중 엘리트 정당 체계'multiple-elite party system로 변모했다는 것이다. 이것이 좌파 정당이 심화되는 불평등에 대한 민주적 대응을 제대로 못하고 있는 이유이자, 극우 파퓰리즘이 흥기하는 원인이다.

이런 교육 균열은 세계화를 계기로 세계화주의자 대 토착주의자라는 새로운 균열로 발전하고 있다. 즉 고학력-고소득 엘리트들은 세계화에 따라 더 많은 기회와 소득을 얻을 수 있게 된 반면, 자기 땅에 붙박여 살아야만 하는 저교육-저소득층은 점점 더 힘든 삶에 직면했고, 여기에 가난한 나라들에서 유입된 이민 노동자들과 경쟁까지 하게 되었다는 것이다. 결국 후자는, 유럽 통합과 세계화를 지지하면서 자신은 돌보지 않는 좌파 정당에서 이탈해 반이민과 민족주의에 호소하는 극우 정당으로 옮겨갔다.[1]

피케티의 주장처럼, 이런 최근 경향이 1920년대 이후 1970년대까지 유지된 계급 균열을 얼마나 교육 및 세계화 균열로 치환시킬 수 있을지는 좀 더 지켜봐야 할 것이다. 그러나 기존 정당 체계에 지각변동이 일어나고 있는 것만은 분명해 보인다. 사회정책 학자들은 세계화가 복지국가에 미치는 영향을 두고, 처음엔 노동조건과 복지의 '바닥으로의 경주'race to the bottom 경향이 나타날까 우려했다. 그 다음엔 복지 정책은 각국 내부 정치에 강하게 매개되기 때문에 비교적 세계화의 영향을 덜 받는 정책 영역이 된다고 안심했다(Garrett and Mitchell 2001). 그러나 세계화가 복지국가에 미치는 영향은 이제 이민 노동자의 증대를 매개로 예상 외의 방향, 즉 복지 쇼비니즘의 증대와 전통적 복지 정당인 좌파 정당의 쇠퇴라는 형태로 나타나고 있는 셈이다.

복지국가가 일종의 계급에 기반한 재분배 동맹이었음을 고려할 때 이런 계급 균열의 변화가 복지 정치에 영향을 미치리라는 것은

---

1_영국 언론인 데이비드 굿하트(Goodhart 2019)의 『엘리트가 버린 사람들』의 핵심 논지도 이런 피케티 주장과 맥을 같이 한다.

**표 1. 노동시장 지위 및 숙련 수준에 따른 복지 모델 선호**

|  | 노동시장 내부자<br>(Insiders) | 노동시장 외부자<br>(Outsiders) |
|---|---|---|
| 고숙련자<br>(High-skilled) | 자유시장 모델<br>(Liberal market model) | 사회투자 모델<br>(Social investment model) |
| 저숙련자<br>(Low-skilled) | 사회적 보호 모델<br>(Social protection model) | 재분배 모델<br>(Redistribution model) |

자료: 호이저만·슈반더(2012, 14).

어렵지 않게 짐작할 수 있다. 실제로 세계화와 탈산업화, 그리고 고학력화 경향 속에서 진행된 노동시장의 분절화가 복지 정치에 직접적으로 미친 영향은 이미 서구에서는 관찰되고 있다.

호이저만·슈반더(2012)에 따르면 과거에는 노동시장이 고학력-고숙련-고소득자군과, 저학력-저숙련-저소득자군으로 나뉘어져 있었다. 전자는 낮은 세금과 시장 자유주의를, 후자는 높은 세금와 개입주의적 복지국가를 원했다. 그러나 노동시장 유연화의 진전에 따라 이제 과거엔 존재하지 않았던 고학력 비정규직, 즉 고숙련 외부자들(예컨대 비정규직 IT 기술자나, 대졸 기간제 교사)이 생겨났다. 다른 한편 저숙련자들 중에는 실업자들과 취업과 실업을 반복하는 불안정한 노동자들이 많아졌다. 즉 학력을 불문하고 노동시장 외부자들이 많아졌고 이들은 복지국가에 대해 내부자들과 다른 이해관계를 갖게 되었다는 것이다. 호이저만과 슈반더는 이들의 이해관계의 분열을 〈표 1〉처럼 정리한다. 즉, ① 최소한의 국가 개입을 원하는 고숙련 내부자, ② 전통적인 복지국가를 원하는, 그리고 안정적인 기여-급여가 연동되는 복지를 원하는 저숙련 내부자, ③ 사회 투자 정책을 통해 고용 기회를 확대해 주는 복지국가를 원하는 고숙련 외부자, ④ 기여와 무관한 재분배를 원하는 저숙련 외부자. 여기서 ②, ③, ④는 과거에는 모두 좌파 정당의 지지자였으나 이제 이렇게 서로 다른 이해관계를 가지게 됨에 따라 좌파 정당이 이들의 요구에 동시에 부응하기가 어려워졌다. 그리고 이에 실망한 지지자들은 각각 다른 정당들로 ─ 주로 극우 포퓰리즘 정당으로 더러는 극좌 정당으로 ─ 옮겨가고 있다.

### 2) 한국에서의 계급 균열과 복지 정치

한국에서도 여러 연구들이 균열 구조 모델을 이용해 한국 정치를 설명하고자 시도했다(김만흠 1991; 마인섭 2003; 김수진 2008; 강원택 2011; 신진욱 2014). 그러나 균열을 '집단적 정체성과 조직화에 기초해 정치적으로 자신을 대표하는 정당까지 가지게 된 사회구조적 분할'이라고까지 엄격하게 정의하면, 한국에서는, 특히 민주화 이전의 한국에서는 균열 구조가 제대로 형성되었다고 말하기 어려울 것이다. 민주화 이전의 한국은 사회적 분할이 균열로 발전하기 위한 필요조건도 충분조건도 갖추지 못하고 있었다.

사회적 분할이 정당 체계로 전환되기 위한 필요조건은 언론, 출판, 집회, 결사 등 정치적 자유와 민주적이고 공정한 선거의 보장이다. 균열 형성의 충분조건은 특정의 사회적 분할을 정치적으로 호명interpellate하고 그것을 정치화하는 세력, 즉 정당의 존재이다. 이 충분조건의 측면에 주목하는 사르토리(Sartori 1990)는 균열이라는 하부구조가 자연스럽게 정당 체계라는 상부구조를 만들어 낸 것이 아니라, 반대로 정당이 사회적 분할을 동원해 정치화시켰다고까지 주장한다. 예컨대, 그에 따르면, 정당이 계급 균열의 결과가 아니라 정당이 지지자들을 동원하기 위해 계급이라는 정체성을 부여한 것이다. 정당들이 한 사회 내에 존재하는 다양한 장애물들, 즉 제도 정치권의 '문턱들'thresholds(Lipset and Rokkan 1967, 26-33)을 넘어서 사회적 분할을 지속적으로 대표할 수 있을 때 균열은 형성된다.

이런 균열 형성의 필요, 충분조건들은 민주화 이전의 한국에서는 존재하지 않았고, 민주화 이후로도 매우 느리게 개선되었다. 첫째, 한국은 국민국가 형성기에 냉전의 영향을 강하게 받으면서 분단과 전쟁을 경험했고, 정당 체계의 이데올로기적 스펙트럼이 극도로 협소화되었다. 그 결과 사회적 분할이 정치화되기 어려워졌다. 좌파 이념은 금압되었고, 이를 대변하던 정치 세력은 궤멸되었으며, 그 결과 보수 독점 정당 체제가 수립되었다.

둘째, 오랜 권위주의 시기 동안에는 정치적 자유의 부재와 불공정한 선거, 자유로운 정당 결성의 억압으로 사회적 분할이 정치화되지 못했다. 박정희 정부는 사회적 갈등의 정치적 표현을 극도로 억압했고, 노조 조직화를 비롯한 결사의 자유를 보장하지 않았다. 박정희 정부는 또한 4.19 직후 생겨났던 진보 정당들은 모두 제거함으로써, 분단국가 수립 과정에서 형성된 보수 독점의 정당 체제를 다시 공고화했다(김용호 2007). 그 결과 정당 체계 내에는 군부 외생 정당이었던 극우 보수정당과 권위주의 정부가 허용한 한계 내에서 움직였던 온건 보수 정당들 만이 존재할 수 있었다. 이런 상황은 민주화 이후로도 오랜 시간이 흐른 뒤인, 2004년 민주노동당이 원내에 진입하기까지 계속되었다.

셋째, 민주화가 과거 권위주의 세력과의 타협을 통해, 즉 '거래에 의한 이행'transition through transaction(Share 1987)의 성격을 띠고 이루어지면서 권위주의의 유산이 민주화 이후까지 유지되었다. 이에 따라 사회적 분할의 정치화를 막는 문턱들도 민주화 이후까지 오랫동안 유지되었다. 민주화 이후로도 상당 기간 동안 국가보안법, 복수 노조 금지, 노조의 정치 활동 금지, 그리고 시민사회단체의 정치 활동 및 정치자금 제공 금지 등 법적 장애물들(박재묵 2000)이 유지되었다. 또한 소선거구제-단순다수제 선거제도는, 2004년 정당명부식 비례대표제 도입으로 약간 완화되긴 했으나, 여전히 진보 정당을 비롯한 신생 정당의 성장을 가로막는 높은 제도적 문턱으로 기능해 왔다.

마지막으로, 한국의 잦은 사회변동은 사회적 분할과 갈등이 안정적 균열 구조로 발전하지 못하게 했다. 즉 계급이든 종교든 사회적 분할들이 균열로 발전하려면 분할선 안에 있는 특정 집단의 사람들이 그 분할의 내용을 자신의 정체성으로 자각하고, 자신의 이익이나 가치를 실현하기 위해 조직화되며, 그것을 대변할 정치 세력으로 성장하거나 대변해 줄 정치 세력과 만나는 과정이 필요하다. 그러나 한국에서는 전쟁, 분단, 권위주의 체제의 수립, 민주화, 압축 성장 등 거대한 사회변동이 연이어져 유권자들의 정체성이 견고화되고 조직화되는 것을 방해했다(신진욱 2017). 게다가 식민지 시기와 해방 후 토지개혁을 거치면서 지주계급이 조속히 몰락한 뒤 고등교육이 확대되면서 사회적 이동 가능성이 높게 유지되었는데, 이 역시 계급 균열의 형성을 방해했다(강원택 2011, 116).

이에 따라 권위주의 체제 하에는, 국민국가 형성과 산업화 과정에서 민족-체제 균열, 지역 균열, 계급 균열들이 배태되긴 했으나 이런 균열들은 가시화되지 않고 잠복했다(강원택 2011). 현실 정치적으로 유의미한 정치적 대립은 민주-반민주의 대립이었고 권위주의 체제에서 선거는 이런 구도 속에서 치러졌다. 민주화 이후에는 절차적 민주주의가 회복됨에 따라 민주화 이전 배태되었던 균열들이 정치적으로 가시화되기 시작했다. 먼저 가장 강력한 균열로 부상했던 것은 지역 균열이었다. 권위주의 시기 동안 지역 불균등 발전, 인사차별, 영남 엘리트들의 권력 독점에 의해 배태되었던 지역 분할은, 민주화로 민주-반민주의 대립 구도가 해소되자, 그리고 지역 맹주였던 정치 엘리트들의 적극적 동원에 의해, 선거와 정당정치를 지배하는 균열로 자리 잡았다. 한 연구자(윤광일 2019, 264-265)는 엄격한 균열 개념을 적용한다면, 즉 '경험적/사회구조적, 규범적/문화적, 그리고 조직적/정치적 요소'(Bartolini & Maier 1990)를 모두 갖추고 이 요소들이 '불가분의 상호 강화 역할을 하는 분할'(Deegan-Krause 2007)만을 완전한 의미에서 균열이라고 부른다면, 지역 균열이야말로 한국 정치에 존재하는 유일한 균열이라고까지 얘기한다. 지역 대립의 축과 강도는 조금씩 변화했지만, 지역 균열은 여전히 한국 사회의 지배 균열로 자리 잡고 있다는 것이다.

그럼에도 불구하고, 2000년대 이후 지역주의의 약화 혹은 변화 속에서 대안적 균열에 대한 논의가 지속되어 왔다는 사실은 그 자체로 한국 사회에서 지배적 균열 구조의 변화 가능성을 시사하는 것이라고 할 수 있다. 대안적 지배 균열로는 주로 북한과 반공 이슈를 축으로 하는 이념 균열, 세대 균열, 그리고 계급 균열이 관심의 대상으로 떠올랐다(마인섭 2003; 조성대 2008; 강원택 2011). 그러나 여전히 이런 대립과 분할을 균열이라고 부를 수 있을지에 대한 비판적 견해도 존재한다. 이념의 경우 조직화되거나 정치적으로 동원되지 않은 채 사회집단 간 갈등이나 대립하는 정치적 선호의 수준에 머물러 있고, 세대의 경우는 대립 집단의 확정 자체가 어렵고 정치적 선호가 뚜렷이 구분되는 것도 아니며, 이 대립을 정치적으로 동원하는 정치 세력도 존재하지 않는다는 것이다(윤광일 2019, 295-287).

그렇다면 이 글의 관심사인 복지 정치의 기반이 되는 계급 균열의 경우는 어떤가? 한국 정치에서 계급 분할과 대립은 더욱 더 그 가시화가 더디게 진행되어 왔다. 오히려 저소득층이 보수정당의 지지자가 되고, '강남 좌파'가 진보 정당의 지지자가 되는, 구미 정치에서 최근 주목받는 현상이 한국에서는 민주화 이후 지속되어 왔던 것이다. 이렇게 계급 정치가 활성화되지 않는 원인에 대해서는 그동안 다양한 해석이 이루어졌다. 첫째, 노동자계급의 정치 세력화를 저해했던 역사적 유산의 무거움이다. 산업 자본주의의 발전기, 곧 노동계급 형성기가 조직화의 권리를 비롯한 민주주의적 권리들이 보장되지 않던 식민지, 권위주의 시기에 걸쳐짐에 따라 노동자계급의 조직적, 정치적 성장이 지체되었다. 또한 분단과 전쟁의 트라우마가 사회를 지배하고 좌파 정당이나 독립적 노동조합이 제도권에 존재할 수 없는 상황에서, 반공 이데올로기와 성장주의, 지역주의, 각자도생의 논리를 내면화하게 되었다. 민주화 이후 진보 정당이 다시 제도권에 진입했을 때 이미 하층계급들은 이런 보수적 이데올로기들에 상당 정도 포획된 이후였다. 게다가 지주계급의 조속한 몰락과 급속한 산업화에 따른 높은 사회적 이동성은 빠른 고등교육의 확대와 맞물려 계급적 정체성이 형성되는 것을 가로막았다.

둘째, 민주화 이후에도 진보 정당의 성장을 방해하고 보수 독점을 유지하는 각종 법적, 제도적 장애물들이 오랫동안 유지되었다. 앞서 지적한 바와 같이 비례성이 약한 선거제도, 복수 노조 금지, 노조의 정치 활동 금지, 그리고 시민사회단체의 정치 활동 및 정치 자금 제공 금지 등 법적·정치적 장애물들(박재묵 2000)은 진보 정당의 성장을 어렵게 했다.

셋째, 분단 체제의 지속이다. 유권자들로 하여금 보수정당을 지지하고 진보정당의 성장을 방해하는 반북, 반공 이데올로기는 김대중·노무현 정부 시기 햇볕 정책의 영향으로 완화되는 듯 했다. 그러나 이후 북한 핵개발의 진전과 남북 대결의 지속으로 이념적 스펙트럼 확장은 쉽게 이루어지지 않았다.

이런 요인들이 작동하는 가운데 민주화 이후의 투표에서도 계급 정치는 가시화되지 않았다. 그리고 이는 저소득층이 보수정당을 지지하는 '계급 배반 투표'론을 제기하게 했다(박찬욱 1993; 이갑윤 1997; 강원택 2013; 구갑우 외 2008). 최근 들어 계급 투표의 경향이 나타나고 있다는 연구(신광영 2004; 정한울 2011; 이갑윤 외 2013)들도 등장하고 있으나, 여전히 투표 결과의 계급 균열은 지역이나 세대 균열에 비해 선명하지 않은 편이다.

　복지가 정치적으로 결정되는 재분배 체계로서 계급 정치의 구도에 크게 영향을 받는다고 할 때, 이와 같이 계급이 중요하지 않은 균열 구조가 복지에 대한 여러 사회 집단 및 정치 세력들의 태도와 선호에 어떤 영향을 미쳤을지는 짐작하기 어렵지 않다. 이제 이를 복지 태도 조사를 통해 확인해 보고자 한다.

### 3) 복지 태도

　결론부터 말한다면, 비계급적 투표 행태는 한국인의 복지 태도에도 비슷한 양상으로 나타난다. '계급 배반 투표'에 상응하는 '계급 배반적 복지 태도'가 관찰되는 것이다. 〈그림 2〉는 2007년 한국 복지패널 부가조사(복지인식설문조사, N=1694)에 나타난 한국인의 복지 태도를 비슷한 시기의 다른 나라 사람들의 그것과 비교한 것이다. '소득 격차 해소가 정부의 책임이다'라는 문항과, '정부는 ○○ 복지 프로그램에 대한 지출을 늘려야 한다'라는 문항에 대한 계급별 태도를 5점 척도로 산출한 뒤, 최하위 계급의 평균 점수에서 최상위 계급의 평균 점수를 빼 계급 차이를 산출했다. 이 그림은 한국인의 비계급적 복지 태도가 국제적으로 볼 때도 매우 예외적인 것임을 극명히 보여 준다.[2] 여기서 발전한 복지 자본주의 나라들은

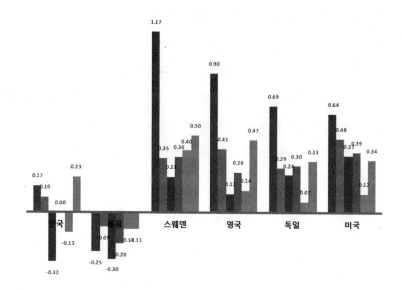

그림 2. 국가 개입에 대한 계급의 태도 차이의 국가 간 비교

■소득격차해소 ■실업 ■건강 ■노인 ■교육 ■주거지원

자료: 김영순·여유진(2011, 224).

모든 항목에서 뚜렷한 계급 차이를 보여 준다. 즉 하위 계급일수록 상위 계급에 비해 소득 격차 해소에 대한 정부 개입과 모든 프로그램에서의 복지 지출 확대를 지지한다. 반면 한국은 정부 지출 확대에 대한 계급별 태도는 차이가 크지 않을 뿐만 아니라 차이의 경향

---

2_물론 홍콩의 경우는 더욱 더 극단적이나, 이는 이 글의 주제는 아니므로 여기서 논하지 않는다. 분명한 것은 이 당시의 한국과 홍콩이 예외적인 경우이며 도표에 나오지 않은 대부분의 나라들은 정도의 차이는 있으나 영국, 미국, 독일, 스웨덴과 같은 양상을 보인다는 것이다.

역시 뚜렷하지 않았다. '정부의 소득 격차 해소에 대한 책임'에 대한 인식과과 '주거 지출 확대 지지' 항목에서만 그나마 계급과 복지 확대 간의 약한 상관관계가 나타날 뿐, 노인복지는 차이가 없고, 건강과 교육은 오히려 고소득층이 지출 증대를 지지하고 있다.

이처럼, 대체로 2010년 이전까지의 연구 결과들은 한국인의 복지 태도가 계급, 혹은 계층에 따라 분화되지 않는다고 보고했다(김영란 1995; 이성균 2002; 류진석 2004; 백정미 외 2008). 뿐만 아니라 오히려 고소득층이 복지 확대와 증세를 지지하고 저소득층이 그것에 반대하는 역전된 태도도 오랫동안 지속되었다. 이와 같이 하층계급이 복지국가를 덜 지지하는 현상은 외국에도 전혀 없는 것은 아니나, 한국은 그 정도가 매우 심하고 오랫동안 지속되어 왔다는 점에서 매우 독특한 사례였다. 이는 계급 배반 투표만큼이나 풀기 어려운 퍼즐로 인식되어 왔다.

그러나 이와 같은 한국인의 복지 태도는 2000년대 후반 무렵을 기점으로 뚜렷이 변화한다. 2010년 이후 조사 자료에 기반한 많은 연구들(정한울 2011, 17; 김윤태 외 2013; 조정인 2012; 이현주 외 2013)은 사회경제적 지위에 따른 자기 이해가 복지 태도 결정에 끼치는 영향력이 분명해져 가고 있음을 보여 주었다.

이런 복지 태도 '정상화'의 원인으로는 2000년대 후반 이후 복지 프로그램들의 확대와 복지 정치의 활성화를 지적할 수 있다. 이 시기 동안 기초노령연금(2008)과 노인장기요양보험(2008)이 도입되었다. 저소득 근로자들을 위한 근로장려세제(2009)가 도입되었고, 기초장애연금(2010)이 도입되었으며, 보편적 무상보육서비스

(2013)도 시작되었다. 이런 보편적 프로그램, 혹은 저소득층이 주로 혜택을 보는 프로그램들은, 그간 사회보험 위주로 복지국가가 발전해 복지 체험의 기회를 가지기 어려웠던 한국의 저소득층들에게도 복지 체험의 기회를 늘려 주었다. 이런 복지 체험은, 여러 복지 태도 조사에서 드러나듯 복지에 대해 저소득층들에게 보다 자기 이해에 부합되는 태도를 갖도록 했던 것으로 보인다. 또 과거와 같은 고도성장이 어려울 뿐만 아니라, 성장 자체도 저소득층의 경제적 문제를 해결해 주지 않는다는 경험 또한 이런 변화를 가져오는 데 일조했으리라 추정된다.

여기에 2010년 이후의 복지 정치 활성화도 사람들로 하여금 보다 자신의 계급·계층에 부합하는 복지 태도를 갖게 하는 데 기여했을 것으로 추측된다. 복지 태도는 사람들의 복지와 관련된 자기 이해나, 가치 및 규범의 즉자적 반영물이라기보다는 자기 이해나 가치·규범이 여러 정치적, 사회적 기제들을 통과하면서 형성shaping되는 행위 지향적 정서나 신념이라고 할 수 있다. 그리고 이렇게 복지 태도가 '형성'되는 것이기 때문에 현실의 정치과정에서는 복지 문제와 관련된 객관적 이익이나 가치 자체보다 그것을 발현하게 해주는 기제들, 즉 사람들로 하여금 복지 문제와 관련된 자신의 이익이 무엇이고 그것에 부합하는 정책은 무엇인지 정리해 보여 주는 장치들이 더 중요할 수 있다.

2010년 무상 급식 논쟁 이후 복지 정치 활성화는 한국에서도 이런 장치가 활발하게 작동하게 되는 계기가 되었다. 무상 급식 논쟁은 보편주의 논쟁을 촉발했고, 2012년 국회의원 선거·대통령 선거를 거치면서 복지국가 전반에 관한 논쟁으로 확대되어 갔다. 어떤 복지국가를 건설해야 하는가, 그리고 어떻게 재원을 조달할 것인가를 두고, 정당 간 논쟁이 가열되고 이것이 선거에서 중요한 쟁점이 되며, 언론에 의해 증폭되는, 과거 한국에서 보기 어려웠던 현상이 나타났던 것이다. 이 과정에서 시민사회의 논쟁도 뜨거워졌고, 복지 운동과 정당정치 간의 상호작용도 활발해졌다. 그리고 이런 다양한 정치적, 사회적 주체들에 의한 복지 정치의 활성화는 복지 이슈들을 선명하게 프레이밍하여 문제에 대한 사람들의 관심을 자극하고 정책 해득 능력policy literacy을 향상시켰을 것으로 볼 수 있다. 2013년 조사에 나타난 각 계층의 자기 이해에 부합되는 태도들은 이런 복지 정치 활성화의 결과로 보아야 할 것이다.

그러나 다른 한편, 이런 '복지 태도의 정상화'가 '친복지 정당'에 대한 지지로 그대로 연결되는 것은 아니라는 점은 짚고 넘어갈 필요가 있다. 2010년 이후로는 모든 정당들이 앞다퉈 복지 확대를 공약했다. 그러나 경제정책과 사회정책 전체의 기조를 감안하면 한국적 맥락에서는 정의당과 민주당이 '친복지 정당'에 가깝다고 할 수 있다. 하지만 빈곤층이 많은 노인층에서 여전히 민주당이나 정의당 보다 새누리당-자유한국당이라는 보수정당 지지가 더 압도적으로 높다는 것은 잘 알려진 사실이다. 김영순·노정호(2017)는 친복지 성향을 가졌다 할지라도 노년층은 젊은 층에 비해 훨씬 민주당을 덜 지지한다는 것을 실증적으로 보여 준다. 그렇지만, 〈그림 3〉이 보여 주듯, 친복지 성향을 가진 사람들은 젊은층은 물론 노년층에서도 반복지 성향을 가진 사람들보다는 민주당에 더 호감을 보인

## 그림 3. 복지 태도와 친복지 정당에 대한 호감도

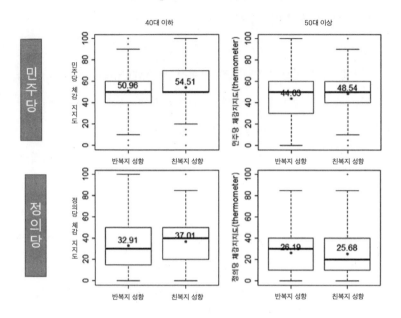

자료: 노정호·김영순(2017, 186-187).

다. 그러나 정의당의 경우에는 이런 경향이 젊은 층에 한정된다. 즉 40대 이하에서는 친복지 성향을 지닌 사람들이 반복지 성향을 지닌 사람들에 비해 정의당에 호감을 보이나 노년층에서는 복지 성향과 정의당 호감도가 별 관계가 없는 것으로 나타난다. 이는 복지를 의제로 노년층의 지지를 동원할 여지가 민주당도 젊은층에 비해서는 훨씬 낮고, 정의당의 경우는 거의 없음을 시사한다고 할 수 있다.

# 3. 한국 복지 정치의 핵심 행위자들과 복지국가의 발전

이제 이와 같은 균열 구조 위에서 각축하는 복지 정치의 주요 행위자에 대해 살펴보도록 하자. 복지국가의 건설 및 발전에는 다양한 행위자들이 관여한다. 시민사회에서는 노동과 자본, 그 외의 사회운동 조직, 정치사회에서는 정당을 들 수 있다. 국가 영역에서는 행정부와 관료 조직이 중요한데, 한국과 같은 대통령제 국가에서는 대통령 역시 매우 중요한 행위자이다. 그렇다면 그간 한국에서 실제로 복지국가 발전을 추동해 온 핵심적 행위자는 누구였으며 이들은 어떤 자원들을 동원해 복지 확대를 이끌어 낼 수 있었는가? 복지국가 건설의 주요 행위자들과 그들 간의 관계는 선진 복지국가에서와는 어떻게 다르며, 이는 한국의 생산 체제 및 노동 체제, 그리고 정치체제의 어떤 특징들과 관련되어 있는가? 이 연구에서는 이런 물음들을, 주로 1987년 민주화 이후 시기를 대상으로 구명해 보고자 한다. 그리고 이에 기반해 향후 변화하는 사회경제적 상황 속에서 지속 가능한 복지국가를 만들어 가기 위해서는 건설 주체와 복지 동맹이란 차원에서는 어떤 문제점들이 해결되어야 하는지, 그 해결 방향은 무엇인지 정리해 보고자 한다.

## 1) 노동운동

선진 복지국가들에서와 달리 한국의 조직화된 노동운동은 민주화 이후에도 복지국가에 대해 무관심하거나 매우 소극적인 태도를 견지해 왔다. 고전적 권력 자원론power resources theory이 노조 권력 자원의 가늠자로 제시하는 조직률과 집중성에서 한국의 노동은 취약하기 짝이 없다. 그러나 이렇게 객관적으로 권력 자원이 작다는 것보다 더 큰 문제로 지적되는 것은 한국의 노동운동이 복지를 자신의 핵심 과제로 인식하고 이를 위해 진지한 노력을 기울여 본 일이 많지 않다는 사실이다.

물론 조직 노동운동이 복지 문제에 무관심으로 일관해 온 것은 결코 아니다. 노동운동은 1987년 이후 다양한 형태로 사회권 확보 투쟁을 시도해 왔다. 1990년대 중반 이후 병원 노조의 의료보험 통합 운동, 민주노총의 '사회 개혁 투쟁', '사회 공공성 사업', 한국노총의 '사회보장 정책 포럼' 등이 그것이다. 그러나 1997년 외환 위기 의 와중에서 노사정위원회에서 이루어졌던 정리해고와 복지 확대의 교환 경험은 노동운동에 국가복지에 대한 부정적 인상과 커다란 트라우마를 남겼다.

이후 대기업 노조들은 기업 단위에서 고용 보장과 임금 인상, 기업 복지의 확대에 주력하고 사회복지 확대에는 별 관심을 기울이지 않았다. 예컨대 민주노총은 2007년 '국민연금보험료 지원사업'(이른바 '사회연대전략')을 전개하여 노동운동의 복지 문제에 대한 주도적 개입의 계기를 마련하고 정규직-비정규직 간 연대를 촉진해

'대자적인' 노동자 계급 형성의 계기로 삼고자 했다. 그러나 민주노총 소속 정규직 노동자들이 저임금 비정규직 노동자들의 연금 보험료 일부를 지원함을 골자로 했던 이 기획은 '정규직 양보론', '노동자 책임론'이라는 비판 속에 좌초했다. 비슷한 현상은 2010년 시작되었던 '건강보험 하나로' 운동에서도 반복되었다(이주호 2016).

이후 민주노총 내부에서 사회복지 의제의 중요성은 더욱 낮아졌고, 2010년 무상 급식 의제를 계기로 촉발된 유례없는 복지 정치 활성화의 국면에서도 민주노총은 별다른 역할을 하지 못했다. 18대 대선을 앞둔 2011년 민주노총은 봇물처럼 터져 나오는 복지 담론 속에서 '노동 없는 복지'론들을 비판하며 '노동 존중 복지국가'론을 내세웠다(김태현 2011). 그러나 좋은 일자리 창출과 노동기본권 보장, 재벌과 초국적 자본에 대한 규제와 공공성을 주장하면서, 보편주의적 복지국가 건설, 복지 동맹과 사회연대 운동을 제안했던 이 기획 역시 내부 비판 속에 동력을 얻지 못한 채 유야무야되었다 (이주호 2016, 310). 결국 민주노총은 시민운동이 주도한 복지국가 건설을 위한 범진보 진영의 연대 기구 구성 제안조차 적극적으로 수용하지 못함으로써 복지국가 운동에서 노동의 역할에 대한 회의는 더욱 심화되었다(박영선 2014).

이렇게 한국에서 민주화 이후로도 노조가 복지국가 건설의 주력으로 나서기 어려웠던 데에는 여러 가지 역사적 유산과 배경이 존재한다. 첫째, 한국에서는 노동조합 조직의 실질적 합법화가 노동자계급이 이미 인구에서 수적 다수를 차지하기 어려운 시기가 되어서야 이루어졌다. 민주화로 조직화의 장애물이 제거되었을 때는 한편으로는 여전히 광범위한 불완전 고용자층과 자영자층이 존재하면서도, 다른 한편으로는 이미 서비스 사회로의 이행이 시작되었던 시점이었다. 일단 산업사회로 진입하면서 노동자계급이 사회의 다수를 차지하고 동일한 사회적 위험을 공유하면서 복지국가의 지지자가 되는 경험을 한 뒤 탈산업사회로 접어든 서구와는 매우 다른 경험을 해 온 것이다. 둘째, 민주화 이후로도 진보 정당의 의회 진입이 지체되고 자유주의 정당이 외면하는 가운데 노사관계법 개정이 지연되었다. 이는 노조의 자유로운 정치 활동의 지체를 초래했고 결국 복지 같은 문제에 관심을 기울일 사회적 노동운동의 활성화를 제약하는 역할을 했다. 셋째, 서구의 경우 복지국가 건설기 주력 노조는 저임금에 나쁜 노동조건을 가지고 있었으나 조직력은 강해서 복지를 위한 연대를 주도할 경제적 계기가 강했고 이를 성취할 수 있었다. 반면 한국의 경우 조직력을 가진 재벌, 공기업, 금융 부문의 대기업 노조들은 상대적으로 고임금과 양질의 기업 복지를 비롯한 좋은 노동조건을 가지고 있어 복지국가 건설을 위한 연대를 주도할 동기가 약할 수밖에 없었다(신정완 2010).

그러나 한국에서 조직 노동으로 하여금 복지국가 건설에 나서게 하는 데 결정적 장애물이 되어 왔던 것은 무엇보다도 역시 기업별노조 체제라고 보아야 할 것이다. 많은 연구들이 지적하듯 복지국가의 발전에서 노조의 조직률만큼이나 중요한 것이 노조의 조직 구조와 권위의 집중성이다(Katzenstein 1985; Golden and Pontusson 1992; Esping-Anderson 1990, 29; 양재진 2005). 일반적으로 노동의 조직적 구성이 포괄적이고 단체 협상의 수준이 높아질수록 여러 시

**표 2. 근로자의 복지와 고용 안정을 위해 필요한 공공 정책에 대한
노동조합 간부들의 태도**

| BASE: 전체 응답자 | | 사례수 | 공공복지 강화 | 인금 인상+ 기업 복지 | 노듬/무응답 | 합계 |
|---|---|---|---|---|---|---|
| | | N | % | % | % | % |
| 전체 | | (182) | 63.2 | 35.2 | 1.6 | 100.0 |
| 가맹 상급 단체별 | 한국노총 | (85) | 50.6 | 47.1 | 2.4 | 100.0 |
| | 민주노총 | (97) | 74.2 | 24.7 | 1.0 | 100.0 |
| 노조 활동별 | 기업 수준 (민간 노조) | (54) | 33.3 | 66.7 | 0.0 | 100.0 |
| | 기업 수준 (공공 노조) | (8) | 50.0 | 50.0 | 0.0 | 100.0 |
| | 산별노조 | (70) | 71.4 | 28.6 | 0.0 | 100.0 |
| | 중앙 수준 | (50) | 86.0 | 8.0 | 6.0 | 100.0 |

자료: 연세대 SSK "작은복지국가연구" 사업단·한겨레사회정책연구소(2013), "공공정책에 대한 인식 조사-노동조합."[3]

장 지위의 노동자들 모두가 혜택을 볼 수 있는 공공복지를 요구하는 압력이 커지고, 이에 따라 사회 지출 수준이 높아진다. 반면, 노동운동이 기업별로 이루어지질 경우, 조합원들은 사회복지보다는 기업 내 임금 인상과 고용 안정, 그리고 기업 복지 등을 선호해 공공복지의 발달은 상대적으로 지체될 가능성이 높아진다(양재진·정의룡 2012, 84). 그런데 제1장과 2장에서 자세히 기술되었듯, 한국의 기업별노조 체제는 한국의 성장 체제의 형성 과정에서 배태된 것이었고, 그 조정 기제의 일부로 기능해 왔기 때문에 이로부터 탈피하는 것은 결코 쉬운 일이 아니었다.

한국의 기업별노조 체제 하에서도 '사회'복지는 노동운동에서 항상 낮은 순위 의제였다. 기업별 조직 형태는 노조로 하여금 1차

분배, 즉 기업 내 분배 투쟁에 집중하게 하고 2차 분배, 즉 사회적 임금 투쟁 운동으로 나아가지 못하게 하는 가장 큰 원인이 되었다(이주호 2016). 특히 2000년대 이후 노조 운동은 점차 자신의 인적, 물적 자원을 '조합원'인 조직노동자의 욕구 만족에 집중하고 이를 기업 내에서 해결하려 하게 되면서, 연대적 노동운동을 통한 복지 국가 운동에는 소극적 태도를 보였다(이상호 2011). 〈표 2〉는 이런 노조원들의 조합주의적 복지 태도의 일단을 보여 준다. 기업별노조 체제 하에서 노동운동의 중심을 이루는 대기업 민간 부문 노조의 간부들은 근로자의 복지를 위해서는 공공복지보다 임금 인상과 기업 복지 확대가 필요하다고 압도적으로 높은 비율로 답하고 있다.

실정이 이러함에도 불구하고 기업 수준이든, 산별 수준이든 노조 내에서 목적의식적인 복지 관련 교육은 극히 미미했다. 그리고 이는 조합원들의 복지 제도에 대한 이해 자체가 매우 낮은 상황을 지속시켰다. 이는 연금 개혁 등 중요한 복지 이슈가 터질 때 일반 조합원들은 사안을 잘 이해하지 못하고 지도부는 느리고 소극적인 대응을 하게 되는 원인이 되었다. 임금을 둘러싸고는 그토록 전투적 대치가 빈발했지만, 사회적 임금인 복지에는 큰 관심을 기울이

---

**3_**이 조사는 일반 조합원들에 비해 높은 연대 의식을 가지고 있을 것으로 기대되는 노조 간부를 대상으로 했다. 일반 조합원의 경우는 이보다도 훨씬 낮은 공공복지에 대한 선호도를 가지고 있다고 보아야 할 것이다. 복지 태도에 있어 노조 조직화 수준별, 기업 규모별, 민간·공공 분야별 차이를 확인해 보고자 한 이 조사는 2012년 8월, 상급 단체 노조 간부 30인 (민주노총, 한국노총), 산별노조 간부 30인 (금속노조/보건노조), 기업 단위 노조 간부 90인(대기업/중소기업/공공 부문 노조)을 대상으로 이루어졌다.

지 않은 것이다.

한편, 총연맹 수준에서는 기업별노조 수준에서보다는 사회복지에 대한 관심이 높았다. 그러나, 민주노총이든, 한국노총이든 조직노동이 지향하는 복지국가 상을 적극적으로 제시하고 장단기 전략을 가지고 이를 지속적으로 추진하고자 하는 흐름은 존재하지 않았다. 복지 문제에 대한 노조의 무관심은 양대 노총 내부에 복지 정책을 전담하는 인력이나 예산이 극히 적었다는 사실, 그리고 사업 방식도, 무언가를 주도하기보다는 정부 부처 위원회에 참여해 입장을 개진하거나 발표, 시행되는 정부 정책을 비판하는 식의, 주로 정부 정책에 반응하는 형태를 띠어 왔다(박명준 2014, 201)는 사실에서도 잘 드러난다. 2018년부터 시작된 문재인 정부의 연금 개혁 논의 과정에서야 노조들은 자기 목소리를 내면서 이전보다 훨씬 적극적으로 연금 개혁 정치에 개입하기 시작했다. 그러나 대부분의 복지지 이슈에 대해 노조는 여전히 수세적, 반응적 대응을 보이고 있는 실정이다.

노조로 하여금 복지국가 건설의 핵심적 행위자로 나서지 못하게 하는 또 하나의 장애물은 진보적 노동운동 진영 내의 근본주의적 경향이었다. 복지를 노동자들의 생활수준을 개선하고 시장에 대한 의존을 줄이는 사회적 임금이 아니라, 자본주의 체제를 유지하고 노동자들을 체제 내화하는 '개량'reform으로 보는 이런 최대 강령주의적 경향은 게다가 기업 단위 현장의 실리주의적 분위기에 극명히 대조된다. 그리고 어떤 복지 의제를 두고도 '전부 아니면 전무'all or nothing 방식의 논의를 진행시키는 원인이 되었다. 이는 "대부분

구체적 결과 없이 노동운동의 현실 정치와 정책 개입력을 약화시키고 사회적 정치적 고립을 자초"하게 만들었다(이주호 2016, 310).

조직된 노동자들 스스로의 복지 문제에 대한 관심이 이런 실정이었으므로, 미조직 취약 노동자의 복지 문제에 대한 연대적 관심이 부족했던 것은 어쩌면 당연한 귀결이었다. 노동시간이나 최저임금뿐만 아니라 복지와 사회적 안전망 문제에서도 조직 노동은 취약 노동자들의 요구에 적절히 대응하지 못하고 있다는 지적을 받아왔다. 일례로 박근혜 정부의 노동 개혁 5대 법안에 대한 각종 토론회나 공청회에서 양대 노총은 고용 보호를 약화시키는 것만 강력히 규탄하고, 불안정 노동자들에게 불리하도록 고용보험을 개악하는 것에 대해서는 아무런 언급도 없었다. 그리고 이에 대해 청년유니온 등 취약 노동자들을 대표하는 노조와 사회운동 단체들은 조직 노동 운동이 대기업 정규직의 관심사인 고용 보호만을 우선시하고 불안정 노동자의 상황엔 무관심하다는 점에 대해 비판적 시각을 드러낸 바 있다. 대기업 정규직 노동자들이 스스로 고용 보험료를 조금 더 내는 조건으로 고용주도 그만큼 더 내도록 하고, 이렇게 조성된 기금으로 불안정 노동자들이 혜택을 보도록 고용보험도 확대하고 실업 부조도 만들어야 한다는 비정규 노동운동의 일선에 서 있는 노동운동가들이나 진보 정당 활동가들의 주장에 대해서도 조직 노동은 별다른 반응을 보이지 않아 왔다(김영순 2017). 이런 노동운동의 복지국가에 대한 태도는 객관적 권력 자원은 매우 취약했으나 일찍부터 복지 문제에 깊은 관심을 가지고 다양한 정책들을 제안했던, 그래서 거대 정당들의 벤치마킹 대상이 되기도 했던 민주노동당-정의당과 크게 대비된다.

한편 청년, 여성, 비정규직을 대표하는 사회운동적 특징을 갖는 초기업 단위 노조들은 사회적 임금으로서의 복지 확대의 중요성은 인식하면서 복지 정치에서 점차 목소리를 키워 왔다. 청년유니온의 실업 부조나 청년 수당 도입 요구, 알바노조의 기본소득 요구, 여성 노조나 지역 노조들의 산재보험 확대 요구 등이 그것이다(김영순 2017). 그러나 이들도 임금이나 고용조건 등 보다 절박한 당면 문제 들에 집중하면서 복지 문제에 대해서는 큰 사회적 반향을 일으키지 는 못하고 있는 형편이다.

### 2) 시민운동

시민운동의 중요성이야말로 한국 복지 정치의 가장 큰 특징 가 운데 하나이다(김영순 2012). 한국은 민주화 이후 '시민사회의 부 활'(O'Donnell and Schmitter 1986, 4)을 경험했고, 이 과정에서 많은 시민운동 조직들이 생겨났다.[4] 그리고 이들 중 과거 민주화 운동에 뿌리를 둔 몇몇 조직들은 정당의 이익대표 기능이 취약한 상태에서 '대의의 대행'(Cho 2000)을 얘기할 정도의 위상을 가지게 되었다.

시민운동 단체들은 이런 위상을 기반으로 복지 정치에서도 커

---

4_이하 두 문단은 필자의 글(김영순 2011, 22-23)에서 가져왔다.

다란 영향을 행사했다. 참여연대, 경실련, 건강 연대 등으로 대표되는 시민단체들은 일관되게 공익적 관점에서, 혹은 사회적 약자의 편에 서서 쟁점이 된 복지 이슈마다 강한 연대주의적 입장의 대안을 내세우고 캠페인을 전개했다. 복지 정치에서 시민운동 단체의 역할은 이런 사회적 약자들을 위한 이익 표출interest articulation뿐만 아니라 이익 집약interest aggregation과 조정coordination 기능, 나아가 정책 작성policy-making으로까지 확장되었다. 시민운동 단체들은 이해 당사자 간 갈등과 대립이 심했던 한-약분쟁과 의-약 분쟁에서는 조정안을 만들거나 이익집단들이 합의에 응하도록 분위기를 조성하기까지 했던 것이다(원석조 2000). 또한 국민기초생활보장법의 경우엔 거의 10년에 이르는 긴 기간 동안의 입법 운동, 법의 골격 제시 및 보건복지부에의 정보 제공 및 자문, 자유주의적인 반대 세력과 싸움 등을 통해 이 법의 제정 전 과정에서 가장 중요한 행위자로 기능했다(안병영 2000). 세계의 놀라움을 산 단기간의 보육 서비스 확대 역시 여성운동 단체들의 제안과 개입을 빼놓고는 생각하기 힘들다. 사회적 약자를 대신해 대변되지 않았던 이들의 이익을 표출하는 기능은 전통적인 시민운동의 역할이었지만, 이익 집약과 조정, 정책 작성 기능은 전통적으로는 정당의 기능이었다. 이런 의미에서 복지 영역에서 한국의 시민운동은 일정 정도 정당의 역할을 대행한 측면이 있다 할 수 있겠다.

시민운동이 전통적 복지국가 건설의 주체가 아니었듯, 시민운동 단체들이 복지국가 건설을 위해 동원한 권력 자원도 전통적 복지국가의 주도 세력들의 그것과는 크게 달랐다. 즉 서유럽의 노조와 좌파 정당이 동원했던 주된 권력 자원이 조직과 재정, 입법권 등이었다면, 한국의 복지 관련 시민운동의 권력 자원은 전문가들로부터 나오는 지식 기반 권력 자원, 특정 국면에서의 여론 형성을 통한 대중으로부터의 지지 동원 능력, 제휴 형성 능력 등이었다. 초기 권력 자원론자들이 중시한 권력 자원이 공식적 조직과 제도에 기반한 경성 권력 자원hard power resources이라면, 이런 시민단체들이 자신의 운동에 동원한 권력 자원들 요소들은 연성 권력 자원soft power resources라고 부를 수 있을 것이다(김영순 2011). 조직이나 재정 등 경성 권력 자원을 가지지 못한 한국의 시민운동은 자신의 장점을 잘 살리는 방식, 즉 지식 기반 자원을 동원해 대안적 정책을 설계한 다음, 단기적이나 포괄적인 연대 세력 형성해 여론을 동원awareness raising함으로써, 즉 일종의 연성 권력 자원을 활용함으로써 정책 결정 라인을 압박하는 방식으로 자신의 목표를 효율적으로 달성했다. 그러나 뒤의 전망 부분에서 다루고 있는 것처럼 이런 한국 시민운동의 창의적 운동 방식과 그 성과는 곧 중대한 한계에 직면하게 된다.

### 3) 정당

20세기 유럽 복지국가의 확대에서 가장 중요한 주체 세력은 사회민주주의 정당이었다. 노동조합은 조직화라는 무기를 통해 경제적 약자인 노동자들의 이익을 추구했지만, 경제주의적 조합주의에 머무르기 쉬웠다. 또 생산 부문이나 노동시장에서의 지위에 따라 이해관계가 분열되어 노동자계급 전체의 연대를 추구하지 못하는 경우도 많았다. 반면 정치 세력으로서의 사민당은 집권을 위해서는 자신의 가장 중요한 지지 기반인 노동자계급 전체의 연대를 달성해야 했다. 또 중간계급도 견인해야 했다. 나라마다 복지국가 태동의 기원은 달랐으나, 황금기 복지국가의 발전은 대부분 이렇게 계급 내 연대와 계급 간 동맹에 기반해 집권을 추구해야 했던 사민당의 정치적·정책적 기획의 결과물이었다.[5] 그리고 이런 의미에서 좌파 정당은 복지국가 발전에 있어 가장 중요한 행위자였다고 할 수 있다.

그러나 민주화 이후 한국 사회에서는 노동조합뿐만 아니라 진보 정당 역시 매우 취약한 권력 자원을 가지고 있었다. 진보 정당은 민주화 이후로도 17년이 지난 후에야 의회에 진출할 수 있었다. 또, 의회에 진출한 이후에도 지극히 미미한 의석만을 점유할 수 있었다. 이렇게 진보 정당의 권력 자원이 취약했던 것은 진보 정당이 뿌리 내리기 어려운 한국 사회의 구조적 제약 조건에 기인한 바 컸다.

첫째, 분단 체제라는 조건은 대중적 진보 정당 성장의 결정적 장애물이었다. 군부독재 시기에는 냉전 이데올로기를 이용한 각종 비민주적 악법과 정치적 탄압으로 진보 정당의 결성 자체가 불가능했다. 민주화 이후 이런 노골적 탄압이 사라지고 선거법이 개정됨에 따라, 그리고 김대중·노무현 정부의 햇볕 정책으로 전 사회적 대

---

5_복지국가가 가지고 있는 연대적이면서 동시에 타협적인 성격은 정당이 결집해 낸 분배 동맹의 결과물로서의 성격을 잘 보여 준다.

북 적대감이 완화되면서, 진보 정당은 가까스로 제도 정치권으로 진입할 수 있었다. 그러나 이명박·박근혜 정부 시기 동안 다시 남북 관계가 경색되고 간헐적 군사적 충돌이 이어지는 가운데 북한의 핵 개발이 지속되자 남한 내부의 북한에 대한 적대감은 이전에 비해 강화되었다. 그리고 이는 북한에 대한 실제 입장과 무관하게 진보 정당 모든 분파의(그리고 햇볕 정책을 추진했던 중도 정당의) 정치적 입지를 좁히는 역할을 했다. 진보=종북이라는 보수 언론의 프레임 이 작동하는 가운데 사회경제적 진보는 계속해서 정치적 진보와 분 리되었고(강원택 2015), 이는 다시 진보 정당들에 대한 응집된 지지 를 어렵게 했다(장지연 2014). 어렵게 일구어 낸 진보 정당의 분열과 역량 약화를 추동했던 가장 중요한 변수가 진보 정당 내부에 존재 하는 북한에 대한 상이한 입장이었다는 사실도 분단 체제가 한국의 진보 정당에 드리운 짙은 그림자를 웅변적으로 보여 준다.

둘째, 보수 독점의 정치를 유지하는 법과 제도들도 진보 정당 성장의 또 하나의 중요한 장애물이었다. 민주화 이후로도 상당 기 간 동안 복수 노조 금지, 노조의 정치 활동 금지, 그리고 시민사회 단체의 정치 활동 및 정치자금 제공 금지 등 법적·정치적 장애물들 은 진보 정당의 성장을 어렵게 했다. 그리고 마침내 이런 장애물들 이 사라졌을 때는 진보 정당이 조직화된 계급적 토대를 갖기 어렵 게 된 이후였다. 노동자계급의 이익을 대변하려는 정당이, 노동자 들이 분단-권위주의 체제의 보수주의, 자유주의 이념을 내면화하 고 지역주의에 포획된 데다가, 탈산업화로 노동의 이질화가 심화되 기 시작한 후에야 출범할 수 있었던 것이다. 진보 정당들의 당원,

그리고 선거 때 진보 정당들에 투표하는 사람들의 대부분이 화이트 칼라라는 현실이 이를 잘 대변한다.

진보 정당의 성장을 제약한 법적 장애물들은 1997~98년의 노동관계법 개정으로 대부분 사라졌다. 그러나 비례성이 약한 선거제도는 진보 정당의 발목을 잡고 있는 강고한 제도적 제약이 되어 왔다.[6] 1987년 이후 정착된 한국의 국회의원 선거제도는 소선거구제 -단순다수제에 기초하고 있었다. 이런 선거제도는 이중, 삼중의 의미에서 진보 정당에 불리하다. 우선 1위만 당선되는 단순다수제 선거제도는 유권자들로 하여금 사표 방지를 위해 당선 가능성이 높은 거대 기성 정당 후보에 전략적으로 투표하게 하는 효과를 갖는다. 뿐만 아니라 진보 정당이 어렵게 얻은 지지조차도 의석 점유로 연결되지 못하게 한다. 소선거구제가 갖는 정책 투표 저해 경향도 진보 정당엔 불리한 요소다. 사르토리(Sartory 1994, 57)는 소선거구-단순다수제 선거제도는 정치의 지역화 혹은 선거구 중심의 정치를 결과하는 경향이 있다고 지적했다. 그에 따르면 소선거구-단순다수제 하에서 유권자들은 전국적인 수준의 정책을 준거로 정당에 투표하기 보다는 선거구 수준의 쟁점을 준거로 후보자에 대한 인물 중심 투표를 하게 된다. 반면 비례제는 정책 중심 경쟁을 유도한다. 한국의 단순다수제 소선거구제 선거제도는 실제로 여야 지도자들이 정치적으로 동원한 지역주의와 상호작용하면서 '정책 없는 정당

---

6_선거제도와 사회 개혁의 정치의 관계에 대해서는 제7장에서 자세히 다루므로 여기서는 간략히만 언급한다.

체제'를 확대재생산했다(김수진 2008, 244-247). 정책과 이념으로 승부하고자 하는 진보 정당이 설 자리는 그만큼 좁아질 수밖에 없었다.

결과적으로, 이렇게 취약한 권력자원을 가진 상태에서 진보 정당은 사실상 복지국가 발전을 위해 별다른 역할을 하지 못해 왔다. 2004년에야 국회에 진입한 민주노동당은 사회연대 국가란 비전에과 복지 정책 패키지를 제시했다. 그러나 거대 정당 사이에 낀 소수 정당의 비전과 정책들은 입법화는커녕 제대로 토론되고 검증될 기회조차 얻지 못하게 했다. 진보 정당의 몇몇 복지 정책들은 양대 정당들에 의해 일부 모방, 수용되기도 했으나 전체적으로 복지 정치에서 진보정당의 영향력은 미미했다. 2019년 12월 27일, 오랜 진통 끝에 새 국회의원 선거법이 만들어졌다. 그러나 복잡한 협상 과정에서 애초의 취지와는 동떨어진 미미한 법개정에 그친데다, 이후 선거과정에서 위성정당 창당 등으로 그 의미가 거의 없어져 사회 개혁의 정치에는 별 도움이 되지 않을 것으로 보인다.

그렇다면 민주화 이후 진보 정당이 이렇게 오랫동안 제도 정치권 밖에 묶여 있는 동안, 그리고 제도 정치에 진입한 후에도 군소 정당으로 머물러 있는 동안, '서민층'과 사회적 약자들을 대변한다고 자임하며 이들의 표를 구해 왔던 중도 정당, 즉 더불어민주당과 그 전신이었던 정당들은 어떤 역할을 해왔는가? 민주화 이후 이들이 보유해 온 권력 자원은 적지 않았다. '민주당들'은 지역 패권 정당 체제의 피해자이기도 했지만, 또한 그에 기대어 적지 않은 의석 수를 차지해 온 보수 독점 정당 체제의 한 축이었고, 1997~2008년

간, 그리고 2017년 이후로는 정권을 차지하기도 했다. 그러나 이들은 진보 정당을 희생해 실제 지지 기반에 비해 더 많이 획득한 권력 자원으로, 진보 정당이 대변하려 했던 사회경제적 약자들을 대변하는 데는 매우 인색했다. 이는 복지 정치에서도 마찬가지였다.

첫째, 2007년 국민연금 개혁(및 기초연금 도입) 이전에는 여야를 막론하고 한국의 정당들은 복지 문제를 둘러싼 시민사회의 이익을 집약하고 이익집단들 간의 갈등을 조정하는 데에 무능력하기 짝이 없었다. 예컨대 김대중 정부 시기였던 1999년 국민연금을 도시 자영자들에게로 확대하는 과정에서 벌어졌던 연금 파동에서 여당인 새천년국민회의는 아무런 역할도 하지 않았다. 1998~2001년에 걸쳐 의약분업을 둘러싸고 사상 초유의 의원 폐업 사태가 벌어지고, 의보통합에 반대해 직장의료보험조합 노조가 무리한 반대 운동을 전개하는 상황에서도 여당은 야당과 더불어 소극적이기만 했다. 2004년 '국민연금의 8대 비밀 소동'은 정당들을 통해 정치권으로 접합·집약되지 않는 연금 문제를 둘러싼 시민사회의 불안과 불만이 인터넷 공간에서 폭발한 것이었다(Kim 2010).

둘째, 중도 정당은 또한 정책 형성에도 무능했다. 김대중 정부나 노무현 정부의 집권 여당들은 복지 분야에서 뚜렷한 비전이나 정책을 가지고 있지 못했고, 정책 형성 과정에서 아무런 주도권도 발휘하지 못한 채 행정부가 의뢰한 법안을 국회에서 처리해 주는 역할을 맡는 경우가 많았다. 이렇게 정당들이 이익대표와 정책 형성에서 제구실을 하지 못하고 관료에 의존해 복지 개혁의 골격이 짜여지는 과정에서 사회적 약자들의 이해가 제대로 반영되고 정책

화될 여지는 그만큼 좁아졌다. 복지 정치에서 보수정당들 역시 자신의 지지 기반인 상층계급의 이해관계를 충실하고 섬세하게 대변한 것은 아니었지만, 이들의 이해관계는 로비 등 다른 채널로도 얼마든지 대변될 수 있었다. 그러나 사회적 약자들의 이해관계는 노조나 사회적 협의 기구, 그리고 중도-좌파 정당에 의해 대변되지 않을 때 정책이나 입법에 반영되기 어려웠다.

한편, 2010년대로 접어들면서부터는 복지정치에서 보수정당의 역할이 커지고, 정당 간 선거 경쟁의 치열화가 복지국가 확대를 촉진 하는 현상이 관찰된다. 이명박 정부 출범 이후 성장에 의한 낙수효과에의 기대가 좌절되고 불평등과 양극화가 심화되면서 누적된 대중들의 재분배와 복지에 대한 요구는, 2010년, 무상 급식이라는 다소 의외의 지점에서 터져 나왔다. 그리고 이를 계기로 동력을 얻은 복지 이슈는 이후 2010년 지방선거와 2012년 총선을 거쳐 그해 대선에 이르는 기간까지 제도 정치권을 뒤흔들었다.

격렬해진 선거 경쟁의 과정에서 복지 이슈의 현저성salience이 높아지자 정당들은 앞다퉈 복지 공약을 개발하고 이를 통해 유권자들의 표를 구함으로써 복지 정치의 핵심 행위자로 자리 잡게 된다. 정당들은 일상적으로도 주도적으로 복지정책을 입안하고 여론을 형성하며 능동적으로 자신의 지지 세력의 이익을 결집하고 대의하는 모습을 보여 주었다. 그리고 이런 정당들의 활발한 전략적 상호작용이 법안의 구체적 내용을 결정했다. 여전히 선진 복지국가들만큼은 아니지만, 의회와 정당의 역할이 복지 정치에서 차지하는 비중이 높아지게 된 것이다.

이 과정에서 진보 정당=재정 확대와 복지 확대, 보수정당=감세와 복지 축소라는 과거의 단순 등식 역시 흔들리게 된다. 보수정당 역시 적극적으로 복지 공약 경쟁에 뛰어 들었고, 무상 보육 도입과정이 보여 주듯 복지 정책을 내걸고 실행하기도 했던 것이다. 물론 주 복지 이슈를 둘러싼 정당 간 당파성이 완전히 사라진 것은 아니었다. 보육 예산의 급격한 확대를 막기 위해 이명박, 박근혜 정부 시기 3~4세가 아닌 1~2세부터 무상 보육을 전면화한 것, 무상 보육 예산의 지방정부로의 떠넘기기, 보다 최근의 아동 수당 보편화 반대나 사립 유치원 파동 등, 정책적 입장과 정치과정을 면밀히 들여다보면 정당 간 차이는 여전히 적지 않다. '공로 주장'이 아니라 '비난 회피'가 중요한 증세에 대한 입장에서는 더 차이가 두드러진다. 그러나 선성장 후분배를 금과옥조로 삼고 거의 모든 복지를 '퍼주기'로 공격하던 과거에 비하면 복지 확대에 대한 우파 정당의 태도는 격세지감을 불러일으킬 만큼 변화한 것도 사실이다. 그리고 그 밑에는 2010년 이후 치열해진 선거 경쟁이 자리하고 있었다.

### 4) 대통령과 관료제

대통령제라는 권력 구조와 대통령의 역할은, 그간 사회정책 연구들에서 거의 조명되지 않아 왔다. 발전한 복지국가를 가지고 있는 나라들이 대부분 의회제 정부를 가지고 있는 서유럽 국가들이다 보니, 정치제도와 복지국가 발전에 관한 이론들도 의회제 정부를 전제로 한 선거제도와 정당 체제에 주로 초점이 맞추어졌기 때문일 것이다. 그러나 대통령제를 채택하고 있는 나라에서 대통령은 행정부 수반으로서 정책 결정 및 집행 과정에서 강력하고 포괄적인 권한을 지닌다. 이는 복지 정책의 경우에도 당연히 마찬가지이다. 특히 한국은 민주화 이후로도, 제왕적 대통령제나 위임 대통령제(이신용 2010)라는 말이 나올 정도로 대통령의 권한이 강력한 나라로서 복지 정책의 큰 줄기나 방향을 결정하는데 있어 대통령의 영향력은 절대적이었다. 구체적으로, 다음과 같은 점에서 대통령제라는 정치 제도와 행위자로서의 대통령은 한국의 복지 정치에 지대한 영향을 미쳐 왔다고 할 수 있다.

첫째, 국회의원 선거와 달리 대통령 선거는 전국이 하나의 선거구가 되기 때문에 전국적 수준에서 정당들 간 정책 대결이 벌어지는 장이 된다. 지역구 개발 사업이 아니라 복지나 노동이 중요한 쟁점으로 떠오를 수 있으며, 공약 경쟁을 통해 이런 분야의 정책에서 중대한 변화가 일어나는 계기가 될 수 있다(Estevez-Abe and Kim 2014). 게다가 대통령이 갖는 막대한 권력과 그 결과의 승자독식적 성격으로 인해 대통령 선거에서의 정당 경쟁은 국회의원 선거보다 훨씬 격렬해지는 경향이 있다(성경륭 2014). 그리고 이럴 경우 정당의 정책들은 선거 당시 '무드'에 강한 영향을 받으면서 대통령 선거에서의 승리를 위해 유연하게(라기보다는 거의 무원칙하게) 조정될 수 있다.

한국의 경우 1997년, 정권 교체가 이루어지고 보수, 진보 간의 정치 경쟁이 점점 첨예해지면서 복지 정책은 점차 중요한 대선의 쟁점이 되어 왔고 2010년 이후로는 특히 더 그러했다. 경제민주화와 복지 확대에 대한 유권자들의 관심이 높아진 상태에서 치러진 2010년 이후 두 번의 대선에서, 보수정당인 한나라당은 복지, 노동, 경제 공약을 현격히 중간 쪽으로 이동시켰고 이는 중도 정당이었던 민주당의 왼쪽으로의 이동을 촉진하면서 복지국가 확대의 중요한 계기를 만들었다.

둘째, 대통령의 권한이 강력한 나라라는 특징은 복지 정치 전반뿐만 아니라 구체적 복지 정책 결정에서도 매우 중요한 맥락이 되어 왔다. 2015년에 이루어진 한 조사의 결과는 이를 잘 보여 준다. 사회정책 결정 과정에서 공식적 권한을 갖고 있는 여·야당의 국회의원들과, 해당 핵심 부처 공무원들(기획재정부와 보건복지부), 그리고 자문 위원·연구 용역 등으로 정책 결정 과정에 영향을 미치는 전문가 집단을 대상(총 361명)으로 한 이 조사에서 모든 응답자군들은 복지 관련 입법과 해당 예산 확보에서 가장 중요한 역할을 하는 행위자로 하나같이 대통령을 꼽았던 것이다(양재진 외 2015). 이렇게 보면 사실상 한국에서 복지국가를 확대하는 데 있어 가장 중요한 권력 자원이 되었던 것은 친복지 정당이 의회에서 차지하는 의석수의 증대라기보다는 대통령실을 차지하는 것이었다고 할 수 있겠다. 김대중, 노무현 정부 시기를 비롯해 한국에서 대부분의 획기적 복지 개혁은 사실상 대통령의 강력한 의지와 권력에 의해 이루어진 경우가 많았다.

이와 같은 대통령의 막강한 권한은 논리적으로는 한국의 복지 발전에 양날의 칼과 같은 의미를 갖는 것으로 보인다. 한편으로는 대통령이 강력한 의지가 있을 때 단기간에 획기적인 복지 확대가 가능하다. 다른 한편으로는, 복지 확대만큼이나 그 반대의 역진도 그만큼 쉬울 수 있다는 뜻이 된다. 그러나 현실 정치에서는 그렇지 않은 경우가 대부분이다. 즉 복지 확대가 갖는 대중적 인기로 인해, 대개의 경우, 다음 선거를 의식하는 어떤 정당도 이미 만들어진 복지 혜택을 되돌리기 어렵다. 이런 의미에서 정치제도로서의 한국의 대통령제는 한국의 정치 상황과 결합하면서 복지 확대에 기여한 바가 상당히 크다고 보아야 할 것이다.

그러나 다른 한편, 대통령의 강력한 권한은 정책 결정에서 그렇지 않아도 취약한 정당과 의회의 역할을 계속 취약하게 하고 관료에의 의존을 지속시키는 역기능을 하기도 한다. 관료들은 기본적으로 의회나 정치적 집행부political executive가 결정하는 정책 방향대로 정책을 집행하는 집단이지만, 정책 결정 이전 정책 대안 탐색이나 집행 과정에서의 조정을 통해 실질적인 영향력을 행사한다. 또한 일반적으로 법률 형태의 정책 결정의 경우, 의회는 골격 입법skeleton legislation만을 하고, 보다 구체적이고 명확한 조정은 집행을 담당하고 있는 행정 부처에 일임하는 경우가 많다(양재진 외 2015, 5). 정당이나 국회가 정책 기능을 충분히 발휘하지 못해 왔던 한국의 경우 이런 관료 집단에의 재량권이 더 컸다고 할 수 있는데, 대통령의 강력한 권한은 이를 뒷받침하는 중요한 배경으로 작동하고 있는 것이다. 정책 형성에서 행정 관료에 대한 의존 심화는 관료제 내에서 기획재정부의 강력한 영향력을 고려할 때 정책 세부사항들이 이들의 입장에 맞게 조정될 여지를 키우는 것이기도 하다. 시행령과 시행 세칙 제정 과정에서 신자유주의적 요소가 강해진 국민기초생활보장법 제정 과정이 이런 '디테일 속 악마 배치'의 좋은 예라고 할 수 있겠다(김영순 2005).


### 5) 쟁점과 전망

#### (1) 노동운동의 역할

2010년 이후 복지 정치의 활성화 국면에서 조직 노동운동이 소극적 자세로 일관함에 따라 복지 정치에서 노동에 대한 기대는 점점 낮아져 왔다. 급기야 2015년 4월에 열린 한국노동사회연구소 창립 20주년 기념 토론회에서는 복지국가 운동에서의 노조의 역할에 대한 실망과 비난을 넘어 '노조 없는 복지국가는 불가능한가?'라는 근본적인 회의론까지 표출된 바 있다(이주호 2016).

그렇다면 이제 한국의 복지국가 건설에서 노동조합의 역할은 기대할 수 없는 것인가? 대부분의 연구자들은 적어도 중단기적으로는 복지국가 건설에서 노동운동이 주도적 역할을 할 가능성은 적다고 진단하고 있다. 그러나 노동운동이 한국에서 복지국가 건설에서 어떤 역할을 할 수 있을 것인지는 여전히 그 자신의 선택과 혁신에 맡겨진 문제이다. 노조는 총 150여만 명의 조합원(민주노총 70만 명, 한국노총 80만 명)과 1만여 명의 전임 간부, 그리고 막대한 재정적 자원을 보유한, 여전히 한국의 시민사회에서 그 어떤 조직보다 큰 권력 자원을 지닌 존재이다. 이런 노조가 '대공장 정규직 중심 조합주의'를 넘어서 사회적 연대를 통한 사회적 임금의 확대를 위해 나선다면, 일거에 복지국가 건설의 주력으로 부상할 수 있을 것이다 (이주호 2011).

복지국가의 확대를 위해 조직 노동운동이 가장 먼저 실천해야 할 것은 기업 조직 내부로 한정된 연대의 폭을 기업 내 비정규직, 타기업, 그리고 취약 미조직 노동자들을 포함하는 사회적 약자로까지 확장시키는 것이라고 지적되어 왔다(이상호 2011; 은수미 2011). 예컨대 청년, 여성, 비정규직 등 취약 노동자들이 사각지대에 놓여 있는 산재보험이나 실업 급여, 실업 부조 등의 문제를 조직 노동이 자신의 문제로 인식하고 개선의 노력을 보여 주는 것은 연대를 위한 작은 출발점이 될 수 있다. 이렇게 할 때 대기업 노조도 정규직 이기주의라는 사회의 따가운 시선에서도 벗어날 수 있고, 노동시장 내부자와 외부자 간의 사회적 연대도 이룰 수 있으며, 그 정당성을 바탕으로 노동 개혁 정국에서 주도권을 잡을 수 있을 것이다(이상호 2011).

이런 목표를 실현함에 있어, 기업 수준을 넘어서는 복지 문제의 속성상, 전국적 수준의 사회적 대화에의 참여는 매우 중요한 통로가 될 수 있다. 대기업의 조직 노동자들뿐만 아니라 미조직 취약 노동자들에게도 사회적 대화의 장은 복지와 관련된 이익을 대변할 수 있는 중요한 통로가 될 수 있을 것이다. 문재인 정부 출범 이후에도 민주노총은 2019년 대의원대회의 불참 결정으로 계속해서 사회적 대화기구인 경제사회노동위원회(이하, 경사노위)에 참여하지 않았고 이는 계속해서 복지정치에서 사회적 대화기구의 역할을 제한적인 것으로 만들었다.

그러나 다른 한편 문재인 정부하에서는 이루어진 작지만 의미 있는 진전에도 주목할 필요가 있다. 문재인정부는 사회적 대화기구를 경제사회노동위원회로 개편하면서 본위원회 구성에 이른 바 '미조직 취약계층' 대표(여성, 청년, 비정규직)를 포함시켰고, 미조직 취약계층이 모일 수 있는 '사회각계층관련위원회'도 설치했다. 논란이 많은 국민연금 개혁을 추진하는 과정에서 사회적 합의 도출을 위해 경사노위 산하에 연금특위를 설치하고 합의도출을 위한 사회적 대화를 시작했다. '미조직 취약계층' 대표(여성, 청년, 비정규직)들은 이 특위에도 포함되었다. 가장 핵심적인 재정-급여 패키지에서의 합의를 이루어내지 못하는 바람에 주목받지 못했으나, 특위가 자평하듯 과거의 연금개혁 논의에서보다 훨씬 깊이 있는 논의를 추진하고 참여 주체간 이견을 좁힌 점, 사각지대 해소, 국민신뢰 제고 방안, 기초연금 내실화 등 의제와 관련해서 합의를 이룬 것도 의미가 크다. 이 모든 것들은 향후 논의될 국가적 난제들에서 사회적 대화를 추진할 수 있는 밑거름이 될 것이다.

### (2) 시민운동의 역할과 정치적 중립성

시민운동이 복지국가 건설의 주체로 논의될 수 있는가는 그 자체로 논쟁거리였다. 한쪽에서는 이질적 구성으로 다양한 분화요인을 가지고 있는 시민운동은 복지국가 운동의 주체가 되기 어렵다고 주장했다(고세훈 2013). 반면 다른 한쪽에는 복지국가야말로 시민적 기획이어야 한다는 주장(장은주 2012)도 존재했다. 하지만, 어쨌든

그동안 시민운동이 한국 복지국가의 발전 과정에서 상당한 역할을 해 왔다는 점은 아무도 부인하지 않는다. 그렇다면, 지금까지 시민운동이 했던 역할들을 앞으로도 계속 기대할 수 있을까?

시민운동은 여전히 복지국가 운동의 중요한 주체가 될 수 있으나, 향후의 역할은 정당이나 노조, 혹은 이익집단의 역할이 비활성화되었던 시기와는 다른 형태가 되어야 할 것이다. 자주 지적되듯이 시민사회의 운동 조직들은 노조와 달리 다양한 이질적 이해관계를 갖는 구성원들로 이루어져 있으며, 특정한 생산 조직 속에서 매일 매일의 상호작용을 통해 정치적 정보와 의식을 교환하며 공동의 집합의식을 발전시키지 않는다. 즉 '조직적 닻'(Manza and Brooks 2008)을 가지고 있지 않다. 또 조직적 응집력, 규모, 정치적 위협력에 있어서도 노조와 비교되기 어렵다. 그러나 복지가 저발전하고 노조와 좌파 정당이 약한 사회에서 이들은 복지 동맹의 한 축으로서 중요한 역할을 할 수 있다. 한국의 복지 개혁을 추동해 온 시민운동 단체들이나 미국의 의료보험 개혁에서 중요한 역할을 담당한 무브온MoveOn.org의 사례가 보여 주듯, 사회운동 단체들 역시 복지 확대를 위해 고유의 권력 자원을 동원할 수 있는 중요한 행위자인 것이다. 권력 자원이 '자신에 유리한 법과 정책을 제정하고 이를 통해 분배 질서에 영향을 미칠 수 있는 힘'이란 의미를 가지고 있었다면, 이를 복지라는 물질적 이슈에 집중하는 사회운동에 적용하지 못할 이유가 없을 것이다. 그리고 복지를 가장 필요로 하는 사람들이 자신의 목소리를 낼 조직을 가지고 있지 못한 한국 사회에서 시민운동의 역할은 여전히 큰 의미를 갖는다.

그러나 복지 부문에서의 시민운동이 의미 있는 역할을 계속하기 위해서는 새로운 변신도 필요할 것으로 보인다. 우선 연성 권력 자원을 이용한 여론의 동원과 압력 행사를 통한 정책 변화의 방식은 이제 일정한 한계에 도달한 것으로 보인다. 조직이나 재정 등 경성 권력 자원을 가지지 못한 한국의 시민운동은 자신의 장점을 잘 살리는 방식, 즉 여론 동원awareness raising과 단기적이나 포괄적인 연대 세력 형성 등 연성 권력 자원의 동원을 통해 정책 결정 라인을 압박함으로써 자신의 목표를 효율적으로 달성해 왔다. 이런 방식은 단기적으로 거대한 제휴체를 만들어 극대화된 영향력을 행사할 수도 있지만, 지속성을 갖지 못하고 일거에 파편화될 위험성을 가지고 있다. 2011년 복지국가 연석회의의 실패는 이런 시민운동의 특성을 적나라하게 보여 주었다. 연석회의에는 고조되는 복지국가 운동의 흐름을 타고 무려 400여개 단체가 집결했으나 일반 시민들이 대중운동에 참여할 수 있는 실제적인 운동 기획을 만들어 내지 못했다. 그리고 복지국가의 사회적 기반을 형성하는 중장기적인 구상과 핵심적 과제를 외면한 채 정치적 기회 구조를 -활용해 과도한 정치적 목표를 앞세우고 단기간에 이를 달성하려 했으나 결국 실패하고 말았다(박영선 2014).

좌파 정당이나 노조가 사회경제적 약자들의 이익 대변자 역할을 제대로 수행하지 못하는 한, 시민운동 단체의 이런 공익 대변과 주창 역할은 앞으로도 일정 부분 계속될 것이다. 실제로 복지 관련의 대변형 시민운동 단체들은 복지 정치에서 정당의 기능이 활성화되자 '대의의 대행자'에서 '진보(적 공론장 형성자)'로서의 자신의 정체성을 더욱 분명히 해왔다(김정훈 2012). 강화된 전문성으로 무장하고 연구 활동이나 토론회 등을 통해 정부의 복지정책들을 감시, 비판하고 보다 정교한 정책 대안을 제시하는 데 집중하려 한 것이다.

한편으로는 그동안 큰 역할을 해왔던 대변형 전문가 조직이 아니라 풀뿌리 운동에 기반한 복지국가 운동으로의 발전도 한편에서 진행되고 있다. 미국의 무브온MoveOn.org 같은 조직이 온라인 기반으로도 풀뿌리 조직을 가지고 있었던 데 비해, 그간 한국의 영향력 있는 복지 관련 시민사회 운동은 한 전문가와 활동가 중심의 운동이었고, 그 하부는 소수의 매우 느슨하게 조직화된, 혹은 조직화되지 않은 다중들로 구성되어 있었다. 그리고 이는 특정한 복지 이슈를 두고 형성되는 대중들의 지지와 관심이 강한 휘발성과 유목성을 지니게 되는, 따라서 즉 지속성과 견고성을 결여하게 되는 원인이 되었다. 이에 따라 2010년 무상 급식 문제의 의제화로부터 시작해 2011년 대선 국면까지의 복지 정치의 활성화 국면이 가라앉자, 이제 풀뿌리 운동에 기반한 진지전이 필요하다는 지적이 대두되었다. 과거의 복지 시민운동이 상층 전문가, 활동가 중심의 기동전이었다면, 이제 각 영역과 지역에서 의제별 당사자들이 나서는 '아래로부터의 운동'이 필요하다는 것이었다(오건호 2014; 정태석 2014).

실제로 2010년 〈건강보험하나로〉 운동 이후 〈내가만드는복지국가〉, 〈세상을바꾸는사회복지사〉, 〈노년유니온〉 등 풀뿌리 복지 시민운동들이 만들어지고 있다. 또한 지역 풀뿌리 운동들에서도 복지 이슈에 관심을 가지고 초청 강연이나 토론회를 여는 경우가 과거보다 훨씬 많아지고 있다. 각종 지역운동 조직에서 주민 조례나 주민 발의, 주민 참여 예산 제도 등 기존 제도를 적극 활용해 복지 정책 수립에 개입하는 것, 그리고 여러 층위의 사회적 대화 기구들이나 서비스 이용자 단체에의 참여를 통해 복지 제도들의 민주적 협치를 구현해 가는 것 역시, 보편적 복지국가 건설을 위한 주체 형성에 매우 고무적인 징후라고 할 수 있다(김형용 2015).

이런 진지들을 기초로 시민의 복지 요구가 정치적으로 표출되고 결집될 수 있으며, 복지국가 운동도 지속성을 가지고 성장할 수 있을 것이다. 또 이런 조직들은 특정 복지 쟁점이 불거질 때 이를 적절한 틀로 프레이밍해 주고, 정확한 이해를 형성할 수 있게 하는 교육 기능을 수행할 수 있다. 결국 이런 과정을 통해서만 자신의 사회권에 대한 인식과 더불어 권리에 대한 책임, 타인과의 연대 등의 필요성을 체계적으로 인식할 줄 아는 복지 정책에 대한 해득 능력를 가진 시민들이 형성될 수 있을 것이다.

복지 관련 시민운동과 관련해 제기되는 또 하나의 쟁점은 시민운동이 기성의 정치권이나 국가 부문과 어떤 관계를 맺어야 하는가이다. 김대중 정부 이래 시민운동 출신의 인사들이 정당이나 행정부에 진출함으로써 시민운동이 추구했던 사회정책 의제들을 국정에 반영하고 상당한 정책적 성과를 거둔 것이 사실이다. 한국의 시민운동이 이렇게 정책 결정 통로에 접근함으로써, 복지 개혁의 성과를 도출하려 했던 가장 중요한 이유는 한국의 정치 제도적 특성 때문이다. 승자독식의 한국의 선거제도는 사회운동이 정당으로 변신하기에 아주 어려운 특징을 가지고 있다. 2016년 시민운동 단체

이자 싱크탱크로서는 상당한 영향력을 지녔던 '복지국가소사이어티'가 '복지국가당'을 창당하고 선거에 참여했으나 별다른 성과를 거둘 수 없었던 경험은 이런 한국의 현실을 극명히 보여 준다. 이런 제도적 장벽 앞에서 결국 복지 운동의 일각에서 택했던 정책 변화의 통로는 기존 정당과의 연합, 혹은 정당에 부분 흡수되는 방식의 개인적 참여(구갑우 2012)였다. 민주화 직후인 김대중 정부 시기에는 주로 대통령실 및 행정부에의 직접 참여라는 형태를 띠었고, 이후에는 정당과 국회로 확대되었다.

이와 같은 정당과의 정책 협력이나 시민운동 출신 인사들의 기성 정치권 진입이 이루어질 때마다 시민운동의 중립성을 두고 커다란 논란이 벌어졌다. 여기에 문재인 정부 등장 이후 참여연대를 핵심으로 하는 시민운동 출신 인사들의 대거 공직 진출과, 이른바 '조국 사태'를 계기로 격화된 시민운동의 중립성 논쟁은 시민운동의 신뢰도를 크게 추락시켰다. 시민운동이 정당으로 변신하기 어려운 한국의 선거제도가 계속 유지되고 있는 가운데 진행된 이 같은 사태 진전은 기성 정치권과의 관계 설정을 둘러싼 진보적 시민운동의 딜레마를 더욱 심화시킬 것으로 보인다. 그리고 복지 정치에서 시민운동의 영향력 역시 더욱 약화시킬 것으로 보인다.


### (3) 좌파 정당 및 정당들의 역할

앞서 언급한 바와 같이 복지국가의 역사에서 가장 중요한 행위자는 사민주의 정당이었다고 할 수 있다. 그러나 복지 확대를 통한 재분배를 자신의 핵심적 임무로 삼아 왔던 좌파 정당들은 최근 들어 세계 어디서나 난관에 봉착하고 있다. 이런 난관을 가져오는 두 가지의 중요한 요인은 세계화와 노동시장의 변화이다. 과거 유럽 주요 나라에서 사민주의 정당은 노동자계급의 견고한 지지를 기초로 중간계급 일부를 견인해 복지 동맹을 구축함으로써 집권할 수 있었다. 그러나 앞서 살펴보았듯 세계화로 인한 이민 노동력의 유입은 이주민에게 일자리를 뺏겼다고 믿는 미숙련 하층 노동자들의 우파 정당으로의 이동을 가져왔다. 영국의 브렉시트 사태, 미국의 트럼프 현상, '독일을 위한 대안'AFD을 비롯한 유럽 각국에서 극우 정당의 부상과 사민주의 정당들의 고전苦戰은 이를 잘 보여 준다. 한편 기술혁명의 진행 속에서 이루어지고 있는 노동시장의 파편화는 여러 세력 간의 동맹에 입각해 복지국가의 확대를 추진해 왔던 사민주의 정당에 더 짙은 그림자를 드리우고 있다. 과거에도, 중간계급과 노동자계급의 복지 욕구와 조세에 대한 입장을 조율하는 것은 사민주의 정당들에게 쉽지 않은 과제였다. 여기에, 이제는 노동의 파편화에 따라 노동자계급 내부의 이해관계 분열도 깊어지고 있다(호이저만·슈반더 2012). 최근 프랑스 사회당이나 독일 사민당의 선거 성적표는 이 과제가 얼마나 어려운지 여실히 보여 준다.

한국의 진보 정당에게 이런 문제들은 더 절박한 다른 문제들에 가려 당장은 급박한 문제로 보이지 않을 수 있다. 오히려 포괄 정당의 면모를 강하게 가지고 있는 중도 정당에게 자기 문제로 다가올 가능성이 더 크다. 그러나 조직 노동과 미조직 취약 노동자들의 대립, 자영자들과 저임금 노동자들의 '을들의 전쟁'에서 보이듯 한국에서도 복지국가를 통한 재분배의 정치를 지향하는 세력에게 이는 해결해야 할 중요한 과제가 될 것이다.

당장 직면한, 한국의 진보 정당에게 보다 절박한 과제는 복지국가의 확대를 바라는 세력으로부터 대표적 복지 정당으로 공인받고 정치적 지지를 얻는 일이다. 그러나 분단 체제가 진보 정당의 성장에 가한 구조적 제약이 복지 정치에도 투영되는 현상은 복지 태도의 계급성이 뚜렷해진 2010년 이후에도 여전히 건재한 것으로 보인다. 앞서 살펴보았듯 고령층에서 친복지적 태도가 친복지 정당 지지로 가는 것을 방해하는 정도는 정의당의 경우에 민주당보다 훨씬 강하게 나타나며, 이는 정의당의 친복지 세력 동원에는 민주당보다 훨씬 더 거대한 세대 장벽이 존재함을 의미하는 것이라고 보아야 할 것이다(노정호·김영순 2016). 분단 체제 변화가 단기간에 해결되기 어려운 과제라면, 이런 조건에서 어떻게 지지 기반을 확장할 것인가는 정의당이 해결해야 할 숙제가 될 것이다.

한편 진보 정당이 세력을 확장하기 어려운 한국의 특수한 조건하에서 '중산층·서민'의 이익을 대변하는 복지 정당의 역할을 자임해 온 것은 중도 정당, 곧 현재의 더불어민주당과 그 전신이었던 정당들이었다. 그리고 실제로 이 정당 출신인 김대중, 노무현 정부 시기 동안 상당한 복지 개혁이 이루어졌다. 그러나 이 두 정부를 거치는 동안 집권 여당-행정부의 권력 자원이 복지국가의 발전을 위해 얼마나 제대로 쓰였는지에 대해서는 부정적 평가도 적지 않다. 특히 재정적 제약 때문에 단기적으로 한계가 있을 수밖에 없는 재분배나 불평등 감소 효과를 차치하더라도, 복지 정책 집행을 위한 제도적 기반의 정비나 정책 패러다임의 정립 및 복지 동맹의 형성이라는 중장기적 과제에서도 비전의 결여와 미숙한 지지 동원 및 제휴 형성 능력으로 큰 성과를 거두지 못했다는 점은 주어진 권력 자원조차 제대로 활용할 수 없었던 두 정부의 한계로 지적된다(김영순 2009). '생산적 복지'나 '사회 투자 국가' 등 신자유주의적 시대 분위기에 압도되어 스스로의 손발을 묶는 복지 담론들을 유포한 것 역시 중요한 한계로 지적할 수 있겠다.

많은 기대 속에 출범한 문재인 정부 역시 복지 개혁에서 많은 한계를 드러냈다. 문재인 정부는 오랜 집권 준비 기간에도 불구하고 여전히 잘 준비된 복지국가의 청사진을 가지고 있지 않았다. 대통령 선거운동 당시부터 개별 프로그램들에 대한 복지 공약과 복지 지출 증대 계획을 공약했을 뿐 어떤 복지국가를 어떤 경로를 통해 만들겠다는 비전을 제시하지 않았다. 몇 년도까지 어떤 선진 복지국가의 지출 수준을 따라잡는다는 '예산 기획적 접근'으로 비전을 대신했던 '몰비전의 〈비전 2030〉'으로부터 크게 나아지지 않은 모습만을 보여 주었던 것이다. 정부 출범 후 몇 달이 지나고 나서야 포용적 복지국가의 '설계도' 작성을 '시작'했던 것이나 국민연금 개혁을 둘러싼 난맥상은 이런 준비되지 않은 정부에 대한 우려를 더욱 증폭시켰다. 결국 국민 연금개혁은 정부의 방기 속에 좌초되었고, 증세를 통한 복지확대를 목표로 했던 재정개혁은 기재부의 견제 속에 결국 별 성과 없이 마무리 되었다. 이후 코로나 19 팬데믹이 초래한 유례없는 위기 상황은 복지국가 혁신에 관한 논쟁을 격화시켰으나 문재인 정부는 신뢰할 만한 중장기 대안을 제시하지 못한 채 당장의 위기 수습에 급급했다.

2010년 이후 선명해진 정당 간 경쟁이 복지국가의 확대에 기여하게 되는 현상은 향후로도 당분간 계속될 것으로 보인다. 박근혜 대통령 탄핵 이후 정당 지지도가 약화된 보수정당들이, 복지 정책들을 통해 유권자들의 지지를 동원하려 해왔다. 여기에 코로나-19 팬데믹이 초래한 사회적 위기와 빈곤 및 불평등의 심화, 그리고 이 와중에서의 보편적 재난 지원금 지급과 재정 확대의 경험, 그리고 기본소득 등 복지국가 혁신 논쟁의 격화는 이런 정당 간 복지 정책 경쟁을 더욱 가속화시킬 것으로 보인다.


## 4. 맺음말: 지속 가능한 복지국가를 위한 지속 가능한 복지 동맹

선진 복지국가의 경험이 보여 주듯 복지국가의 건설과 확대는 견고한 복지 동맹을 필요로 한다. 그렇다면 저하되는 성장 잠재력과 급속한 인구 고령화, 그리고 고도로 파편화된 노동시장 환경이란 현재 한국의 조건 속에서 보편적, 제도적 복지국가의 건설을 위한 지속 가능한 복지 동맹은 어떻게 구축될 수 있을까? 여건은 만만치 않으나, 역으로 한국 사회가 직면한 경제 위기와 인구 위기라는 이중의 위기와 그로부터 배태되는 위기의식은 다양한 세력들의 동맹에 의한 복지국가 건설의 가능성을 제공한다. 세계 최저 출산율과 최고 자살률은 한국 사회 그 자체의 지속 가능성이 위기에 처해 있다는 무엇보다도 직접적인 증거들이며, 사람들은 각자도생의 피로감을 호소하고 있기 때문이다. 여기에 코로나-19 팬데믹은 우리 사회의 가장 취약한 부분이 어디인지를 선명하게 드러내 주고 있다.

무엇보다도 한국에서 보편적, 사회 연대적 복지국가를 위한 복지 동맹은 불리한 조건 속에서 가능한 자원들을 최대한 결집하는 형태가 되어야 할 것이다. 이는 산업화 시대 서구에서 등장한 사민당과 조직화된 계급들의 동맹을 넘어서는 다양한 세력들의 복지 동맹이 필요함을 의미한다. 즉 조직 노동과 미조직 취약 노동자들, 시민운동, 각종 생존권 운동, 풀뿌리 운동들의 연대가 필요하다. 이들 이질적인 운동들 간에는 이해관계와 지향의 차이도 존재하지만 복지 동맹으로 결집을 가능하게 하는 공통분모도 크다. 저소득층이나 취약 노동자들뿐만 아니라 중간층이나 10%의 내외의 조직노동자들 역시, 노후, 건강, 주거 등 각종 사회적 위험으로부터 결코 자유롭지 못하며, 자식 세대의 문제까지 고려한다면 모두가 복지 확대에 절박한 연대적 이해관계를 가지고 있다.

시민사회 쪽의 경우, 기존의 복지 관련 시민운동에 가세하는 여러 형태의 생존권 운동, 풀뿌리 운동들의 연대가 필요할 것이다. 주창 활동을 핵심으로 했던 기존의 복지 관련 시민운동의 역할은 아직도 상당 부분 유효하다. 여전히 우리 사회에는 정치적으로 대변되지 못하고, 자신의 조직도 갖지 못한 저소득층, 취약 노동자들이 많기 때문이다. 그러나 과거의 복지 관련 시민운동이 상층 전문가, 활동가 중심의 '기동전' 위주였다면 이제 이와 더불어 풀뿌리 운동에 기반한 '진지전'이 함께 필요할 것이다. 기초연금, 국민기초생활보장제도, 실업 부조처럼 각 영역과 지역에서 의제별 당사자들이 나서는 '아래로부터의 운동'이 필요한 것이다(오건호 2014; 정태석 2014). 이런 아래로부터의 운동 조직들은 복지국가 확대의 중요한 플랫폼이 될 수 있다.

복지국가는 궁극적으로는 정치적으로 결정되는 재분배 체계로서 법과 정책을 통해 실체를 가질 수 있기 때문에, 복지 정당(들)의 집권 없이는 사실상 실현 불가능하다. 노동의 조직 역량과 정치적 역량이 매우 취약하고, 가장 복지를 필요로 하는 집단과 가장 조직화된 집단이 불일치하여, 시민사회 내에 견고한 중심 세력이 없는 채 정치적 호명을 통해 복지 동맹이 구성되어야 하는 우리 상황에서 정당의 역할은 서구보다 훨씬 더욱 중요할 수밖에 없다. 진보 정당, 그리고 중도 정당 내 복지국가 건설 세력들은 연대의 문화를 경험하지 못한 조직노동자, 정치에 관심을 가질 여력이 없는 취약 노동자와 빈민, 사회적 불안전으로부터 자유롭지 못하면서도 '각자도생'의 틀에서 벗어나지 못하는 중간층의 연대를 '정치적'으로 구성해야 하는 과제를 안고 있다.

어떤 정당이 복지국가 건설을 주도할 것인가는 선험적으로 결정될 문제는 아니다. 역사적 경험으로 보면 장기적으로는 진보 정당의 강화와 집권이 한국에서도 복지국가 건설의 길이 될 것이다. 단기적으로는 중도 정당이 주도하는 가운데 진보 정당과의 정책 연합, 혹은 연정이 현실적인 복지국가 확대의 길이 될 것이다.

## 6장

# 87년 체제의 한계와 정치 개혁

### 최태욱

## 1. 들어가는 말
## : 다수제 민주주의 vs. 합의제 민주주의

만약 지구상에 시장이 정치로부터 완벽하게 자유로운 나라가 있다면, 그 나라에선 결코 경제의 민주화나 복지국가의 발전을 기대할 수 없다. 시장과 자본의 논리는 (연대와 형평성이 아닌) 경쟁과 효율성을 씨줄과 날줄로 하여 구성된 것이기 때문이다. '자유 시장'에선 강하고 능력 있는 경제주체가 그 힘과 능력을 한껏 발휘하여 자신이 원하는 것들을 마음껏 차지하는 것이 당연한 일이며, 따라서 약육강식과 승자독식은 일상적인 현상일 뿐이다. 소수의 강자가 다수의 약자를 착취하는 일이 자유라는 미명하에 늘 자연스레 벌어진다는 것이다.

김영삼 정부 이후 본격적으로 '자유화'의 길을 걷게 된 한국의 시장은 어느새 다른 어떤 경제 선진국들에 비해서도 매우 '자유로운 곳'이 됐다. 그러니 한국의 소득 및 자산 불평등 상황이 OECD 최악 수준에 속한다는 게 별로 놀라운 사실도 아니다. 나라 전체에는 (부국이라 분류될 만큼) 상당한 부가 쌓여 있지만, (실상 내부를 들여다보면) 그 부는 소수에 집중되어 있어 다수의 시민들은 상대적 빈곤감을 느끼며 불안하고 불편하게 살고 있다. 자본과 노동, 대기업과 중소기업, 정규직과 비정규직, 장년과 청년, 부잣집과 가난한 집, 수도권과 지방 사이 등 온갖 사회경제 주체들 사이에 격차가 날이 갈수록 심화되고 있기 때문이다.

본디 대의제 민주주의의 작동 원리는 '머리'가 아니라 '머리수'에 기초한 것이다. 소수의 능력자가 아니라 사회의 다수를 구성하는 일반 시민들의 선호와 이익이 존중되고 보호되도록 하는 정치체제가 제대로 된 대의제 민주주의라는 것이다. 시장의 논리를 거슬러 경제민주화와 복지국가를 발전시켜 갈 수 있는 정치, 즉 이른바 '시장을 거스르는 정치'politics against market는 그런 참 대의제 체제에서 이루어진다(고세훈 2007; Esping-Andersen 1985). 빈부 격차와 양극화 문제 등을 해결하긴 위해선 다수 시민들의 의사가 정치 및 정책 결정 과정에 제대로 투입되고 산출되는, 즉 민의가 제대로 반영되는 대의제 민주 체제가 먼저 확립되어야 한다는 것이다. 그런 체제가 잘 돌아가면 사회의 다수 성원이기 마련인 사회경제적 약자들의 바람과 요구에 부합하는 (즉 사회경제적 약자들을 강자로부터 보호하는) 정책 및 제도는 적기에 충분히 제공될 수 있다.

실제로 어느 나라에서나 사회 구성원의 압도적 다수는 사회경제적 약자이므로 (비례성의 원리에 따라 작동하는) 합의제 민주주의 정당 체계에는 약자 집단을 대표하는 유력 정당들이 (강자 집단을 대표하는 정당들에 비해) 더 많기 마련이고, 그런 정당들은 입법부는 물론 (역시 비례성의 원리가 작동하는) 행정부에서도 더 큰 영향력을 행사할 개연성이 크다. 유럽의 선진 합의제 민주주의 국가에서 연정을 주도하는 정당이 대개 노동자나 서민·중산층 등의 약자 대표 정당인 것은 우연이 아니라 그렇게 설계된 제도 효과 때문이다. 따라서 이런 국가에선 '약자를 위한 정치'가 입법부와 행정부에서 상시적으로 작동하고, 그 결과 경제민주화 및 복지국가 수준이 (다수제 민주주의 국가에 비해) 항상 높은 것이다.

특정 국가의 합의제 민주주의 성숙도는 그 나라의 '사회적 합의주의'social corporatism 혹은 '사회 협약 체계'social pact의 발전 수준으로 가늠할 수 있다. 근본적으로 합의제 민주주의란 (비례대표제, 다당제, 연정형 권력 구조 등의 합의제형 정치제도를 가동함으로써) 갈등 관계에 있는 정치 및 사회경제 주체들 간의 합의를 지속적으로 이루어 가고자 하는 정치체제를 의미하기 때문이다. 사회적 합의주의 발전 정도에 대한 23편의 선행 연구 결과를 분석하여 1980년대와 1990년대 사이 24개 선진 산업국가들의 사회적 합의주의 순위를 정리한 시아로프(Siaroff 1999, 184)에 의하면, 앞선 연구 결과들 모두가

동의할 수 있는 최고의 사회적 합의주의 국가 8개국은 오스트리아, 노르웨이, 스웨덴, 네덜란드, 덴마크, 독일, 핀란드, 벨기에 등이다. 요컨대, 이 사회 합의주의 8개국이 최고 수준의 선진 합의제 민주주의 국가라는 것이다(최태욱 2014). 실제로 이 8개국은 모두 높은 비례성을 가진 선거제도, 이념과 정책으로 구조화된 다당제, 그리고 안정적인 연정형 권력 구조를 운영하고 있다. 그리고 이 나라들의 경제민주화 및 복지국가 발전 수준이 세계 최고라는 것은 주지의 사실이다.

사회경제적 갈등이 심했던 나라에서 비례대표제와 합의제 민주주의의 도입을 통해 사회 통합을 성공적으로 유지한 사례는 무수히 많다.[1] 다수제보다는 합의제 민주주의에서 경제적 불평등 정도가 덜하고, 복지 수준이 더 높으며, 약자나 소수자 배려가 더 철저하다는 것(선학태 2005, 402-408; Lijphart 2012, ch. 16), 그리하여 민주주의의 사회 통합 효과가 더 뛰어나다는 것은 이미 많은 연구자들에 의해 실증적으로 충분히 검증된 사실이다(Armingeon 2002). 특히 조세나 복지 정책 등을 통한 합의제 민주 정부의 재분배 수행 능력은 다수제 정부에 비해 월등하게 높은 것으로 나타난다(Crepaz 2002).

합의제 민주주의의 시장 조정 및 (재)분배 기능이 이처럼 우수

---

[1] 합의제 민주주의와 다수제 민주주의의 서로 다른 사회경제적 효과, 즉 사회적 형평성 제고 혹은 경제적 효율성 증대 효과에 대한 아래 서술은 상당 부분 최태욱(2014, 75-83)에서 발췌한 것이다.

한 이유를 한마디로 요약한다면 '포용의 정치'politics of inclusion 때문이라고 할 수 있다(Iversen and Soskice 2006). 상기한 바와 같이, 합의제 민주국가에서는 정치 및 정책 과정에 사회경제적 약자 집단들이 (그들의 정치적 대표자인 정당을 통해) 효과적으로 참여할 수 있는 길이 활짝 열려 있다. 따라서 약자를 위한 국가의 법, 제도, 정책적 보호는 항시적으로 이루어진다. 경제민주화와 복지국가의 진전이 그 결과물이라고 할 수 있다. 이를 도식화해서 요약하자면, 포용 정치가 '포용 경제'(경제의 민주화)를 견인하고, 그것은 종국에 '포용 사회'(복지국가의 발전)로 나아간다는 것이다.

그런데 다수제 민주주의는 다르다. 다수제 민주주의는 포용의 정치가 아니라 '배제의 정치'politics of exclusion에 의해 작동된다. '승자독식' 제도들로 이루어진 정치체제이기 때문이다. 다수제 민주주의를 설계한 영국인들은 의회에서 다수당 지위를 차지한 특정 정당에게 정치권력을 몰아주기로 했다. 선거에서 승리한 단일 정당이 입법부와 행정부를 모두 장악할 수 있도록 해야 임기 동안 그 정당이 자율성과 책임성을 갖고 국정을 효율적으로 수행해 갈 수 있을 것으로 생각한 것이다. 그런데 이때 효율적인 국정 운영이란 정치권력을 차지한 다수당이 민주국가의 주인인 시민의 뜻을 독점적으로 해석하고 구현해 가는 것을 의미한다. 당연히 선거에서 패배한 정당과 그 정당이 대변하는 사회 세력들은 국정 운영 과정에서 배제되곤 한다. 다수당 혹은 다수파의 독점, 독주, 독선이 놀랄 일이 아닌 것이다. 그러니 합의제와 비교하자면 이 다수제 민주주의에서는 경제적 불평등 정도가 심하고 복지 수준이 낮을 수밖에 없다. 사회경제적 약자들의 선호와 요구를 상시적 안정적으로 포용해 낼 수 있는 정치 구조가 아니기 때문이다.

그런데도 복지국가 발전 수준이 낮고 사회경제적 불평등 정도가 심해 사회 통합의 위기를 우려하는 한국이 민주화를 이룩한 1987년 이후 지금까지 줄곧 이 다수제 민주주의를 고수하고 있는 까닭은 무엇일까? 아마도 그 까닭 중의 하나는 다수제가 합의제 민주주의보다 더 효율적인 정치체제라는 인식이 (그 사실 여부와는 관계없이) 사회에 아직 널리 퍼져 있기 때문일 것이다.

이른바 '87년 민주화 운동'에 참여한 우리 시민들은 4.19 민주혁명 때와는 달리 대통령제를 선호했다.[2] 국민 직선제만 보장된다면 대통령제 자체가 문제될 것은 없다고 보았던 것이다. 더 정확히 말하자면, 당시의 우리 국민 대다수는 한국은 의회제보다 대통령제가 더 잘 어울리는 나라라고 여겼다. 분단 체제라는 불안정한 안보 환경에서 국가의 경제 발전과 성장을 도모하기 위해서는 '적어도 당분간'은 형평성보다는 효율성을 보장하는 정치가 더 필요하다고 생각하는 사람들이 대다수였다는 것이다.

그 같은 인식은 정치권도 공유했다. 예컨대, 민주화 운동의 양대 지도자였던 김영삼과 김대중도 (의회제가 아닌) 직선 대통령제의 도입이 해법이라고 주장했다. 말하자면, 그들 역시 승자독식 민주주의 체제를 선호했던 것이다.

---

2_주지하듯, 4.19 혁명은 대통령이라고 불리는 독재자를 끌어내리고 대한민국의 권력 구조를 대통령제에서 의회제로 바꾸어 놓았다.

시민사회와 정치권은 박정희와 전두환으로 이어진 독재 정권은 타도해야 마땅하지만 그들이 국시로 내걸었던 반공주의와 경제성장 제일주의는 그대로 수용해야 할 공동체의 가치라고 여겼고, 그 국가적 목표를 이루기 위해선 (민주적 선거만 보장된다면) 연대와 형평성보다는 경쟁과 효율성을 중시하는 정치가 더 적합하다는 데 동의했다. 그리하여 작금의 87년 체제, 즉 한국형 다수제 민주주의 체제가 등장한 것이다.

그리고 그 후 지금까지 근 35년, 그 기나긴 동안도 다수의 시민들은 다수제 민주주의가 자신들의 선배 시민들이 기대했던 대로 생산적이고 효율적인 정치체제라는 데 대해 별 이의를 달지 않았다. 그도 그럴 것이 이 87년 체제에서 국가 경제는 빠른 속도로 부단하게 성장했고, 그 결과 최근엔 한국이 세계 10대 경제대국에 진입했다는 분석이 나올 정도가 되었다. 성장 측면에서만 보자면, 다수제 민주주의에 대한 선호는 어느 정도 이해할 만한 것이기도 하다.

하지만 분배 측면에서 보자면 얘기는 전혀 달라진다. 한국은 미국과 더불어 양극화와 불평등 상황이 최악인 OECD 국가이다(그렇다고 미국이 가지고 있는 예의 그 특수하고 예외적인 정치, 경제, 사회, 문화적인 자산이 있는 것도 아니다). 다수제 민주주의를 고수한 대가는 한국 사회 구성원의 대다수를 차지하는 사회경제적 약자들에게 너무 가혹한 것이었다. (인공지능 시대의 조기 도래와 그에 따른 기본소득의 도입 등과 같은 특별한 변수의 개입이 이루어지지 않는 한) 87년 승자독식 체제를 뜯어고치지 않고는 더 이상 사회 통합을 유지하기가 어려울 것으로도 보인다. 대체 언제까지 이 87년 체제를 그대로 두고만 볼 것인가?

　아래 2절에서는 경제민주화와 복지국가의 유의미한 진전으로 사회 평화와 사회 통합을 안정적으로 유지하기 위해서는 이제 87년 체제의 대안 체제 수립이 불가피하다는 점을 강조하며, 따라서 문재인 정부가 합의제 민주주의로의 전환을 정치 개혁의 목표로 천명한 것은 시의적절한 판단이었다고 평가한다. 하지만 현실에서 나타난 현 정부와 집권당의 개혁 의지와 능력은 (적어도 지금까지는) 그저 미흡하거나 의심스러울 뿐이라는 안타까운 사실을 3절에서 적시한다. 마지막인 4절은 미완에 그친 선거제도 개혁은 언제라도 다시 (그러나 가급적이면 빨리) '제대로' 추진돼야 할 국가적 과제라고 주장하면서 그 과정에선 이제 행위자 변수에도 관심을 기울일 필요가 있다고 언급하며 본 장을 마무리한다.


## 2. 87년 체제와 대안 체제

### 1) 87년 체제의 핵심 문제

　87년 체제는 다음의 세 가지 정치제도로 구성된 한국형 다수제 민주주의 체제라고 할 수 있다. (지역주의와 결합하여 작동하는) 국회의원 소선거구 일위대표제, (제왕적) 대통령제, 그리고 (과잉) 중앙집권제가 그것이다. 셋 모두 전형적인 승자독식 민주주의 제도이다. 그런데 이 87년 체제는, 교과서적 개념에 따라 엄밀히 평가하자면, 제대로 된 대의제 민주주의 체제라고 하기가 어렵다.

대의제 민주주의란 민주국가의 주인인 시민들이 자신들의 정치적 대표를 '대리인'으로 내세워 그들을 통하여 국가 공동체를 간접 운영하는 민주주의 형태를 의미한다. 그러니 다수의 시민들이 정치적 대표를 갖고 있지 못하다면, 즉 대표 없는 상태로 '방치되어 있다'고 한다면, 그런 상태에 있는 국가를 대의제 민주주의 국가라고 하기는 곤란하다. 한국이 바로 그런 나라에 속한다. 한국 시민의 대다수는 자신들의 선호와 이익을 대표하는 정치적 대리인을 갖고 있지 못하다. 이는 한국 사회의 가장 큰 사회경제 집단에 해당하는 노동자나 중소 상공인의 예를 보아도 알 수 있는 일이다. 그들 가운데 자신이 유력한 정치적 대리인을 갖고 있다고 말할 수 있는 사람이 과연 얼마나 되겠는가?

대의제 민주주의의 핵심 소임은 일반 시민들, 특히 사회경제적 약자들에게 정치적 대표성을 제대로 보장해 줌으로써 그들이 사회경제적 강자에 맞설 수 있는 정치적 길항력을 갖추게 하는 데에 있다. 노동자가 자본가와, 중소 상공인이 대기업과, 청년이 장년과, 가난한 사람들이 부자들과 적어도 정치의 장에서는 동등한 파트너십을 유지할 수 있도록 해준다면 사회경제적 약자들의 자유와 평등을 수호할 수 있는 정책과 법, 제도 등은 적절하게 공급될 수 있다. 87년 민주화 이후 만약 대의제 민주주의가 본령대로 작동하고, 따라서 정치가 사회경제적 약자들에게 시장에서의 길항력을 제공하는 역할을 제대로 수행해 왔더라면, 한국의 경제민주화와 복지국가 수준은 지금쯤 이미 상당한 수준에 도달했을 것이다.

그런데 87년 체제는 약자들에게 정치적 대표성을 제대로 제공해 주지 못했다. 양극화의 심화, 비정규직 노동자와 영세 자영업자의 증대, 삼포시대를 넘어 오포와 칠포시대로 이어지는 청년 문제의 악화, 그리고 사회적 불안과 소외의 만연 등 온갖 사회경제적 폐해는 이제 사회 통합의 위기를 우려해야 할 정도로 사회 갈등 수준을 높여 놓았다. 이 모든 게 상당 부분 87년 체제라고 하는 '의사擬似 대의제 민주주의'pseudo representative democracy 때문에 지속되고 있는 문제라고 볼 수 있다.

대의제 민주주의 체제에서 정치적 대표성을 보장하는 현실 주체는 결국 정당이다. 사회경제적 약자들을 정치적으로 대표할 수 있는 여러 유력 정당들이 의회 및 정부에 상시적으로 포진해 있어야 한국의 실질적 민주주의가 발달할 수 있다는 것이다. 작금의 한국적 상황에서 정치적 보호를 가장 절실히 필요로 하는 약자 집단 셋을 꼽으라고 한다면 비정규직 노동자, 소상공인, 청년 구직자 등일 것이다. 그들은 각기 800만, 700만, 600만 명으로 헤아려질 정도로 그 규모가 큰 집단들이다. 그래서 흔히 '약대'弱大 집단이라고도 불린다. 그들의 가족까지 친다면 이 세 집단은 가히 한국 사회의 대다수를 구성한다고 할 수 있다. 그런데 한국엔 이를테면 '영남당'이나 '호남당'은 있을지언정 '비정규직 노동자당', '소상공인당', '청년당' 등은 존재하지 않는다.

지역과 인물에 기반한 거대 양당 중심의 현행 정당체계를 뜯어

고쳐 이들 주요 사회경제 집단을 두루 대표할 수 있는 정책과 이념 중심의 다당제로 바꿔 놓지 않고는 민의를 제대로 반영하는 대의제의 작동을 기대하기 어렵다. 대의제가 제대로 작동하지 않는 상황이 더 길어지면 갈등 주체들, 특히 사회경제적 약자 집단의 불만과 불안감은 더 이상 조정이나 관리가 어려울 정도로 심화될 수 있다. 사회 통합의 위기가 현실화될 수도 있다는 것이다.


### 2) 대안 체제로서의 합의제 민주주의

선거제도가 정당 체계의 형성과 발전에 지대한 영향을 끼친다는 것은, 뒤베르제와 그 이후의 수많은 비교 정치학자들이 이론과 경험 자료를 통해 증명해 온 바, 이젠 일반에게도 제법 널리 알려진 사실이다(Duverger 1963; Riker 1986; Sartori 1986). 예컨대, 소선거구 일위대표제는 양당제를, 그리고 비례대표제는 다당제의 발전을 유도하는 경향이 강하다.

선거제도의 정당 체계 규정력을 감안할 때 문재인 정부가 87년 체제의 핵심 문제를 '대표성의 위기'로 파악하고 선거제도의 개혁을 주요 해법으로 제시한 것은 정확한 처방이라 아니할 수 없다. 사실 비례성이 보장되는 선거제도의 도입은 문재인 대통령의 지론이기도 했다. 2012년 대선 정국에서 당시 문재인 후보는 권역별 비례대표제로의 개혁을 공약으로 내세웠다. 그리고 그가 새정치민주연합의 당 대표였던 2015년 8월에는 '권역별 소선거구-비례대표 연동제'의 도입을 공식 당론으로 채택하여 2016년 총선에선 그걸 당의 공약으로 천명했다. 그리고 2017년 대선 때도 권역별 연동제의 도입이 그의 공약이었다.

2019년 12월 12일 대통령직속 정책기획위원회가 발표한 '비전 2045'를 보면 문재인 정부의 정치 개혁 비전 혹은 목표가 '혁신적 포용 국가'를 위한 협치와 분권의 민주주의, 즉 권력 공유의 합의제 민주주의 체제 확립임을 알 수 있다.[3] '비전 2045'에서 87년 체제의 대안 체제로 호명된 합의제 민주주의는, 주지하듯, 소선거구 일위 대표제가 아닌 비례대표제, 제왕적 대통령제가 아닌 권력 공유형 의회제, 그리고 중앙집중제가 아닌 연방제 혹은 그에 준하는 지방분권 체제로 구성된 민주주의 체제이다(Lijphart 2012). 거의 정확히 87년 다수제 민주주의 체제의 대척점에 있는 정치제도들로 가동되는 민주 체제인 것이다.

문재인 정부는 출범 초기부터 이 세 가지 정치제도 가운데 비례성 높은 선거제도의 도입이 급선무라는 인식을 갖고 있었다. 문 대통령은 당선 직후인 2017년 5월 19일 여야 5당 원내 대표와의 회동에서 "선거제도 개편이 제대로만 된다면 꼭 현행 대통령제를 유지할 필요는 없지 않나. 다른 권력 구조도 선택 가능한 것 아닌가."라는 말을 했다(『시사IN』 2018/3/23). 국회가 진정한 민의 대변 기구로 거듭날 수 있도록 선거제도가 먼저 개혁된다면 의회제로의 개헌

---

3_'비전 2045' 전문은 정책기획위원회 홈페이지에서 내려 받을 수 있다.
(http://pcpp.go.kr/post/seminar/seminarView.do?post_id=1881&board_id=6&)

도 가능하리라는 의미였다. 지방분권 체제로의 전환 역시 개헌 사안임을 감안하면 결국 권력 구조와 지방분권 개헌은 선거법 개정 이후의 개혁 과제로 상정하고 있음을 암시했던 것으로 볼 수 있다.

문재인 정부의 이 개혁 순서는 지극히 타당한 것이라고 평가된다. 권력 구조를 의회제로 개편하고자 한다면, 의회가 먼저 우리 사회 구성원들의 선호와 이익, 갈등과 대립 양상을 있는 그대로 반영할 수 있는 대의 기구로 바로 서야 한다. 그러기 위해선 주요 사회경제 집단의 정치적 대표성을 두루 보장해 줄 수 있는 선거제도의 도입이 필요하다. 요컨대, 선거제도의 개혁으로 국회가 진정한 민의 대표 기구로 거듭나야 그 국회를 중심으로 하는 권력 구조가 제대로 작동할 수 있다는 것이다.

그리고 사실 비례성이 보장되는 선거제도의 도입으로 정책과 이념 중심의 다당제가 정립되면, 즉 서로 다른 사회경제 집단을 대표하는 셋 이상의 유력 정당들이 자웅을 겨루는 '구조화된 다당제' 환경이 마련되면 거기서는 어느 한 정당이 총의석의 과반을 차지할 가능성이 높지 않아 (단일 정당에 의한 행정부 구성은 드문 경우이고) 통상적으로는 여러 정당들 사이에 연립정부가 형성되곤 한다. 그리고 그 통상적인 일은 종국에 제도화로 안착되기 마련인바, 그것이 바로 비례대표제와 다당제를 택하고 있는 거의 모든 선진 유럽 국가들이 분권형 대통령제나 의원내각제와 같은 권력 공유형 의회제를 취하고 있는 까닭이다.

비례대표제와 다당제, 그리고 권력 공유형 의회제 등으로 이루어지는 이 제도 조합을 다 갖추어야 비로소 주요 사회경제 집단의 정치적 대표성을 두루 보장하는 (정당정치 차원에서의) 합의제 민주주의가 온전히 그리고 안정적으로 작동할 수 있다. 비례대표제와 다당제의 양자 조합은 (특별한 경우가 아니라면) 의회에서의 정치적 대표성을 상당히 높은 수준에서 거의 언제나 보장한다. 그러나 그 양자 조합이 (이른바 '대통령중심제'와 같은) 승자독식형 권력 구조와 결합하게 되면 행정부에서의 정치적 대표성은 제도적으로 보장되지는 않는다.[4] 그 경우 작은 정당들은 매우 까다로운 조건 하에서 제한적으로만 행정부에 참여할 수 있다.

작은 정당들이 자신들이 대표하는 사회경제 집단의 선호와 요구를 행정부의 국정 운영 과정에 반영할 수 있는 가능성은 의원내각제나 분권형 대통령제와 같은 권력 공유형 의회제에서 활짝 열린다. 그런 나라에선 다른 정당들과의 연립정부 형성이 통상적이기 때문이다. 결국, 비례대표제, 다당제, 연정형 권력 구조 등의 삼자 조합으로 이루어지는 합의제 민주주의에서 약자를 포함한 주요 사회경제 집단의 정치적 대표성이 입법부와 행정부 양 차원에서 두루 보장될 수 있다는 것이다. 그리고 그 삼자 조합의 완성을 위한 정치 제도의 개혁은 선거제도로부터 시작되는 것이 맞다.

---

4_물론 대통령의 결단에 의해 대통령중심제라는 승자독식형 권력 구조가 실제로는 합의제형으로 운영될 수도 있다. 하지만 그것이 제도적으로 보장되는 것은 아니다. 말하자면, 대통령중심제 국가에선 행정부에서의 정치적 대표성 정도가 제도가 아니라 사람에 의해 결정된다는 것이다.

# 3. 문재인 정부 개혁 작업 평가
## : 선거제도 개혁을 중심으로

새로운 민주주의를 발전시켜 나간다는 것은 결국 새로운 정치제도를 만들어 가는 과정이며, 그런 제도 변화는 국회를 통한 입법으로만 가능한 것이나, 문재인 정부는 출범 2년 반이 지날 때까지도 정치제도 개혁 법안은 단 한 건도 통과시키지 못했었다. 2019년 12월 27일에 국회를 통과한 선거법 개정안이 그나마 최초의 개혁 법안이었다. 출범 후 무려 2년 7개월만의 일이었다. 그러나 그 개정 선거법에 의해 도입된 새 선거제도가 과연 합의제 민주주의의 발전에 의미 있는 기여를 할 수 있을지는 의문이다. 아래에서 따져 보겠지만, (설령 양대 정당이 법 취지에 어긋나는, 예컨대 '위성 정당'의 급조 따위와 같은 비열한 행동을 하지 않는다 할지라도) 제도 자체가 보장할 수 있는 비례성 수준이 별로 높을 것 같지가 않기 때문이다.

포용 국가 혹은 합의제 민주주의의 발전을 위해 추진해 왔던 선거제도 개혁, 권력 구조 개편, 지방분권화 가운데 뒤의 두 개혁 작업은 헌법 개정을 요하는 지난한 과제인 터라 그렇다고 할지라도, 문재인 정부가 왜 임기 하반기에 들어설 때까지도 자타가 공인할 만큼 그 효과가 확실한 선거제도 개혁도 달성해 내지 못했는지에 대해서는 별도의 설명이 필요하다. 이른바 '패스트트랙'에 태워 다수파의 힘으로 선거법을 개정하려 했다면 국회선진화법이 요구하는 재적 의원 5분의 3 이상의 찬성이라는 그 요건은 이미 오래전에 (원하기만 했다면 출범 직후에 바로) 갖출 수 있었던 것이다. 그럼에도

2년 반이 넘도록 지체한 이유는 무엇일까? 그리고 그렇게 시간을 들여 통과시킨 개정안이 고작 "호랑이 그리려다 고양이 된 선거법"이라는 평가를 들을 정도로 내용이 부실한 까닭은 또 무엇일까?(『한겨레 21』, 2020/01/06) 정부의 의지가 약했던 걸까, 아니면 능력이 부족했던 걸까? 아래에서 점검해 보자.

### 1) 선거법 개정 과정

위에서 언급했듯, 문재인 대통령은 당선 직후 권력 구조 개헌에 앞서 선거제도를 먼저 개혁하는 게 중요하다는 입장을 여야 5당 원내 대표들 앞에서 밝혔다. 그 말을 듣고 문재인 정권을 탄생시킨 '촛불 시민들'의 다수와 자유한국당(이하 '자한당')을 제외한 야당들이 기뻐했다. '촛불 정부'가 초반부터 주도해 간다면 선거제도 개혁은 시간문제라는 기대가 정치사회에 퍼져 갔다. 그러나 그 후 기대와 달리 집권 민주당은 선거제도 개혁에 성실한 자세를 취하지 않았다. 민주당과 함께 양대 정당 구조를 형성해 온 자한당은 (예측대로) 선거제도 개혁을 반대했다. 군소 정당들과 그들을 지지하는 학계와 시민사회 일부의 노력만으로 개혁 작업에 속도가 붙을 리는 없었다.

정치권 내부에 선거법 개정을 위한 논의의 장이 마련된 건 정부가 출범한 지 1년이 훌쩍 지나서였다. 문재인 정부가 가장 중시하는 국정 과제인 고위공직자범죄수사처(공수처) 설치 문제가 선거법 개정 요구와 맞물리며 사법개혁특별위원회와 함께 정치개혁특별위원회(이하 '정개특위')가 2018년 7월에 출범한 것이다.

그러나 그렇게 어렵사리 만들어진 정개특위는 순항하지 못했다. 제대로 된 비례대표제의 도입을 원하는 군소 정당들과 그것을 반대하거나 주저하는 양대 정당의 의견 충돌이 너무 잦아 5개월이 넘도록 계속 공전만 했다.

의미 있는 일이 일어나기 시작한 건 12월에 들어서면서였다. 12월 4일 바른미래당, 민주평화당, 정의당 등의 소위 '야3당'은 '연동형 비례대표제' 도입 문제를 정부 여당이 내놓은 예산안과 연계 처리하겠다는 입장을 밝힌 후 무기한 국회 농성에 돌입했다. 민주당은 야3당이 예산안을 볼모로 선거제도를 개혁하겠다는 데 대해 어느 국민도 동의하지 않을 거라며 거세게 비판했다. 하지만 손학규 바른미래당 대표는 선거제도 개편은 협치와 합의제 민주주의를 제도화하자는 것이고, 촛불 민심에 따라 정치 개혁을 제대로 하자는 것이니 만큼, 지금의 이 귀중한 기회를 놓치지 않기 위해서 "야당이 예산안 처리와 선거제 개혁을 연계시키는 건 당연한 전략"이라며 물러서지 않았다(『한국일보』 2018/12/05). 선거제도 개혁을 '제2의 민주화 운동'이라고 규정한 민주평화당의 정동영 대표도 민주당이 "이 시대적 대의를 외면하면 (그 당을) 도울 이유가 없다"며, 그런 당을 돕는 건 "기득권을 돕는 것이기에 현상 타파와 기득권 타파의 국민 요구에 반하는 것"이라며 민주당을 압박했다(『뉴스1』, 2018/12/4).

그러나 민주당은 12월 6일 야3당의 선거제도 개혁 연대 요청을 무시하고 자한당과 협력하여 예산안을 통과시켜 버렸다. 당장 학계와 시민사회에서는 촛불 민심의 경고에도 불구하고 민주당이 당리당략에 눈이 멀어 자한당과 '반개혁 기득권 연대'를 맺었다는 등의 거센 비판이 터져 나왔다(『프레시안』 2018/12/07). 야 3당의 반발도 더욱 거세졌다. 손학규 대표와 이정미 정의당 대표는 국회 로텐더홀에서 단식에 들어갔으며 정동영 대표는 청와대 앞 시위 등을 주도하며 정치권과 시민사회의 개혁 연대를 굳건히 해갔다.

야 3당 지도자들의 단식과 천막 농성, 그리고 시민사회의 개혁 촉구 운동 등이 혹한 속에서 열흘이 넘도록 지속되는 가운데 여론이 자신들에게 불리한 방향으로 움직이기 시작하자 거대 양당은 상당한 부담을 느꼈고, 그렇게 되자 비로소 개혁 논의에 진전이 생겼다. 12월 15일 여야 5당 원내 대표가 모여 '연동형 비례대표제 도입을 위한 구체적인 방안을 적극 검토한다'는 내용의 합의문을 발표한 것이다. 합의문에는 '비례대표 확대 및 비례·지역구 의석 비율, 의원정수(10% 이내 확대 등 포함해 검토), 지역구 의원 선출 방식 등에 대하여는 정개특위 합의에 따른다'와 '선거제도 개혁 관련 법안은 1월 임시국회에서 합의 처리한다'는 등의 문구도 들어가 있어 시민들로 하여금 조만간 역사적인 선거제도 개혁이 이루어질 거라는 기대를 갖게 했다.

하지만 얼마 가지 않아 자한당이 태도를 바꿨다. 연동형 비례대표제 도입을 '검토'한다는 것이었지 '합의'하겠다는 건 아니었다며 선거제도 개혁 논의가 구체화되는 것에 제동을 걸었다. 시간이 흘러도 자한당이 계속 비협조적인 태도로 일관하자 자한당 대 '여야

274

4당'(민주당·바른미래당·민주평화당·정의당)의 대치 구도가 자연스레 형성됐다. 야 3당이 그토록 바라던 선거제도 개혁 연대가 자한당의 몽니 덕분에 본격화되는 형국이었다.

그렇다고 여야 4당 연대가 굳건한 것이라고 하기는 어려웠다. 사실 민주당의 대다수 의원들은 선거 정치에서 자당과 자신들에게 불리하게 작용할 공산이 큰 연동형 비례대표제의 도입에 상당한 불안감과 불만을 갖고 있었다. 단지 정부와 당 지도부가 심혈을 기울여 추진하고 있는 고위공직자범죄수사처(이하, 공수처) 설치와의 연관성 때문에 야3당과의 개혁 연대 형성에 대놓고 반대하지 못할 뿐이었다. 선거제도 개혁이 문재인 대통령이 2012년과 2017년 대선 때 연달아 내놓았던 공약이었으며 2015년 이후의 당론이었다는 점도 그들이 연동형 비례대표제 도입 논의를 거부하기 어려운 또 다른 이유였다. 결국, 여야 4당 연대는 여당 의원들의 대다수는 그저 소극적으로 당 지도부를 따라가는 형편에서 주로 야 3당의 적극적인 노력에 힘입어 가까스로 조금씩 움직여 갔다.

그 느려 터진 행보가 축적된 결과가 2019년 4월 30일 소위 '준연동형 비례대표제' 도입안의 정개특위 신속 처리 안건('패스트트랙') 지정이었다. 흔히 독일식 비례대표제로 불리는 '온전한' 형태의 연동형 비례대표제는 여야 4당 연대의 결성 초기부터 이미 합의의 대상이 될 수 없다는 게 거의 명확해졌었다. 민주당의 반대가 워낙 거셌기 때문이었다. 그 후 논의의 초점은 연동형의 틀은 유지하되 그것이 보장하는 비례성을 얼마나 줄이느냐에 모아졌다. 2015년 중앙선관위가 제안했던 개혁안(지역구 200석, 비례 100석, 비례성

보정률 100%)에서 출발해 협상을 거듭하면서 비례성을 줄이고 줄인 마지막 안이 바로 그날 정개특위에 오른 준연동형 비례대표제(지역구 225석, 비례 75석, 비례성 보정률 50%)였던 것이다.

자한당의 대다수 의원들은 그 정도의 법안조차 '지나치게 개혁적인' 것으로 평가했다. 그리고 그것은 제1 야당의 참여 없이 여야 4당만이 모여 (합의 과정을 생략하고) 만들어 낸 일방적인 선거법 개정안이므로 결코 입법화 과정을 밟을 수 없다며 오랜만에 '동물 국회' 상황까지 연출했다. 그러나 역부족이었다. 선거제 개혁안은 신속 처리 안건으로 지정됐고, 그 네 달 후인 8월 29일에는 준연동형 비례대표제 도입안이 정개특위 전체 회의에서 공식 의결되어 이제 일정한 기간만 지나면 국회 본회의에 자동 상정될 수 있는 입법안이 되었다.

제1 야당의 거센 반발과 저항을 나머지 군소 야당들의 도움을 받아 다수의 논리와 힘으로 누르고 어렵사리 쟁취한 패스트트랙 지위였으나 민주당은 그 군소 야당들을 제대로 존중해 주지 않았다. 정개특위 활동 시한 연장 문제를 놓고 야 3당과 팽팽한 신경전을 펼쳤고, 정개특위 위원장 자리를 놓고도 구차한 셈법 대결을 벌였다. 가장 불미스러운 행태는 연동형 비례대표제라고 부르기가 민망해 '준'자를 앞에다 붙인 패스트트랙 선거 법안에 또 다시 손질을 가하기 시작한 것이었다. 패스트트랙 개혁안은 국회 본회의에 상정하기 전에는 얼마든지 수정하고 보완할 수 있는 것이기에 야3당은 혹시라도 그 개혁 법안이 내용적으로 더 후퇴할까 봐 노심초사할 수밖에 없었다. 그런데, 불행히도, 그 우려는 현실이 되었다.

민주당은 비례대표 의석을 75석에서 60석, 그리고 다시 50석으로 줄이자고 했고, 그에 더하여 (본래의 연동형 비례대표제에서처럼 100%를 보정해 주는 대신) 50%를 보정하자고 했던 준연동형을 조금 더 고쳐 30석에만 소위 '캡'을 씌워 그 범위 내에서만 연동형 보정을 시행하자고 주장했다. 군소 야당들과 개혁 진영 시민사회의 반발은 당연했다. 일례로, 심상정 정의당 대표는 "대기업이 중소기업에 단가를 후려치듯 밀어붙이고 있다"며 민주당을 비난했다(『한국일보』 2019/12/15). 그러나 민주당은 아랑곳하지 않고 자신들의 주장을 거의 다 관철시켰다. 결국, 12월 23일 소위 '4+1 협의체'에서 원래의 개혁 법안은 비례성 보장 측면에서 상당히 낙후된 안(지역구 253석, 보정률 50%짜리 연동 비례 30석, 병립 비례 17석)으로 최종 수정되었다.[5] 그리고 그 최종안은 4일 후인 12월 27일 국회 본회의를 통과함으로써 한국의 새 국회의원 선거제도가 되었다.

이하 본장에서는 그 새 선거제도를 '이중혼합다수제'라고 부르기로 한다. 소선거구제와 비례대표제가 섞여 있는데다 그 두 제도의 혼합도 연동제와 병립제를 섞는 기묘한(?) 방식으로 하는 것이기에 이중혼합제이며, 이 선거제도의 이념형적 성격은 비례제라기보다는 다수제에 가까운 것으로 판단되기 때문이다.[6]

---

5_11월 말과 12월 초 사이에 일어난 소규모 정개 개편에 따라 '여야4당' 체제는 '4+1'(민주당, 바른미래당 당권파, 정의당, 민주평화당 + 대안신당) 협의체로 전환됐다.

6_대의제 민주국가의 모든 선거제도는 크게 두 가지 이념형으로 분류할 수 있다. 하나는 상대 다수나 절대 다수의 지지를 받은 후보에게 대표 권한을 몰아주는 성격을 갖는 '다수제'이고, 다른 하나는 원칙적으로 각 후보의 득표율에 비례하여 대표 권한을 나누어주

## 2) '이중혼합다수제' 평가

2019년 8월에 정개특위에서 의결됐던 (원래의) 순연동형 비례대표제만 해도 비례성 보장 정도가 상당하여 그 개혁 효과를 충분히 기대해 볼 만한 입법안이었다. 그러나 이중혼합다수제는 다르다. 과연 개혁 효과를 기대할 수 있을지 의문이란 것이다. 아래에서 간략하게나마 두 제도를 비교해 보자.[7]

준연동형 비례대표제는 의원 정수는 300석 그대로 두되 소선거구 의석은 225석으로 줄이고 비례대표 의석은 75석으로 늘려 연동형 비례대표제로 국회의원을 선출하자는 것이었다. 다만 그 내용 중에 유의점이 몇 가지 있었는데, 무엇보다 중요한 것은 그 제도는 온전한 연동형 비례대표제는 아니라는 점이었다.

독일이나 뉴질랜드 등에서 채택하고 있는 연동형 비례대표제는 어느 정당이 정당 득표율에 못 미치는 지역구 의석을 획득했을 경우 비례대표 의석으로 그 부족 부분을 온전히 보정해 주지만, 이 제도에서는 50%까지의 보정이 보장될 뿐이다. 예컨대, A라는 정당이 전국에서 20%를 득표했을 때에, 온전한 연동형 비례대표제라면 그 정당은 300석의 20%인 60석을 배분받아야 하지만, 이 '준연동형'

---

려는 '비례제'이다. 소선거구제와 비례대표제가 섞여 있을 때 연동제 방식으로 양자를 혼합하면 비례제의 성격이 나타나고, 병립제로 혼합하면 다수제의 특성이 나타나는 게 일반적이다. 그래서 전자를 '혼합형 비례제'(mixed-member proportional system, MMP), 후자를 '혼합형 다수제'(mixed-member majoritarian system, MMM)라고 부르기도 한다.

7_준연동형 비례대표에 대한 아래 설명은 최태욱(2019)의 관련부분을 발췌한 것이다.

표 1. (원래의) 준연동형 방식을 채택할 경우 상정 가능한 미래 총선 결과

| 가상<br>정당 | 정당<br>득표율<br>(%) | 의석 할당 정당끼리의<br>득표율 비례 의석수(A) | 지역구<br>당선자<br>(B) | 연동 배분<br>의석수<br>(C) | 잔여 배분<br>의석수<br>(D) | 전체<br>의석수 |
|---|---|---|---|---|---|---|
| 민주 | 35 | 297석의37.6%=111.67 | 95 | 8 | 11<br>(10.90) | 114<br>(38%) |
| 자유 | 25 | 297석의26.9%=79.84 | 100 | 0 | 8<br>(7.8) | 108<br>(36%) |
| 미래 | 15 | 297석의16.1%=47.90 | 15 | 16 | 5<br>(4.7) | 36<br>(12%) |
| 정의 | 10% | 297석의10.8%=31.94 | 8 | 12 | 3<br>(3.1) | 23<br>(7.7%) |
| 평화 | 5 | 297석의5.4%=15.97 | 3 | 6 | 1<br>(1.6) | 10<br>(3.3%) |
| 녹색 | 3 | 297석의3.2%=9.50 | 1 | 4 | 1<br>(0.93) | 6<br>(2%) |
| 청년 | 2 | NA | 0 | 0 | 0 | 0 |
| 노인 | 2 | NA | 0 | 0 | 0 | 0 |
| 무소속 | NA | NA | 3 | 0 | 0 | 3 |
| 합계 | | 297 (+ 무소속 3석) | 225 | 46 | 29 | 300 |

* 의석 할당 정당끼리의 득표율은 의석 할당이 안 되는 정당의 득표율을 빼고 환산한 득표율
* 연동 배분 의석수 C는 A-B의 50% (소수점은 반올림)
* 잔여 배분 의석수 D는 75석의 비례대표 의석 중 연동 배분을 하고 남은 29석을 의석 할당 정당끼리의
  득표율대로 배분 (정수대로 배분하고 남은 의석은 소수점 큰 순서대로 배분)

의 경우에는 그에 미치지 못한다. 만약 그 정당 후보 20명이 지역구에서 당선됐다면, 정당 득표율에 따른 60석에서 그 지역구 20석을 제외한 40석의 50%인 20석만을 비례대표 의석으로 우선 배분받게 된다. 그리고 (총 75석의 비례대표 의석 중 각 정당에게 50%를 보정하고 남은 의석을 정당 득표율대로 나누는) 잔여 배분 의석을 추가적으로 배분받을 수 있다. 결국 A당이 얻을 수 있는 의석은 지역구 20석과 (50% 보정 원칙에 따른) 비례대표 20석, 그리고 거기에 추가되는 잔

여 비례대표 의석 몇 개의 총합이다. 〈표 1〉은 이 준연동형 방식이 어떻게 작동하는지를 보여 주기 위해 작성한 가상의 총선 결과이다.

〈별첨 자료〉(이 책의 294쪽)의 〈표 1-2〉와 〈표 1-4〉의 시뮬레이션 결과가 보여 주는 바와 같이 이 준연동형 비례대표제에서는 선거제도의 비례성이 지금보다 크게 개선된다. 따라서 (지역구 성적에 비해) 정당 득표율이 선거 결과에 미치는 영향이 그만큼 커질 것이며, (인물 선거가 아닌) 정당 선거 경향이 더 강해질 것이고, 정당 간의 정책 경쟁이 치열해지는 효과가 창출될 것이 예상됐다. 많은 학자와 전문가들은 이 제도가 도입된다면 작금의 지역과 인물 중심 정당 체계가 차츰 이념과 정책 중심 체계로 발전해 갈 것이며, 그런만큼 계층과 부문, 그리고 직능 대표성이 제고될 것이라고 확신했었다. 요컨대, 선거제도의 정치적 대표성 보장 기능이 유의미하게 개선될 것이라는 기대가 상당했다는 것이다.

그러나 이중혼합다수제에서는 이 (원래의) 준연동형 비례대표제에서와 같은 정도의 정치적 대표성 보장 기능을 기대하기 어렵다. 2019년 12월에 국회를 통과한 새 선거법은 구조화된 다당제의 확립에 기여할 수 있을 정도의 유의미한 비례성을 보장하지 못하리라는 것이다. 무엇보다, 이른바 '제도의 행위자 유인 효과'가 그리 크지 않을 것이기 때문이다.

당연한 얘기지만, 제도는 그것이 행위자의 선택에 상당한 영향을 끼칠 때에만 현실적인 의미를 갖는다. 새로운 제도의 도입이나 기존 제도의 변화에 개혁적이라는 의미가 부여되려면 그런 제도의 변화 이후 행위자가 제도 설계의 목적이나 의도에 따라 (과거와 다르게) 행동하는 모습이 나타나야 한다. 만약 선거제도를 바꿈으로써 합의제 민주주의의 발전에 유리한 방향으로 정당 체계를 고쳐 가고자 한다면, 그 새 선거제도는 반드시 선거 정치의 주 행위자인 유권자의 투표 행태에 상당한 영향을 끼쳐 지역이나 인물이 아닌 이념이나 정책에 기반을 둔 정당들이 점차 부상하는 결과를 낳는 것이어야 한다. 그리하여 종국에 이념과 정책 중심의 구조화된 다당제가 확립되도록 하는 것이어야 한다. 그때 비로소 합의제 민주주의는 안정적으로 발전해 갈 수 있다.

뒤베르제의 용어를 빌려 보다 구체적으로 말하자면, 구조화된 다당제의 안착을 위한 새로운 선거제도는 유권자의 '진심 투표' sincere voting를 유인할 수 있는 것이어야 한다(Duverger 1963). 진심 투표란 유권자가 다른 변수는 고려하지 않고 오직 자기의 선호에 따라 투표하는 행위를 지칭한다. 대다수의 유권자가 진심 투표를 하게 되면 종국엔 다당제가 이루어진다.

현행 소선거구 일위대표제는 유권자로 하여금 진심이 아닌 '전략적 투표'strategic voting를 하도록 유인한다. 1등이 아닌 다른 후보에게 간 표는 모두 사표로 처리되기 때문이다. 이런 선거제도에서 대다수의 유권자들은 '사표 방지 심리'를 갖게 되고, 따라서 그들은 자기들이 선호하는 후보가 1등이 될 가능성이 낮을 경우엔 비록 진심으로 선호하는 후보는 아니지만 그래도 1등이 될 가능성이 있는 후보 가운데 자기의 선호에 그나마 가장 가까운 후보에게 투표하는 경향을 보인다. 실제로, 예컨대, 진심으론 녹색당을 선호하는 유권자가 민주당 후보를 찍는다든가, 진심으론 기독자유당을 선호하는 유권자가 자한당 후보에게 표를 던지는 따위의 일은 비일비재하게 일어나는데, 그것이 바로 전략적 투표 행위에 해당한다. 다수의 유권자가 이런 전략적 투표를 하게 되면 양당제가 고착되기 십상이다. 1등 뽑기 게임은 결국 일 대 일 경쟁 구도를 창출하기 마련인 까닭이다.

새로운 선거제도가 작금의 전략적 투표 경향을 쇠하게 하고 진심 투표 경향을 흥하게 하려면 이제부터는 선호하는 정당에 표를 던지면 그것이 그 당의 의석 확보에 도움이 될 거라는, (그리고 더 바라기는) 그리하여 그 당이 유력 정당이 될 수 있다는 믿음을 유권자에게 주어야 한다. 이중혼합다수제가 유권자들에게 그런 믿음을 심어 줄 수 있을까? 과연 진심 투표를 유인할 수 있을까?

새 선거제도로 총선을 치른 (정의당과 여러 면에서 유사한) 정책 중심의 전국정당인 K당이 정당 득표율 10%를 기록하고 지역구에선 2석을 확보한 경우를 상정해 보자. 이때 K당의 병립 비례 의석수는 전체 17석의 10%인 2석 정도일 것이다. 독일식이나 뉴질랜드식과 같이 온전한 연동제라면 K당은 총의석의 10%인 30석에서 지역구 2석을 뺀 28석을 보정 받아야 하나, 이중혼합다수제에선 그 30석에서 지역구 2석과 병립 비례 2석을 뺀 26석의 50%, 즉 13석만을 보정 받을 수 있다. 그러나 그것도 보장된 건 아니다. 보정에 사용할 수 있는 연동 비례 의석수가 총 30석에 불과하기 때문이다. 만약 K당과 비슷한 정도의 성적을 받은 작은 정당들이 전부 셋이라고 가정하면, 즉 세 정당이 각각 13석 내외의 보정을 받아야 한다면 K당은 최대 10석 정도를 보정 받을 수 있을 것이다. 이 경우 K당은 10%의 득표율로도 원내교섭단체조차 구성하지 못하는 (지역구 2석, 병립 비례 2석, 연동 비례 10석을 합친) 14석짜리, 즉 의석 점유율 4.7% 짜리 군소 정당에 머무를 수밖에 없게 된다.[8] 이중혼합다수제에서 의 소정당들 형편이 대체로 이럴 거라고 한다면, 그 제도가 유권자 들의 진심 투표를 유인할 가능성은 그리 높지 않다.

위에서 비정규직 노동자, 소상공인, 청년 등을 한국의 대표적인 약대 집단이라고 꼽았는데, 선거제도 개혁 가능성이 과거 그 어느 때보다 높아 보였던 2019년 봄에서 가을 사이 이 약대 집단들 내부 에서는 정치 세력화 운동이 활발하게 전개됐었다. 그런데 당시 그 런 모임에 가보면 쉽게 들을 수 있는 구호 중의 하나가 '10%만 모 으면 30석짜리 유력 정당 만들 수 있다!'였다. 물론 독일식 비례대 표제 등과 같이 비례성 높은 선거제도가 도입되면 그렇게 된다는 의미였다. 틀리지 않는 말이다. 그런 경우라면 10%가 아니라 7% 내외만 득표해도 원내교섭단체는 충분히 만들 수 있다. 그러니 그 런 구호가 연호될 때면 참석자들의 눈에서 희망의 빛이 넘실대곤 했다. 선거제도만 제대로 개혁된다면 그깟 10%나 7%를 못 모으겠 냐는 자신감의 발로였다. 유의미한 비례대표제가 도입되면 확실히

---

**8**_비례 의석 47석 가운데 30석에만 캡을 씌워 연동 비례 의석으로 사용한다는 소위 '30석 캡 적용'은 2020년 총선에서만 한시적으로 한다는 것인 만큼, 그 이후에 그 캡을 벗기게 된다면 비례성은 보다 증가할 것이다. 그러나 30석 캡 적용이 한시적이란 말이 그 이후 엔 47석 모두를 연동 비례 의석으로 돌리겠다는 의미는 아닌 것이므로 2024년과 그 이후 의 비례성이 어느 정도일지는 전혀 가늠할 수 없는 상황이다.

진심 투표 유인 구조가 창출되겠다는 기대가 절로 드는 광경이었다.

그런데 이중혼합다수제에서는 그런 기대를 갖기가 어려울 듯하다. 10%를 모으면 과연 몇 석을 얻을 수 있다고 자신 있게 말할 수 있겠는가? 상기 K당 사례에서도 보았듯이, 10%를 모아도 유력 정당이 되리란 보장은 없다. 보정에 쓸 수 있는 의석을 30석으로 한정해 놓은 까닭에 보정율이 50%에도 미치지 못할 공산이 (보정 받을 정당이 많을수록 더욱 더) 크기 때문이다. 지역구 1등을 충분히 많이 배출하지 않는 한, 군소 정당이 어렵사리 10%를 득표한다 할지라도 원내교섭단체 지위를 획득할 확률은 높지 않다. 그러니 이 제도를 갖고 얼마나 많은 유권자들로 하여금 진심 투표를 하도록 유인할 수 있겠는가.

경상도에 사는 평균적인 소상공인 경우를 생각해보자. 지난 수십 년간 '영남당'을 지지하고 그 당의 도움으로 경제활동을 해온 사람이 이중혼합다수제가 도입됐다고 해서 이제부턴 새 정당인 '소상공인당'에 표를 줄 수 있겠는가? 별로 그럴 것 같지가 않다. 거기에 투표해 봐야 그 당이 힘 있는 정당이 될 리가 별로 없는데 왜 귀한 자기 표를 거기다 갖다 버리겠는가. 그것은 전라도에 사는 평균적인 소상공인도 마찬가지이다. 그도 필경 그동안 해왔던 대로 '호남당'에 표를 주고 말 것이다. 그래야 얼마라도 정치적 도움을 더 받을 수 있지 않겠는가. 현실이 그러할지니, 이중혼합다수제로는 정책이나 이념에 기반을 둔 유력 정당의 부상, 따라서 구조화된 다당제의 확립을 기대하기가 어려우리라는 것이다.

그런데 설상가상 이 제도에서는 거대 정당이 온갖 편법을 동원하여 의석 극대화를 획책할 경우 소정당들은 그 알량한 의석마저도 빼앗길 수 있다. 아직도 믿어지지 않지만, 우리는 이미 양대 정당이 그런 짓을 하는 걸 목도했다. 2020년 총선에서 자한당과 민주당은 (지역구의 비중이 워낙 큰 탓에) 각자의 정당 지지율을 상회하는 만큼의 의석을 지역구에서 이미 다 가져간 다음에 또 얼마 되지도 않는 (순수 연동제) 비례 의석조차도 상당 부분을 꼼수를 부려 차지해 버렸다. 먼저 시작한 건 자한당이었지만, 민주당도 기다렸다는 듯이 바로 그 뒤를 이었다.

자한당은 선거법 개정 논의엔 참여조차 한 적이 없으니 그 법에 구속될 까닭이 없다고 강변하다가 나중엔 새 선거법의 허점을 파고들어 (오직 비례의석만을 목표로 하는) 위성 정당을 만들었다. 선거법의 취지를 무시하기로 작정하고 그 법의 무력화 방법을 찾아낸 것이다. 대의 민주주의의 비례성 원칙이 왜 중요한지 아는 정당이라면 차마 해선 안 될 짓이었다. 각 정당이 가급적 국민의 지지에 비례하는 의석을 갖게 하고, 그렇게 배분된 '자기 몫'의 권력으로 나름의 정치적 대표자 역할을 잘 수행케 하려는 게 새 선거법의 목적이었는데, 이미 지역구에서 자기 몫 이상을 가져갈 수 있는 정당이 (주로 군소 정당들의 몫으로 마련된) 비례 의석마저 쓸어 가겠다며 몽니를 부린 것이었다.

진보 혹은 개혁 세력의 대표 정당임을 자처해온 민주당이 자한당과 똑같은 꼼수를 쓴 것은 한국의 민주주의 발전사에서 소위 '흑역사'로 남을 것이다. 결국 오직 자당의 이익만을 극대화하기 위해

천박한 선택을 한 셈인데, 이는 양당제 유지에 관한 한 양대 기득권 정당의 선호와 선택은 거의 언제나 동일하다는 것을 다시 한 번 확인해 준 사건이었다.

2020년의 총선 결과는 우리로 하여금 이중혼합다수제가 존속하는 한 한국이 이념과 정책 중심의 다당제, 합의제 민주주의 국가로 발전해 가기는 어려우리라는 어두운 전망을 하게 한다. 그러니 2019년에 이 기괴한 제도를 도입한 것은 개혁이 아니라 개악에 가까운 행동이었다고 평가하는 데에 별 주저함이 생기지도 않는다. 제도 자체가 보장하는 비례성도 별로 높지 않은데, 거기에 더하여 거대 정당들이 앞으로도 계속 비열한 수단과 방법을 동원한다고 하면, 이 선거제도는 오히려 양당제를 강화하고, 배제와 대결의 정치를 심화시켜, 한국의 승자독식 민주주의를 더욱 악화시킬 게 자명하다.


## 4. 나가는 말: 제도 vs. 행위자

길게 얘기할 필요도 없을 것 같다. 선거제도 개혁은 처음부터 다시 시작해야 한다. 물론 합의제 민주주의 국가로 가기 위한 권력 구조 개편도 여전히 중요한 과제로 남아 있다. 어쩌면 당분간은 선거제도 개혁보다 권력 구조 개헌이 더 뜨거운 이슈가 될 수도 있다. 다음 총선은 2024년이지만 대선은 그보다 2년 빠른 2022년의 일이기 때문이다.

조만간 개헌 논의가 재개된다면 이번만큼은 과거의 실수를 되풀이 하지 말고 반드시 사회적 합의를 도출하는 과정을 제대로 거쳐야 한다. 학계와 시민사회에서 최근 가장 바람직한 방법으로 꼽히는 개헌 방식은 '시민의회'의 소집이다(김상준 2011; 이지문·박현지 2017).[9] 예컨대, 아일랜드에서는 개헌이 필요한 경우 (대개 관련 조항들을 특정하여) 1년 시한의 시민 의회를 소집함으로써 그 공론장을 중심으로 사회적 합의가 형성될 수 있도록 한다. 시민이 주체적으로 참여하는 그런 방식으로 개헌을 추진할 때 내용의 충실성은 물론 개혁의 실현성이 높아지는 것은 당연한 일이다.

문재인 정부는 2018년 3월 말에 정부 개헌안을 발의했었다. 기본권과 지방분권의 강화 등 나름 의미 있는 내용들이 많이 담겼지만, 사회적 합의나 공감대는 형성되지 못한 상태에서 소수 엘리트에 의해 다소 급하게 작성된 안이었다. 당연히 광범위한 국민적 지지를 얻는 데에는 실패했고, 따라서 국회에서도 무시됐다. 국회 본회의에서 이 개헌안에 대하여 정족수 미달에 따른 '투표 불성립'을 선언한 것이다. 사회적 합의나 국민적 공감대에 기반하지 않은 개헌안이 얼마나 취약한 것인지를 적나라하게 보여 준 사건이었다. 시민 의회 방식을 재삼 강조하는 이유이다.

---

9_시민 발의 제도가 있다면 당연히 그걸 통해 사회적 합의를 형성해 볼 수 있겠으나 우리 헌법은 아직 그런 제도를 수용하지 않고 있다. 시민 발의 제도의 도입 역시 개헌 사안인 것이다. 헌법 및 법률의 개정과 시민 발의 제도에 관해서는 서현수(2019)가 잘 정리해 놓았다.

조금 다른 이야기이지만, 문재인 대통령의 그 개헌안에는 '국회의 의석은 투표자의 의사에 비례해 배분돼야 한다'는 선거의 비례성 원칙이 명시돼 있었다. 간절히 바라는 것은, (사회적 합의를 거쳐) 헌법 개정이 이루어질 때 이 원칙 조항이 꼭 그 새 헌법에 포함되는 것이다. 그렇게만 된다면 헌법에서 천명한 비례성 원칙을 명분으로 내세워 선거법 재개정 작업을 당당하게 다시 추진할 수 있을 것이기 때문이다.

처음부터 다시 시작해야 할 선거제도 개혁 역시 시민의회 방식으로 추진하는 게 바람직하다. 법을 만들어도 그 법의 적용을 받는 사람들이 법 취지를 존중하지 않으면 법의 목적을 달성하기는 어렵다. 모름지기 법은 합의의 산물이다. 합의의 수준이 높을수록 사람들의 법 존중도도 높아진다. 자한당이 새 선거법을 무시하면서 '비례자유한국당'을 따로 만들겠다는 등 대놓고 꼼수를 쓰겠다고 나설수 있었던 건 근본적으로 새 선거법의 합의 수준이 낮았기 때문이다. 자한당 의원들은 선거법의 직접 적용을 받는 당사자들의 상당수가 배제된 상태에서 이루어진 '그들만의 밀실 합의'를 왜 존중해줘야 하느냐고 따졌다. 양대 정당제의 한 축을 이루는 자한당이 그렇게 나오자 다른 축인 민주당도 '우리만 손해 볼 수는 없는 게 아니냐'며 역시 비례 위성 정당을 만들어 맞섰다. 만약 새 선거법이 높은 수준의 사회적 합의 과정을 거쳐 탄생한 것이라면 일어날 수 없는 일이었다. 감히 누가 국민의 일반 의사를 무시할 수 있겠는가.

독일이나 뉴질랜드와 같이 연동형 비례대표제를 채택하고 있는 나라에서 자한당과 민주당처럼 꼼수를 쓰겠다는 정당이 나타나지 않는 이유는 (방지 조항 비슷한 것이 있기는 하나 그보다는) 그 나라들의 선거법이 사회적 합의에 기반을 두고 있기 때문이다. 사회적 합의를 정면으로 무시하면서까지, 그리하여 국민적 비난과 비판을 감내하면서까지 얻을 수 있는 공당의 정치적 이득은 별로 존재하지 않기 때문이란 것이다.

국민 발의제나 국민투표제가 없거나 부실한 한국적 상황에서 가장 간편하면서도 효율적인 사회적 합의 도출 방식은 시민 의회 소집이다. 시민 회의 방식을 통한 선거제도의 개혁은 이미 캐나다와 네덜란드 등의 주정부 차원에서 여러 번 시도되었으며(Smith 2009, ch. 3), 한국에서도 정치권에서 그 추진 여부를 진지하게 논의한 바 있다(최태욱 2014, 375-377).

글을 마치면서 마지막으로 행위자 변수의 중요성에 대해 언급하고 싶다. 이중혼합다수제는 말할 것도 없고 설령 제대로 된 연동형 비례대표제가 도입된다 할지라도 행위자 변수의 동반 개선 없이는 정치 개혁의 근본 목표, 즉 다당제-합의제 민주주의로의 발전이 이루어지지 않거나 크게 지체될 수도 있기 때문이다. 뉴질랜드 사례에서 그 위험성을 감지해 볼 수 있다.

뉴질랜드는 1990년대 중반에 수십 년간 이어오던 영국식 소선거구 일위대표제의 전통을 과감히 버리고 곧 바로 독일식 비례대표제를 거의 원형 그대로 전격 도입한 나라이다. 만약 비례대표제가 이념과 가치 중심의 구조화된 다당제 발전을 견인해 내는 확실한 기제라고 한다면, 비례대표제 국가가 된지 벌써 사반세기가 넘은 뉴질랜드엔 지금쯤 그런 다당제가 정착돼 있어야 마땅할 것이다.

물론, 정확한 판단을 위해선 앞으로 좀 더 관찰해 볼 필요가 있긴 하나, 적어도 현재로선 뉴질랜드가 유력 정당 셋 이상이 서로 다른 이념과 정책을 놓고 자웅을 겨루는 구조화된 다당제 국가로 정착해 가고 있다고 확신하기는 어려운 것이 사실이다.

뉴질랜드에서도 독일식 비례대표제의 도입 초기엔 10%대의 득표율과 의석 점유율을 기록한 제3의 유력 정당이 둘이나 부상했고, 그 외에도 여러 군소 정당들이 새롭게 원내에 진입했다. 비례대표제의 다당제 촉진 효과가 분명히 나타나는 것으로 보였다. 그러나 차츰, 특히 2005년 총선부터는 상황이 달라졌다. 당시 양대 정당의 득표율 합은 무려 80.2%였다. 나머지 정당 가운데에서 나온 최고 득표율은 고작 5.7%에 불과했다. 도로 양당제로 돌아가는 게 아니냐는 우려가 나올 만큼 거대 양당에 표가 집중된 것이다. 2008년도에도 양당 득표율의 합은 78.9%에 달했고, 2011년과 2014년 총선에선 그 수치가 조금씩 내려가 각각 74.8%와 72.1%를 기록했지만, 2017년엔 다시 81.4%로 치솟았다.

다수제 민주주의로 돌아가는 듯한 이런 이상 현상은 정당 구조에서만이 아니라 정부 형태에서도 관찰됐다. 비례대표제의 도입 이후 뉴질랜드의 정부 형태가 과거의 단일 정당정부에서 연립정부로 바뀐 것은 사실이지만, 그 정부의 성격은, 예컨대 유럽의 선진 비례대표제 국가에서 일반적으로 볼 수 있는 것과는 다소 다르게 나타났다. 비례대표제 국가의 그 일반적인 정부란 서로 분명하게 다른 이념과 가치를 지닌 유력 정당 둘 이상이 한 정부를 구성하는 이른바 초이념적 혹은 이념 교차적인 연립정부라고 한다면, 뉴질랜드의 경우는 그보다는 같은 방향의 이념을 공유하고 있는 복수의 정당이 국민당 아니면 노동당의 주도 하에 각각의 이념 블록을 형성하는 형태로 정부를 구성하는 경향이 뚜렷이 보이고 있다. 말하자면, 국민당 주도의 우파 블록이거나 노동당 주도의 좌파 블록이 번갈아 집권하고 있다는 것이다.

당연한 얘기지만, 비례대표제-다당제 국가라 할지라도 거기서의 정당 간 경쟁이 양대 진영 형태로 전개되고, 따라서 연립정부는 이념 블록 형태로 구성되곤 한다면, 그 나라는 실질적으론 양당제 국가와 다를 바 없다. 어차피 정부의, 특히 (우파 아니면 좌파 정당들만으로 편향 구성되는) 행정부의 정치적 대표성 제공은 편파적이며 배타적일 것이기 때문이다.

현재의 뉴질랜드 정당 체계는 좌파와 우파 진영에 각기 하나씩 존재하는 거대 정당 둘과 구조화가 덜 된 채 (즉, 대표하는 사회경제 집단이 누군지 뚜렷하지 않은 채) 좌우편 어느 한 진영에 위성 정당으로 머물러 있거나 혹은 분명한 중도 정당이긴 하나 군소 정당 수준에서 크게 벗어나지 못하고 있는 그 나머지 정당들로 이루어진 것으로 보인다. 정당 체계의 구조가 이러하니 (돌발 변수의 개입이 없는 한 언제나 이념 교차적인 '포괄형 연정'이 구성되는 유럽의 일반적 다당제 국가와는 달리) 뉴질랜드에서는 오히려 양당제 국가의 경우와 유사한 이념 블록 형태의 연정이 더 쉽게 그리고 더 자주 구성되는 것으로 판단된다.

어쩌면 뉴질랜드의 정치발전 상황은 조금 더 지켜봐야 할 문제인지도 모른다. 그러나 그 나라에서 거대 양당 중심의 좌우파 블록 정치가 고착돼 가고 있는 게 사실이라고 한다면, 그것은 선거제도의 개혁만으로는 구조화된 다당제의 확립을 장담할 수 없다는 결론으로 이어지게 된다. 다시 말해서, 비례성 높은 선거제도는 합의제 민주주의 발전을 위한 필요조건일 뿐 충분조건은 아니라는 것이다.

향후에 이중혼합다수제를 주요 내용으로 하고 있는 현행 선거법을 다시 개정해 비례성 높은 선거제도를 전격 도입한다 할지라도, 만약 그 후 한국의 정당정치가 (뉴질랜드가 그 조짐을 보이는 것과 같이) 거대 양당을 중심으로 한 양대 진영 간의 대결 방식으로 전개될 뿐이라고 한다면, 그리하여 다양한 사회경제 집단들의 정치적 대표성 보장 정도가 크게 개선되지 않는다면, 포용 국가와 합의제 민주주의가 순조롭게 발전해 갈 리는 없다. 그렇다면 선거제도 개혁을 다시 추진하는 것과는 별도로, 그와는 다른 차원의 노력이 필요하다는 것이다. 그게 과연 무엇일까?

이 중요한 질문에 대한 답은 후속 연구를 진행하면서 본격적으로 모색해야 할 것이긴 하나 현재로서도 그것이 행위자 변수의 조절일 거라는 정도는 얘기할 수 있다. 거의 모든 사회현상은 제도 아니면 행위자, 혹은 그 두 변수의 상호작용에 의해 결정되기 때문이다.

구조화된 다당제의 발전 여부나 정도를 결정하는 핵심적인 행위자 변수 가운데 하나는 아마도 이른바 '사회 세력화' 수준일 것이다. 주요 사회경제 집단들이 각기 하나의 사회 세력으로서 상당한 수준의 조직화를 이루고 있을 때, 비례대표제의 도입은 그 사회 세력들의 '정치 세력화'를 효과적으로 촉진할 수 있다. 반면, 한 나라의 사회 세력화 수준이 낮은 경우, 예컨대, 소상공인, 노동자, 청년 조직 등이 아예 없거나 있더라도 군소 단체로 무수히 나뉘어져 전국에 산재해 있는 경우, 즉 전국의 소상공인, 노동자, 청년들이 '파편화'돼 있는 경우엔 비례대표제가 도입될지라도 그들의 정치 세력화가 신속하고 효율적으로 이루어지기는 어렵다. 그렇다면, 한국의 사회 세력화 수준을 높이는 작업도 선거제도 개혁을 다시 추진하는 것 못지않게 중요한 과제에 해당한다.

여기서 특히 강조하고 싶은 것은 중산층의 사회 세력화이다.[10] 초이념적인 포괄형 연립정부가 한 국가의 통상적인 정부 형태가 되기 위해서는 유력한 중도 정당이 필요하다. 그 정당으로 인해 좌나 우 어느 쪽의 이념 정당(들)도 자기(들)만으로는 안정적인 정부를 구성할 수 없는 상태가 돼야 한다. 좌파나 우파 정당(들)이 홀로 다수파가 되어 단일 정당정부나 이념 블록 정부를 형성할 수 없는 다당제, 그리하여 다수파 정부를 구성하기 위해서는 중도 혹은 그 반대파 정당(들)과의 연대가 불가피한 정당 경쟁 체계가 이루어져야 포괄형 연립정부의 형성이 강제된다. 물론 유력한 중도 정당의 부상과 지속은 중산층의 사회 세력화를 전제로 한다.

---

10_중도 정당의 필요성에 대한 아래 서술은 최태욱(2014, 268-269)을 일부 수정한 것이다.

## 〈별첨 자료〉

(원래의) '준연동형 비례대표제'에 따른 19대와 20대 총선 시뮬레이션

표 1-1. 20대 총선에 준연동형 방식을 적용할 경우 각 정당의 의석

| 정당 | 정당<br>득표율<br>(%) | 의석 할당 정당의<br>득표율 비례<br>의석수(A) | 지역구<br>당선자<br>(B) | 연동 배분<br>의석수<br>(C) | 잔여 배분<br>의석수<br>(D) | 총 의석수<br>(B+C+D) |
|---|---|---|---|---|---|---|
| 새누리당 | 36.01 | 104.42 | 93 | 6 | 10<br>(10.08) | 109 |
| 민주당 | 27.46 | 79.63 | 98 | 0 | 8<br>(7.68) | 106 |
| 국민의당 | 28.75 | 83.37 | 22 | 31 | 8<br>(8.05) | 61 |
| 정의당 | 7.78 | 22.56 | 2 | 10 | 2<br>(2.17) | 14 |
| 무소속 | NA | NA | 10 | 0 | 0 | 10 |
| 합계 | | 290 | 225 | 47 | 28 | 300 |

\* A = 290석 x 의석 할당 정당끼리의 득표율
\*\* B는 각 정당 및 무소속 의석이 비례적으로 축소되는 것으로 계산했음(20대 총선 실제 지역구 의석 \*
225/253)
\*\*\* D는 75석의 비례 대표 의석 중 연동 배분하고 남은 28석을 정당 득표율대로 배분

표 1-2. 20대 총선 결과와 (원래의) 준연동형 방식을 적용했을 경우의 의석 비교

| 정당 | 득표율<br>(%) | 실제 의석수<br>(병립형) | 실제 의석<br>각 당 비율(%) | 준연동형 적용 시<br>각 당 의석수 | 준연동형 적용 시<br>각 당 의석 비율(%) |
|---|---|---|---|---|---|
| 새누리당 | 36.01 | 122 | 40.67 | 109 | 36.33 |
| 민주당 | 27.46 | 123 | 41.0 | 106 | 35.33 |
| 국민의당 | 28.75 | 38 | 12.67 | 61 | 20.33 |
| 정의당 | 7.78 | 6 | 2.0 | 14 | 4.67 |
| 무소속 | | 11 | | 10 | 3.33 |
| 합계 | | 300 | | 300 | |

**표 1-3. 19대 총선에 (원래의) 준연동형 방식을 적용할 경우 각 정당의 의석**

| 정당 | 정당 득표율 (%) | 의석 할당 정당의 득표율 비례 의석수(A) | 지역구 당선자 (B) | 연동 배분 의석수 (C) | 잔여 배분 의석수 (D) | 총의석 (B+C+D) |
|---|---|---|---|---|---|---|
| 새누리당 | 46.13 | 137.00 | 116 | 11 | 17 (17.06) | 144 |
| 민주당 | 39.27 | 116.63 | 97 | 10 | 15 (14.52) | 122 |
| 통합진보당 | 11.10 | 32.96 | 6 | 13 | 4 (4.10) | 23 |
| 자유선진당 | 3.48 | 10.33 | 3 | | 1 (1.28) | 8 |
| 무소속 | NA | NA | 3 | 0 | 0 | 3 |
| 합계 | | | 225 | 38 | 37 | 300 |

\* A = 297석 x 의석 할당 정당끼리의 득표율
\*\* 지역구 의석은 각 정당 및 무소속 의석이 비례적으로 축소되는 것으로 계산했음(20대 총선 실제 지역구 의석 \* 225/246)
\*\*\* D는 75석의 비례 대표 의석 중 연동 배분하고 남은 37석을 정당 득표율대로 배분

**표 1-4. 19대 총선 결과와 (원래의) 준연동형 방식을 적용할 경우의 의석 비교**

| 정당 | 득표율 (%) | 실제 의석 (병립형) | 실제 의석 각 당 비율(%) | 준연동형 적용 시 각 당 의석수 | 준연동형 적용 시 각 당 의석 비율(%) |
|---|---|---|---|---|---|
| 새누리당 | 46.13 | 152 | 50.67 | 144 | 48.00 |
| 민주통합당 | 39.27 | 127 | 42.33 | 122 | 40.67 |
| 통합진보당 | 11.10 | 13 | 4.33 | 23 | 7.67 |
| 자유선진당 | 3.48 | 5 | 1.67 | 8 | 2.67 |
| 무소속 | | 3 | | 3 | |
| 합계 | | 300 | | 300 | |

<별첨 자료>는 하승수(2019, 46-48)의 해당 부분을 옮겨온 것이다.

## 7장

# 요약 및 결어

## 신광영

한국의 현재를 진단하고 이해하기 위해서는 역사적인 과정과 구조적인 특징을 동시에 분석하는 것이 요구된다. 역사적인 과정은 현재가 다양한 행위자들에 의해서 만들어진 제도와 관행들의 산물이라는 것을 전제로 한다. 구조적인 특징은 역사적인 이해만으로는 부족하고, 행위자들의 상호작용의 결과로 나타나는 의도한 또한 의도하지 않은 현실이 집합적인 산물이라는 점에서 개별 행위자들로 환원될 수 없는 속성을 지니고 있다는 점을 전제로 한다. 한국의 현재를 만들어 낸 행위자들은 국내 행위자들뿐만 아니라 국제적인 행위자들도 있다. 19세기 열전 체제(제국주의 체제)나 20세기 냉전 체제는 글로벌한 수준에서 형성된 질서를 지칭하며, 이런 글로벌한 질서 속에서 국내 행위자들의 행위가 영향을 받았고, 국내외 행위자들의 상호작용을 통해서 한국의 현재가 만들어졌다.

지난 20세기에 한국은 세계사적인 변화와 맞물려 그야말로 역동적인 변화를 보여 주었다. 19세기 중엽 열전 체제hot war 하에서 서구의 제국주의가 동아시아에까지 영향을 미치기 시작하면서, 조선은 서구 열강으로부터 위협을 받기 시작했다. 그리고 그 시기 일본은 서구 열강의 위협 속에서 "탈아입구"를 내세우며 동아시아에서 가장 먼저 개방과 개혁을 하여, 신흥 제국주의 국가로 부상했다. 조선이 일본의 첫 번째 식민지가 되었다.

제국주의 체제가 제2차 세계대전을 계기로 막을 내리면서, 조선은 일본의 식민지 지배에서 해방되었지만, 곧바로 남북으로 분단되었다. 제2차 세계대전의 승전국인 미국과 소련이 남한과 북한을 분할 점령하면서, 조선은 곧바로 남과 북으로 분단되었다. 미국과 소련 사이의 이념 대립에 기초한 냉전 체제cold war가 형성되면서, 남북한은 냉전의 최전선에 놓이게 되었다. 더불어 아시아에서는 한국(대한민국과 조선민주주의인민공화국), 중국(중화인민공화국과 중화민국)과 베트남(월남과 월맹)이 분단이 되었다. 한반도와 베트남에서는 2차 대전 이후 최대 규모의 전쟁까지 일어나 대규모 인명살상과 경제적 파괴가 이루어졌다. 냉전은 아시아에서 가장 파괴적으로 전개되었다.

1950년대 남한에서는 전쟁으로 생산 시설이 거의 파괴되었고, 전쟁 복구가 제대로 이루어지지 않아서 미국의 원조에 의존하는 원조 경제체제가 나타났다. 정치적으로는 반공주의를 내세우는 이승만 독재 체제가 형성되면서, 전형적인 제3세계 독재 정권이 한국에서도 등장했다. 이승만은 일본과의 외교 관계 수립은 거부하면서, 조선총독부에 참여했던 조선인들을 정부 요직에 임명하여 억압적인 통치 체제를 구축했다. 이로 인해 해방이 되었음에도 불구하고, 일제 식민지 유산의 청산이 제대로 이루어지지 못하게 되었다.

1960년 4.19 학생 혁명에 의해서 이승만 독재 정권이 무너지고, 같은 해 8.12일 장면 정부가 등장했다. 그러나 민주 정부 등장 1년도 채 되지 않아서, 박정희 소장이 중심이 된 군사 쿠데타가 발발해 민주 정부를 무너뜨렸다. 박정희는 1963년 12월 17일 대통령이 되어 1979년 10월 26일까지 16년 동안 군사독재를 유지했다. 이승만과는 달리, 박정희는 군사 쿠데타를 사후적으로 정당화하기 위해 경제개발을 도모했다. 1965년 6월 22일 일본과 〈한일기본조약〉을 맺어 외교 관계를 수립하고, 그해 10월 베트남에 전투병을 파병해 베트남전쟁에도 참여했다. 한일 수교는 냉전 체제 하에서 이루어지는 미국의 동아시아 군사 외교 전략의 산물이었다.

군사 정권하에서 이루어진 경제개발 정책은 제3세계 신생 독립국들에서 등장한 이중 경제 모델에 기초하고 있다. 이중 경제 모델은 시장경제와 계획경제를 혼합한 경제 모델로 국가가 경제계획을 통해 적극적으로 경제개발을 도모하는 경제체제이다. 계획경제의 성과는 소련의 스탈린 체제하에서 검증되었기 때문에, 당시 경제를 발전시키고자 하는 신생 독립국들에서 계획경제가 널리 받아들여졌다. 스탈린은 집권 후 20년 정도에 사회주의 계획경제를 통해서

유럽의 낙후된 러시아 경제를 미국과 경쟁하는 수준으로 발전시켰다. 세계 경제사에서 유래를 찾을 수 없는 초고도 성장이 계획경제를 통해서 이루어졌던 것이다. 1980년대 후반 이런 계획경제 모델이 더 이상 지속가능하지 않은 경제체제라고 판명되기 전까지 계획경제는 제3세계에서 특히 많이 받아들여졌다. 동아시아에서 등장한 개발 국가developmental state는 경제성장만을 제1의 목표로 내세워 사회경제적 자원을 동원했다. 경제개발5개년 계획이라는 이름으로 7차(1962~96)에 걸쳐서 진행된 국가 주도 경제성장 정책은 국가가 직접 생산 영역에 개입하고, 시장에 대한 규제도 강화하여 경제성장을 도모하는 정책이었다.

한국에서 이루어진 경제계획은 1962년부터 1996년까지 7차에 걸친 경제개발 5개년 계획으로 이루어졌다. 1981년까지 4차 경제개발 5개년 계획까지 경공업과 중화학공업을 중심으로 하는 경제성장에 초점을 맞추었다. 제5차 경제개발 5개년 계획이 시작된 1982년부터 경제 사회 개발 5개년 계획이라는 명칭으로 "사회"가 국가의 계획에 포함되었다. 그러나 실질적인 의미를 지니지는 못해서, 1990년 국민총생산에서 복지 지출이 차지하는 비중은 2.6%에 불과했다.

냉전 체제에서 미국 시장을 대상으로 하는 수출 주도형 산업화는 높은 성장률을 보여 주었다. 국가의 계획과 강제적인 동원을 특징으로 하는 권위주의적 개발주의가 군사정권 하에서 나타나서, 높은 경제성장률을 보여 주었다. 1980년대 3저 호황을 누리면서, 한국 경제는 초고도 성장을 보였다.

**300**

1987년 이후 1997년 외환 위기까지 자본 자유화가 이루어지면서, 자본의 영향력은 더욱 확대되었다. 1990년대 초반 냉전 체제의 약화와 1997년 외환 위기를 계기로, 재벌 대기업들은 세계시장에서의 경쟁력을 높이기 위해 생산 체제의 자동화나 공장의 해외 이전을 추진했다. 제조업 대기업들이 중국을 포함한 동아시아 가치 사슬을 만들어 아웃소싱을 통한 부품의 해외 조달을 확대했다. 중국이 자본주의 시장경제 영역으로 통합되면서 국내 기업들은 중국의 저임금 노동을 이용하려는 공장 이전은 국내적으로 숙련 노동의 탈기술화를 가져왔다.

이런 변화는 복지 없는 산업화, 혹은 노동 배제적 산업화였지만, 대기업의 입장에서는 노동 비율을 줄이면서 놀라운 양적 성장을 만들어 낼 수 있는 변화였다. 그 결과, 사회적으로는 불평등 심화와 빈곤 확대가 급격하게 이루어졌다. 특히 높은 수준의 불평등, 높은 빈곤율, 높은 자살률과 극도로 낮은 출생률 등은 삶의 불안정과 불안을 낳고 있으며, 사회의 지속 가능성을 위협하고 있다.

1990년대에는 노동운동을 회피하기 위한 기업의 전략으로, 2010년대에는 자본재의 상대적 가격 하락으로 노동을 대체하기 위해 대기업들은 생산 체제를 구축해 왔다. 총투자율에서는 한국이 높은 수준을 유지하고 있지만, 성장 기여도는 높지 않다. 건설업 비중이 크고 또한 위험을 감수하는 혁신적인 투자가 이루어지지 못하기 때문이다.

재벌 기업들은 총수를 정점으로 기업 간의 상호 출자와 거래의 내부화를 통한 수직 계열화를 추구했다. 재벌 기업들은 경제적인 기회와 이익의 내부화를 통해서 기업 간 격차를 확대하고, 또한 기능적으로 다른 기업들을 재벌 기업의 생산 체제로 통합시키는 준수직 계열화를 추구했다. 계열 기업이 아닌 경우에도 아웃소싱과 사내 하청을 통해서 협력사 체제를 만들면서, 하나의 기능적 계열화가 이루어졌다. 이런 산업 생산 체제는 노동시장의 이중 구조화를 강화해, 대기업과 중소기업의 격차를 더 확대시키는 결과를 낳았다. 단적으로 노동자들의 양극화를 촉진시켰다.

1987년 이후 대기업 부문에서 노동조합이 조직화되면서, 대기업과 중소기업 간 임금격차도 확대되었다. 1987년 이전 기업 규모에 따른 임금격차가 거의 존재하지 않았으나, 1987년 이후 확대되기 시작했고, 1997년 외환 위기 이후 더욱더 커졌다. 한국에서 나타난 기업 규모에 따른 노동시장의 양극화는 대기업과 중소기업의 지불 능력의 차이, 생산성의 차이, 노동조합의 효과를 반영한다. 이는 노동시장의 중층적 분절 구조로 표현된다.

노동시장의 '중층적 분절 구조'는 전통적인 젠더 요인에 추가하여, 기업 규모, 생산성 차이, 노동조합의 임금 효과 등을 바탕으로 하여 형성되었다. 성별 격차는 남성 가장의 임금노동과 여성의 가사노동을 전제로 하는 노동시장 체제와 가족 모델에 뿌리를 두고 있으며, 기업 규모는 노동조합과 함께 1990년대 임금격차를 만들어 내는 핵심적인 요인으로 등장했다. 1997년 이후에는 노동시장의 유연화에 따라서 정규직-비정규직 격차가 새롭게 대두되었다.

정권에 따라서 중층적 분절 구조의 해소하기 위한 접근이 차이를 보여, 보수 정권에서는 고용조건과 사회보장에서 이점을 누리는

1차 노동시장을 약화시키기 위해 정규직 고용 보호 완화정책과 취업규칙의 변경 제도의 개정을 시도했다. 한국의 노동시장 전체를 2차 노동시장으로 만들려는 박근혜 정부의 시도(공공 부문 성과 연봉제 도입)는 노동계의 반발과 국민의 반대로 성공하지 못했다. 노동계와 국민들은 노동시장 유연화가 너무 빠르게 이루어져서 근로 빈곤이 확대되고, 불평등이 심해진 상황에서 고용의 안정성 제고와 근로 빈곤 해소가 중요한 과제라고 보았다.

문재인 정부는 공공 부문 비정규직 정규직화, 최저임금 인상, 근로시간 단축, 원청 기업 산재 책임, ILO 기본 협약 비준 등을 내세워 노동 현실을 개선하고자 했다. 정책 실행 과정에서 공공 부문 정규직의 반발과 영세 중소기업가들의 반발로 인해, 앞서 내세운 성과를 거두지는 못했다. 문제의 해결 과정에서 발생하는 정치적 문제와 사회적 갈등을 충분히 고려하지 못한 상태에서 개혁을 시도 했기 때문에, 충분한 사회적 지지를 확보하지 못했다. 더욱이 부정적인 미디어 환경이 조성되어 있었기 때문에, 노동 개혁 과제는 근본적인 해결책이 어렵게 되었다.

오늘날 복지는 다양한 사회적 위험에 대처하는 공적인 제도로서 사후적인 소극적 조치일 뿐만 아니라 예방적이고 적극적인 사회정책 영역으로 인식되고 있다. 오늘날 복지 제도는 직접적으로 경제활동에 영향을 미쳐서 경제가 보다 활성화될 수 있도록 하는 촉진steering 기능도 하고 있다. 대표적으로 가족 복지 정책이나 여성 대상 복지 정책은 여성의 경제활동에 직접 영향을 미쳐서 국민경제 전체에 영향을 미친다.

경제성장에 총력을 기울인 개발 국가는 복지에 관심을 두지 않았다. 외환 위기 이전까지 국가는 경제성장이 곧 빈곤과 경제문제를 해결할 수 있는 유일한 길이라고 간주했다. 정치가, 관료와 경제학자들이 공통적으로 쿠즈네츠가 강조한 낙수 효과trick down effect를 인정하여, 경제성장이 이루어지면, 불평등이 줄어들 것이라는 견해를 받아들였다. 그러므로 특정 산업과 기업을 지원하는 국가의 경제정책은 불균등 성장을 야기했지만, 그것은 일시적인 것이고 중장기적으로 전체 국민에게 혜택이 돌아가는 긍정적인 결과가 나타날 것이라 믿었다. 그러나 이런 주장은 현실에서 나타나지 않았다. 오히려 산업자본주의가 발달할수록, 불평등이 심화되어 현재 미국에서는 대공황 수준으로 불평등이 악화되었다. 2000년대 한국에서도 불평등이 심화되면서, 사회 양극화 담론이 등장했다.

외환 위기 이전까지 한국에서 복지는 국가가 극빈층을 구제하는 시혜적인 제도로 인식되었다. 복지는 일부 불행한 사람들에게 도움을 주는 제도 정도로 인식된 것이다. 그러므로 복지는 주요 정책 의제로 부각되지 못했고, 2000년대 들어서 불평등과 빈곤 문제가 대두되면서, 점차 사회정치적 이슈로 대두되기 시작했다. 그러나 아직까지도 대중의 복지 인식은 대단히 제한적이고, 잔여적인 의미를 지니고 있다.

한국의 복지는 외환 위기 이전까지 경제 발전을 추구해 온 국가정책 기조에서 큰 비중을 차지하지 못했다. 1990년대 초반까지도 복지 지출은 브라질, 칠레, 아르헨티나보다 훨씬 낮은 수준이었다. 1987년 이후 민주화 점진적으로 이루어졌지만, 복지를 적극적으로 내세우는 정당이나 복지 확대를 요구하는 사회 세력은 형성되지 않았다. 1997년 외환 위기가 한편으로 빈곤과 불평등의 급격한 심화를 낳는 계기가 된 동시에 그러한 문제들에 대한 정책적 대응의 필요성을 인식시키는 계기가 되었다. 2000년 국민기초생활보장법과 4대 보험 적용 범위 확대가 이루어졌다. 외환 위기로 인한 대량 실업에 대응하는 실업 급여는 실업으로 인한 사회적 위기에 대응하는 정책이라기보다는 생산적 복지라는 이름으로 근로를 조건으로 하는 실업 급여를 제공하는 노동 연계 복지 형태를 지녔다. 2008년 기초노령연금이 도입되어 이후 2014년 기초연금으로 확대되어 연금 수준도 10만 원에서 30만 원으로 증액되었다. 그러나 노인 빈곤을 해소하기에는 턱없이 부족하여, 아직도 노인 빈곤율은 40% 내외를 유지하고 있다.

복지가 점진적으로 확대되었지만, 노동시장의 분절에 상응하는 복지의 분절로 인하여 복지 확대가 불평등과 빈곤 문제를 완화시키지 못했다. 특히, 고용보험, 의료보험과 국민연금에서 비정규직은 복지의 사각지대에 놓여 있어서, 노동시장에서 고용 지위에 따른 격차가 복지 혜택의 격차로 이어지고 있다. 복지 확대가 불평등이 심화되고 빈곤이 확산되는 현실을 개선하지 못했다. 바로 이런 이유에서 개별 복지 프로그램의 개선 정도가 아니라 노동시장, 조세, 복지 전반의 사회 시스템 개혁이 필요하다.

복지 개혁은 어떻게 이루어지는가? 복지 개혁은 궁극적으로 정치적 과정을 통해서 이루어진다. 정당들이 복지를 정치적으로 의제화하거나 복지 개혁을 요구하거나 기존 복지 제도에 대한 불만이 집단적으로 부각되거나 사회운동으로 등장하는 경우에 복지 개혁은 사회정치적 이슈가 된다. 한국 사회에서는 냉전 체제 하에서 권위주의 정권에 의해서 사회경제적 분열을 정치적으로 대변하고 호명하는 정당이 제거되었다. 20세기 후반까지 빈부 격차와 같은 계급 균열 대신에, 지역 균열이 오랫동안 한국의 지배적인 균열로 자리 잡았고, 21세기에도 세대 균열, 이념 균열이 대두되면서, 계급 균열이 지배적인 사회정치적 균열로 부각되지는 못했다.

복지 이슈가 정치적으로 정당에 의해서 정책 의제로 채택되지 못했기 때문에, 1990년대 복지 이슈는 시민단체들에 의해서 사회정치적 이슈로 제기되었다. 서구와 같이 노동조합에 의해서 복지 이슈가 제기되지 않은 이유는 노조 조직이 기업별로 조직되어 있기 때문이었다. 조직된 노동은 상대적으로 임금이 높고 기업 복지의 혜택을 누리고 있기 때문에, 일반 국민들의 복지에 대해서 관심을 기울이지 않았다. 반면, 시민운동 단체들은 불평등과 빈곤 문제를 사회정의 차원에서 제기했다. 복지 개혁에 미친 시민운동의 효과는 상당히 컸다. 시민운동의 문제 제기와 제도화 성공 사례는 복지에 대한 일반 국민들의 태도를 변화시키는 데도 일조를 했다. 그 결과, 2000년대 후반부터는 일반 국민들의 복지에 대한 인식과 태도에서 점차 계급에 따른 분화가 나타나기 시작했다. 그럼에도 불구하고 아직까지도 복지에 대한 태도와 정당 지지 간의 상관관계는 낮아서, 태도와 정당 지지 간에는 큰 격차가 있다. 다시 말해서, 친복지적인 의제는 지지하지만, 복지를 내세우는 정당에 대한 지지는 하지 않는 경우가 많다.

외환 위기 이후 사회 양극화와 각자도생의 현실에서 벗어나기 위해서 정치 세력, 시민단체, 불안정 노동자들을 포함한 다양한 집단과 세력들 간의 연대를 통한 복지 개혁이 필요하다. 여러 주체들 간의 복지 동맹을 통해서 불평등과 빈곤을 완화시킬 수 있는 복지 개혁이 이루어져야 한다. 코로나-19 이후 복지에 관한 국가의 역할과 민생을 둘러싼 정당 간의 정책 경쟁이 더욱 중요하게 인식되면서 선거 경쟁이 복지 개혁의 공간을 넓히고 있다.

복지 개혁은 정치를 통해서 이루어진다. 한국에서 복지 정치는 대단히 제한적으로 발전해 왔다. 다수의 표를 얻는 후보가 권력을 독점하는 승자독식 정치체제에서 소수자의 이해와 요구가 정치과정에 투입되기 어렵다. 그러므로 사회경제적으로 소수자인 다양한 사회집단들이 복지 정치와 분배를 둘러싼 경제정책에서 배제되고 있다. 87체제라고 불리는 현재의 정치체제는 다수제 민주주의를 근간으로 하고 있다. 국가권력을 견제하고, 국민의 정치적 의사를 반영하는 정치권력의 출현을 도모한 1987년 민주화 운동의 결과물이었다. 그리하여 전국에서 최다 득표를 한 후보가 대통령이 되고, 지역구에서 최다 득표를 한 후보가 국회의원이 되는 다수제 민주주의가 제도화되었다.

다수제 민주주의 폐해를 극복하기 위한 정치 개혁 과제는 합의제 민주주의의 도입이다. 합의제 민주주의 도입은 선거제도의 개혁을 통해서 이루어질 수 있다. 사회적 약자의 이해와 요구가 정치적으로 반영되기 위해서 국회의원 선거에서 비례대표 제도의 도입이 절대적으로 필요했다. 그러나 불행하게도 선거제도의 개혁은 의회

정치를 통해서 이루어지지 못했다. 유럽의 여러 나라에서 나타난 사회적 합의는 합의제 민주주의의 산물이다. 87년 체제의 핵심인 다수제 민주주의는 다수에 의한 소수의 배제를 제도화시킨 정치체제가 되었다. 그러므로 사회적 합의, 사회적 약자의 보호, 조정과 타협의 정치가 정착될 수 없었다. 적폐청산이 시도되었지만, 다수제 민주주의가 한국 사회 발전을 가로막는 심각한 적폐 중의 하나라는 점에서 비례대표제 개혁은 여전히 모든 영역의 개혁에 앞서 이루어져야 할 과제로 남아 있다.

　이 책에 실린 공공상생연대 제1차 연구는 한국의 현재를 진단하는 것이었다. 모든 분야를 다 다룰 수는 없었고, 경제, 노동, 복지와 정치에 한정하여 한국의 현실을 분석했다. 진단이 제대로 이루어져야 개혁의 방향과 방법이 찾아질 수 있을 것이다. 제2차 연도 연구는 이런 현실에 기초해 바람직하고, 실현 가능한 미래 비전을 모색하고자 한다. 현재의 문제를 해결하고, 문제 해결을 넘어서 건강하고 바람직한 한국의 미래를 모색하는 작업이다. 제2차 연구 결과에 대해서도 깊은 관심을 기대한다.

# | 참고문헌 |

## 1장

암스트롱, 필립·앤드류 글린·존 해리슨. 1993. 『1945년 이후의 자본주의』. 김수행 옮김.
　　동아출판사.

고준석. 1989. 『한국경제사: 1987-1979』. 박기철 옮김. 동녘.

공제욱. 1994. "1950년대 자본축적과 국가." 『국사관논총』 58.

기획재정부. 2017. "2018 나라살림 예산개요." 기획재정부.

김기원. 2002. 『재벌개혁은 끝났는가』. 한울.

김낙년·김종일. 2013. "한국 소득분배 지표의 재검토." 『한국경제의 분석』 19(2).

김성희. 2008. "한국 비정규직 노동자의 현실과 대안." 고려대학교 노동문제연구소 편.
　　『2008 한국 사회와 비정규직』. 고려대학교 노동문제연구소.

김연명. 2015. 대한민국 복지국가의 과제와 전망: 2015 정책자문위원회
　　정책아카데미(사회복지분야) 발표문(1월 4일). 충청남도 도청 중회의실.

김유선. 2001. "노동동향: 비정규직 노동자 규모와 실태." 『노동사회』 54.

_____. 2020. "비정규직 규모와 실태." KLSI 이슈페이퍼.

대한민국정부. "2019. 2019-2023년 국가재정운용계획." 대한민국정부.

런시먼, 데이비드. 2018. 『자만의 덫에 빠진 민주주의: 제1차 세계대전부터 트럼프까지』.
　　박광호 옮김. 후마니타스.

무페, 샹탈. 2019. 『좌파 포퓰리즘을 위하여』. 이승원 옮김. 문학세계사.

뮐러, 얀 베르너. 2017. 『누가 포퓰리스트인가』. 노시내 옮김. 마티.

밀라노비치, 블랑코. 2017. 『왜 우리는 불평등해졌는가』. 서정아 옮김. 21세기북스.

박은홍. 2008. 『동아시아의 전환: 발전국가를 넘어』. 아르케.

배인철. 1994. "1950년대 경제정책과 자본축적." 강만길 외 편. 『한국사 18: 분단구조의
　　정착 2』. 한길사.

사사다 히로노리. 2014.『일본 발전국가의 기원과 진화』. 박성진 옮김. 한울아카데미.

서상목. 1979, "빈곤인구의 추계와 속성분석."『한국개발연구』1(2).

서익진. 2003. "한국 산업화의 발전양식: 축적과 조절의 관점에서." 이병천 편.
『개발독재와 박정희시대: 우리 시대의 정치경제적 기원』. 창비.

선학태. 2006.『사회협약정치의 역동성 서유럽』. 한울아카데미.

신동면. 2011. "복지 없는 성장." 유종일 엮음.『박정희의 맨얼굴』. 시사IN북.

오유석. 1994. "1950년대 정치사." 강만길 외 편.『한국사 17: 분단구조의 정착 1』. 한길사.

윤홍식. 2019a.『한국 복지국가의 기원과 궤적, 1』. 사회평론아카데미.

_____. 2019b.『한국 복지국가의 기원과 궤적 2』. 사회평론아카데미.

_____. 2019c.『한국 복지국가의 기원과 궤적 3』. 사회평론아카데미.

_____. 2019d. "문재인 정부 2년, 복지국가의 길을 묻다." 서울사회경제연구소 제26차
심포지엄(5월 10일). 프란치스코교육회관.

윤홍식 외. 2018a.『복지, 성장, 고용의 선순환을 위한 복지정책 방향 연구』. 보건복지부.

_____. 2018b.『사회경제변화에 따른 지속 가능한 사회보장체계 구축을 위한 쟁점』.
경제사회노동위원회.

이병천. 2013. "김대중 모델과 한국경제 97년 체제."『기억과 전망』28.

이승석. 2019. "우리경제의 잠재성장률 추정 및 시사점."『KERI 정책제언』19-06.

이원보. 2004.『한국노동운동사 5: 경제발전기의 노동운동, 1961-1987』. 지식마당.

이정우. 2003. "개발독재와 빈부격차." 이병천 편.『개발독재와 박정희시대: 우리 시대의
정치경제적 기원』. 창비.

이지원·백승욱. 2012. "한국에서 생명보험의 신자유주의적 전환."『한국사회학』46(2).

장석준. 2014. "한국 진보정당운동의 숙명과 도전."『황해문화』85.

장진호. 2014. "1997년 외환위기 이후 일상생활의 금융화." 이병천·신진욱 엮음.
『민주정부 10년, 무엇을 남겼나』. 후마니타스.

전병유. 2007. "한국 노동시장의 양극화에 관한 연구: 중간일자리 및 중간임금계층을
중심으로."『한국경제의 분석』13(2).

정이나. 2017. "토지개혁과 계급역관계에 대한 고찰: 한국과 과테말라 사례를 중심으로."
『아태연구』24(2).

정준호. 2016. "한국 산업화의 특성과 글로벌 가치사슬." 이병천 외 엮음.『한국의
민주주의와 자본주의: 불화와 공존』. 돌베개.

_____. 2018. "경제적 유산과 쟁점." 윤홍식 외.『사회경제변화에 따른 지속 가능한
사회보장체계 구축을 위한 쟁점』. 경제사회노동위원회.

_____. 2022. 정준호 교수와 전화문답(2월 28일).

조석곤·오유석. 2001. "압축성장 전제조건의 형성: 1950년대." 김진엽 편.『한국자본주의
발전모델의 형성과 해체』. 나눔의집.

조현연. 2009.『한국 진보정당 운동사』. 후마니타스.

통계청. 2019. 보도자료: 2018년 사망원인통계(9월 24일).

_____. 2021. e-나라지표: 주택매매가격 동향. http://www.index.go.kr(검색일: 7월 31일).

_____. 2021. e-나라지표: 지니계수. http://www.index.go.kr(검색일: 7월 31일).

_____. 2022. e-나라지표: 국내총생산 및 경제성장률(GDP).
　　　http://www.index.go.kr(검색일: 2월 28일).

투즈, 애덤. 2019.『붕괴』. 우진하 옮김. 아카넷.

한국개발원. 2019. "2019 하반기."『KDI 경제전망』36(2).

한국경제 60년사 편찬위원회. 2010.『한국경제 60년사: 경제일반』. 한국개발원.

한국보건사회연구원. 2020.『2020년 빈곤통계연보』. 한국보건사회연구원.

한국은행. 2018.『통화신용정책보고서』.

_____. 각년도.『경제통계연보』.

허은. 1997. "미군정의 식량 증산정책과 농촌통제: 비료 수급 문제를 중심으로."
　　　『한국사학보』2.


"구매력 평가 기준 한국의 1인낭 GDP, 2023년 일본 추월."『경향신문』(2019/08/11).

"노대통령 "권력은 시장으로 넘어간 것 같다"."『한겨레』(2005/05/16).

"청 '삼성에 손벌리기: 재벌개혁 의지약화' 우려시선 의식한 듯."『한겨레』(2018/08/04).


Bennewitz, E. 2017. *Land tenure in Latin America: From land reforms to counter movement to neoliberalism*, 65(5).

Choo, H. J. 1992. "Income distribution and distributive equity in Korea." L. Krause and F. Park eds. *Social Issues in Korea*. Seoul: KDI.

Distelhorst, G. and D. Fu. 2017. "Wages and working conditions in and out global supply chains: A comparative empirical review." *ACT/EMP Research note*, December. ILO.

Esping-Andersen, G. 1990. *The three worlds of welfare capitalism*. Cambridge, UK: Polity Press.

Evans, P. 1995. *Embedded autonomy: State and industrial transformation*. Princeton, PJ: Princeton University Press.

Federation of Robotics. 2018. *Robot density rises globally*.

Gallup and Healthways. 2014. State of global well-being: Results of the Gallup-Healthways global well-being index. Gallup·Healthways.

Gramsci, A. 1999[1971]. *Selections from the prison notebooks of Antonio Gramsci*. Edited and translated by Q. Hoare and G. Smith. London: ElecBook.

Hall, P. and D. Soskice. 2001. "An introduction to varieties of capitalism." P. Hall and D. Sosckice eds. *Varieties of capitalism: The institutional foundations of comparative advantage*. Oxford: Oxford University Press.

Johnson, C. 1982. *MITI and the Japanese miracle: the Growth of industrial policy, 1925-1975*. Stanford,

CA: Standford University Press.

Jones, R. and J. W. Lee. 2018. "Enhancing dynamism in SMEs and entrepreneurship in Korea." *Economics Department Working Papers*, 1510. OECD.

Kwack, S. Y. and Y. S. Lee. 2007. *Income distribution of Korea in Historical and international prospects*. Seoul: KDI.

Levy, B. and W. Kuo, 1991. "The strategic orientations of firms and the performance of Korea and Taiwan in frontier industries: Lessons from comparative case studies of keyboard and personal computer assembly." *World Development*, 9(4).

Linz, J. 1981. "Some comparative thoughts on the transition to democracy in Portugal and Spain." J. de Macedo and S. Serfaty eds. *Portugal since the revolution: Economic and political perspective*. Boulder: Westview Press.

Lund, S., J. Manyika, J. Woetzel, J. Bughin, M. Krishnan, J. Seong, and M. Muir. 2019. *Globalization in transition: The future of trade and value chains*. McKinsey&Company.

O'Donnell, G. 1989. "Transitions to democracy: Some navigation instruments." P. Rober ed. *Democracy in Americas: Stopping of the pendulum*. New York: Holmes and Meier.

OECD. 2016. "Promoting Productivity and Equality: Twin Challenges." *OECD Economic Outlook*, 99.

_____. 2017. *How's life? 2017: Measuring well-being*. Paris: OECD.

_____. 2018. *OECD economic surveys Korea*. Paris: OECD.

_____. 2019a. Fertility rates (indicator). doi: 10.1787/8272fb01-en(검색일: 11/26.).

_____. 2019b. Revenue statistics: OECD countries: Comparative tables. https://stats.oecd.org/index.aspx?DataSetCode=REV#(검색일: 06/18).

Rhodes, M. 2001. "The political economy of social pacts: Competitive corporatism and European welfare reform." P. Pierson ed. *The New politics of the welfare state*. Oxford: Oxford University.

_____. 2003. "National pacts and EU governance in social policy and the labour market." J. Zeitlin and D. Trub eds. *Governing and work and welfare in a new economy*. Oxford: Oxford University Press.

Schmitz, H. 1999. "Collective efficiency and increasing returns." *Cambridge Journal of Economics*, 23(4).

Statista. 2020. Manufacturing industry-related robot density in selected countries worldwide in 2019(in units per 10,000 employees) https://www.statista.com/statistics/911938/industrial-robot-density-by-country/(검색일: 11/07).

Suh, S. M. and H. C. Yeon 1986. "Social welfare during the structural adjustment period." *Working Paper 8604*. Seoul: Korea Development Institute.

The Economist. 2014. "Arrested development: The model of development through industrialisation is on its way out." October 2nd.

_____. 2019. Daily chart: The glass-ceiling index. March 8th.
https://www.economist.com/graphic-detail/2019/03/08/the-glass-ceiling-index(검색일: 11/12).

The RobotReport. 2019. US robot density ranks 7th in the world. April 5.
https://www.therobotreport.com/us-robot-density-ranks-7th-in-the-world/
International.

V-Dem. 2022. The V-Dem Database. https://www.v-dem.net/vdemds.html(검색일: 04/19).

WTO. 2018. *World trade statistical review.*

## 2장

권혁욱·김대일. 2014. "노동시장의 인적자원 배분기능 효율성 분석." 조동철 편. 『우리 경제의 역동성: 일본과의 비교를 중심으로』(연구보고서, 3월). KDI

김상조. 2007. "재벌 개혁: 이해 충돌 및 조정의 현실적 고려사항." 이병천 엮음. 『세계화 시대 한국 자본주의: 진단과 대안』. 한울.

김윤지. 2006. "기계산업에서의 중진국 함정과 기술추격: 한국 기계산업의 사례." 『기술혁신연구』 14(1).

김종호·남종석·문영만. 2019. 『한국 산업생태계의 구조와 특징』. 형설출판사.

김진방. 2005. 『재벌의 소유구조』. 나남.

김철식. 2014. "단절과 연속성, 신자유주의와 분절: 고용체제의 한국적 특성에 대한 치밀한 모색." 『경제와 사회』 101.

김형기. 1988. 『한국의 독점자본과 임노동』. 까치.

노중기. 1997. "한국의 노동정치체제 변동: 1987년-1997년." 『경제와 사회』 36.

박강우. 2015. "노동소득분배율 변동의 총수요 효과: 대안 지표 및 OECD국가와의 비교." 『산업경제연구』 28(5).

박준식. 2001. 『세계화와 노동체제』 한울.

서익진. 2003. "한국 산업화의 발전양식." 이병천 엮음. 『개발독재와 박정희시대』. 창작과 비평사.

송호근. 1990. "한국노동시장의 구조변화: 제조업 조직부문을 중심으로." 『한국사회학』 23.

유종일. 2019. "한국 경제 살리기: 전환적 뉴딜." 미발간 발표자료. KDI 국제정책대학원.

은수미. 2002. "한국의 사내 하도급: 현황과 대안." 『월간 노동리뷰』 1월호.

이경애. 2008. "무선 인터넷 서비스산업 혁신시스템 실패 메커니즘의 분석."

『기술혁신학회』11(1).

이근. 2014.『경제 추격론의 재창조: 기업·산업·국가 차원의 이론과 실증』. 오래.

이병천. 2006. "현대 한국에 민주적 자본주의의 준거모델은 있는가?: 자본주의와
　　민주주의의 불균형 및 불화." 이병천 외 엮음.『한국의 민주주의와 자본주의:
　　불화와 공존』. 돌베개.

_____. 2012. "한국경제 '97년 체제'의 특성에 대하여: 상장 제조업에서 수익추구와
　　주주가치 성향의 분석."『동향과 전망』86.

_____. 2013. "김대중 모델과 한국 경제 97년 체제."『기억과 전망』28.

_____. 2016. "현대 한국에 민주적 자본주의의 준거모델은 있는가?: 자본주의와
　　민주주의의 불균형 및 불화." 이병천 외 엮음.『한국의 민주주의와 자본주의:
　　불화와 공존』. 돌베개.

이병천·정준호·최은경. 2014. "삼성전자의 축적방식 분석: 세계화 시대 한국 일류 기업의
　　빛과 그림자."『동향과 전망』92.

이일영·정준호. 2017.『뉴노멀』. 커뮤니케이션북스.

임채성. 2006. "왜 기술추격은 어려운가?: 한국 기계제어컴퓨터 사례."『경영연구』21.

장하준. 2007. "김창근 교수에 대한 답변."『마르크스주의 연구』4(2).

전병유. 2016. "노동시장의 구조변화와 정책대응." 이병천 외 엮음.『한국의 민주주의와
　　자본주의: 불화와 공존』. 돌베개.

전병유·정준호. 2016. "자산과 소득불평등의 총수요효과와 성장체제."『사회과학연구』
　　55(1).

정이환. 2013.『한국고용체제론』. 후마니타스.

정재용·황혜란. 2017. "한국 산업혁신연구의 현황과 과제." 송위진 엮음.『한국
　　기술혁신연구의 현황과 과제』. 과학기술정책연구원.

정준호. 2016. "한국 산업화의 특성과 글로벌 가치사슬." 이병천 외 엮음.『한국의
　　민주주의와 자본주의: 불화와 공존』. 돌베개.

_____. 2017. "기술혁신과 경제성장 연구의 현황과 과제: 한국에 대한 논의를 중심으로."
　　『기술혁신연구』25(4).

_____. 2018. "한국성장체제의 유산과 쟁점."『사회경제변화에 따른 지속 가능한
　　사회보장체계 구축을 위한 쟁점』. 경제사회노동위원회.

_____. 2020. "한국 제조업 성장의 주요 특성과 발전 방향." 박명준 외.『기계산업
　　인적경쟁력 강화방안 연구(I): 총론편』(연구보고서). 한국노동연구원.

조성재·장영석·오재훤·박준식·善本哲夫·折橋伸哉. 2006.『동북아 제조업의 분업구조와
　　고용관계(II)』. 한국노동연구원.

주상영. 2013. "노동소득분배율 변동이 내수에 미치는 영향."『경제발전연구』19(2).

주상영·정준호. 2018.『소득주도성장의 정책 프레임워크와 주요 정책에 관한 연구』.
　　소득주도성장특별위원회.

핫또리 타미오. 2007. 『개발의 경제사회학』. 유석춘·이사리 옮김. 전통과 현대.

홍장표. 2014. "한국의 노동소득분배율 변동이 총수요에 미치는 영향: 임금 주도 성장 모델의 적용 가능성." 『사회경제평론』 43.

홍태희. 2009. "한국 경제에서 성장과 분배: 바두리-마글린 모형을 중심으로." 『질서 경제저널』 12(3).

황선웅. 2009. "비정규직 고용의 확대, 소득분배, 경제성장." 『동향과 전망』 77.

Acemoglu, D., P. Aghion, and F. Zilibotti. 2006. "Distance to Frontier, Selection, and Economic Growth." *Journal of the European Economic Association,* 4(1).

Aghion, P. 2016. "Some 'Schumpeterian' thoughts on growth and development." World Bank. May.

Aghion, P. and C. Bircan. 2017. "The Middle Income Trap from a Schumpeterian Perspective." ADB Economics Working Paper Series, 521.

Aghion, P. and P. Howitt. 1998. *Endogenous Growth Theory.* Cambridge, MA and London: MIT Press.

Aghion, P. and U. Akcigit. 2015. "Innovation and Growth: The Schumpeterian Perspective." Survey on R&D, Innovation and Growth for the COEURE Coordination Action.

Amsden, A. 1989. *Asia's Next Giant: South Korea and Late Industrialization.* Oxford: Oxford University Press.

Aoki, M. 2006. "Whither Japan's Corporate Governance?" SIEPR Discussion Paper, 05-14. Stanford Institute for Economic Policy Research Stanford University Stanford.

_____. 2010. *Corporations in Evolving Diversity: Cognition, Governance, and Institutions.* Oxford: Oxford University Press.

Bhaduri, A. 2007. *Growth, Distribution and Innovations: Understanding their Interrelations.* London: Routledge.

Bhaduri, A. and S. Marglin. 1990. "Unemployment and the real wage: the economic basis for contesting political ideologies." *Cambridge Journal of Economics,* 14(4).

Choung, J. Y., H. R. Hwang and J. K. Choi. 2016. "Post Catch-Up System Transition Failure: The Case of ICT Technology Development in Korea." *Asian Journal of Technology Innovation,* 24(sup1).

Constantinescu, C., A. Mattoo and M. Ruta. 2014. "Global Trade Slowdown: Cyclical or Structural?" Third IMF/WB/WTO Trade Workshop. 6. Nov. 2014.

Dosi, G. and M. E. Virgillito. 2016. "The 'Schumpeterian' and the 'Keynesian' Stiglitz: Learning, Coordination Hurdles and Growth Trajectories. Innovation-fuelled, Sustainable, Inclusive Growth." Working Paper. 16, May.

Fujimoto, T. 2006. "Architecture-Based Comparative Advantage in Japan and Asia." K. Ohno and T. Fujimoto eds. *Industrialization of Developing Countries: Analysis by Japanese Economics*. National Graduate Institute of Policy Studies. Tokyo.

Furman, J. 2018. "Market Concentration: Note by Jason Furman." Hearing on Market Concentration. DAF/COMP/WD, 67. OECD.

Gereffi, G., J. Humphrey and T. Sturgeon. 2005. "The governance of global value chains." *Review of International Political Economy*, 12(1).

Harvey, D. 1982. *The Limits to Capital*. Oxford: Blackwell.

Hwang, H. R. and J. Y. Choung. 2014. "The Co-Evolution of Technology and Institutions in the Catch-Up Process: The Case of The Semiconductor Industry in Korea and Taiwan." *The Journal of Development Studies*, 50(9).

Isaksen, A., Stig-Erik Jakobsen, R. Njøs, and R. Normann. 2018. "Regional industrial restructuring resulting from individual and system agency." *Innovation: The European Journal of Social Science Research*, DOI: 10.1080/13511610.2018.1496322.

Jo, H. J., Jeong, J. H., and C. Kim 2016, "Unpacking the 'black box' of a Korean big fast follower: Hyundai Motor Company's engineer-led production system." *Asian Journal of Technology Innovation*, 24(sup1).

Jürgens, U. 2002. "Corporate governance, innovation, and economic performance: a case study on Volkswagen." (Veröffentlichungsreihe /Wissenschaftszentrum Berlin für Sozialforschung, Forschungsschwerpunkt Technik-Arbeit -Umwelt, Abteilung Regulierung von Arbeit, 02-205). Berlin: Wissenschaftszentrum Berlin für Sozialforschung gGmbH.

Karabarbounis, L. and B. Neiman. 2013. "The global decline of the labor share." NBER Working Paper, 19136.

Kimura, F. 2009. "The Spatial Structure of Production/Distribution Networks and Its Implication for Technology Transfers and Spillovers." ERIA Discussion Paper Series, 2. Jakarta: ERIA, March.

Levy, B. and W.-J. Kuo. 1991. "The Strategic Orientations of Firms and the Performance of Korea and Taiwan in Frontier Industries: Lessons from Comparative Case Studies of Keyboard and Personal Computer Assembly." *World Development*, 19(4).

O'Sullivan, M. 2002. "Corporate Control." William Lazonick ed. *The IEBM Handbook of Economics*. London: Thomson.

OECD. 2018. "The changing nature of international production: Insights from Trade in Value Added and related indicators." *TiVA Indicators 2018 Update*. OECD.

_____. 2019. "The future of doing business." *International Conference on Income-led Growth*, 3rd December. Seoul, Korea.

Onaran, Ö and E. Stockhammer. 2005. "Two different export-oriented growth strategies: accumulation and distribution a la Turca and a la South Korea." *Emerging Markets Finance and Trade*, 41(1).

Seguino, S. 1999. "The Investment Function Revisited: Disciplining Capital in South Korea." *Journal of Post-Keynesian Economics*, 22(2).

Shintaku, J., K. Ogawa and T. Yoshimoto. 2006. "Architecture-based Approaches to International Standardization and Evolution of Business Models." MMRC Discussion Paper, 96. 21COE. University of Tokyo.

Stockhammer, E. and R. Wildauer. 2015. "Debt-driven growth? Wealth, distribution and demand in OECD countries." *Cambridge. Journal of Economics.* first published online November 27, 2015, doi:10.1093/cje/bev070.

The Economist. 2018. *The Next Capitalist Revolution.* 15th Nov.

Unger, R. M. 2019. *The Knowledge Economy.* New York: Verso.

## 3장

김유선. 2018. "비정규직 규모와 실태: 통계청, '경제활동인구조사 부가조사'(2018.8) 결과." 한국노동사회연구소. 『이슈페이퍼』 101.

_____. 2019. "한국의 노동생산성과 실질임금 추이." 한국노동사회연구소. 워킹페이퍼 2019-7.

배규식. 2017. "경제사회환경의 변화와 노동시장 이중구조 개혁." 사회경제정책포럼 발표문.

성재민. 2019. "장기일자리변동." 미발표 자료.

성재민·황선웅·안정화. 2017. 『국제 금융 위기 이후 제조업 노동시장 분석』. 한국노동연구원.

전병유. 2015. 박근혜 정부 노동개혁 평가와 과제. 『황해문화』 89.

전병유. 2017. "1987년 이후 경제산업구조와 노동시장 구조 변화." 장홍근 외. 『1987년 이후 30년: 새로운 노동 체제의 탐색』. 한국노동연구원 연구보고서.

전병유. 2018. "우리나라 노동시장 분절화의 구조와 시사점." 『노동리뷰』 163.

전병유·황인도·박광용. 2018. "노동시장의 이중구조와 정책 대응: 해외사례 및 시사점." 『BOK 경제연구』 40.

정이환. 2018. "한국 노동시장의 분절 구조와 대안모색." 『노동리뷰』 163.

_____. 2019. "노동시장개혁의 노동정치: 민주화 이후 주요 노동시장개혁 과정의 분석." 『산업노동연구』 25(2).

## 4장

구인회·백학영. 2008. "사회보장의 사각지대 : 실태와 영향요인." 『사회보장연구』 24(1).

기본소득한국네트워크. 2021. 『기본소득이 있는 복지국가: 리얼리스트들의 기본소득 로드맵』 박종철출판사.

김낙년. 2019. "최저임금과 소득불평등의 최근 추이." 국회 포용국가의 방향과 과제 토론회.

김도균. 2018, 『한국 복지 자본주의의 역사: 자산 기반 복지의 형성과 변화』. 서울대학교출판문화원.

김승원·최상명. 2014. "경제성장·소득분배·사회지표 간의 관계 분석을 통한 성장 중심 거시경제정책 평가." 『동향과 전망』 91.

김연명. 2002. "김대중 정부의 사회정책: 신자유주의를 넘어서." 김연명 편. 『한국복지국가 성격논쟁 I』. 인간과 복지.

김연명 편. 2002. 『한국 복지국가의 성격 논쟁』. 인간과 복지.

김유선. 2017. "비정규직 규모와 실태: 통계청 경제활동인구조사 부가조사 결과." 『노동사회』 192.

김진욱. 2012. "한국 사회보장제도의 확장과 한계: 그 성과와 사각지대의 재조명." 『한국사회정책』 17(1).

남찬섭. 2002. "한국 복지체제의 성격에 대한 경험적 연구." 김연명 편. 『한국복지국가 성격논쟁 I』. 인간과 복지.

백승호. 2019. "플랫폼 노동과 기본소득." 한국노동사회포럼 발표자료.

백승호·안상훈. 2007. "한국 복지국가의 구조와 성격에 관한 비교사회정책연구: 공공사회복지지출 분석을 중심으로." 『사회복지연구』 35.

서정희·백승호. 2014. "사회보험의 법적 사각지대." 『노동정책연구』 14(3).

_____. 2017. "제4차산업혁명시대의 사회보장개혁: 플랫폼 노동에서의 사용종속관계와 기본소득." 『법과사회』 56.

안상훈. 2010. 『현대한국 복지국가의 제도적 전환』. 서울대학교 출판문화원.

와일, 데이비드. 2015. 『균열 일터: 당신을 위한 회사는 없다』. 송연수 옮김. 황소자리.

유명순. 2018. 『한국사회와 울분』. 서울대 행복연구센터.

윤정향. 2005. "비정규노동자의 사회보험 배제원인에 관한 구조 및 행위 분석: 금융업과 자동차산업을 중심으로." 『사회보장연구』 21(3).

윤홍식. 2019. 『한국 복지국가의 기원과 궤적 1·2·3』. 사회평론아카데미.

윤홍식·남찬섭·김교성·주은선. 2019. 『사회복지정책론』. 사회평론아카데미.

이병희. 2012. "사회보험료 지원을 통한 공식고용 촉진 방안." 이병희 외. 『사회보험 사각지대 해소 방안: 사회보험료 지원정책을 중심으로』. 한국노동연구원.

이승윤·백승호·김윤영. 2019. "한국의 이중노동시장과 노후소득보장제도의 이중화."

『비판사회정책』63.

이원재 외. 2019. "국민기본소득제: 2021년부터 재정적으로 실현가능한 모델 제안." LAB2050.

장경섭. 2011. "개발국가, 복지국가, 위험가족: 한국의 개발자유주의와 사회재생산 위기." 『한국사회정책』18(3).

정무권. 2007. "한국 발전주의 생산레짐과 복지체제의 성형."『한국사회정책』14(1).

조영훈. 2002. "현 정부 복지 정책의 성격: 신자유주의를 넘었나?" 김연명 편. 『한국복지국가 성격논쟁 I』. 인간과 복지.

최영준. 2011. "한국 복지 정책과 복지 정치의 발전: 생산주의 복지체제의 진화." 『아세아연구』54(2).

홍경준. 2017. "한국 복지의 새판 짜기를 위한 문제 인식과 방안 모색."『한국사회복지학』 69(2).

Eichhorst, W. and P. Mark. 2012. "Whatever Works: Dualization and the Service Economy in Bismarckian Welfare States." Patrick Emmenegger, Silja Häusermann, Bruno Palier and Martin Seeleib-Kaiser eds. *The Age of Dualization: The Changing Face of Inequality in Deindustrializing Societies*. Oxford University Press.

Esping-Andersen. 1990. *The three worlds of welfare capitalism*. Cambridge, UK : Polity Press.

Holliday, Ian. 2000. "Productivist welfare capitalism: social policy in East Asia." *Political Studies*, 48.

Johnson, Chalmers. 1982. *MITI and the Japanese miracles: The growth of industrial policy 1925-75*. Stanford: Stanford University Press.

Kim, Y. M. 2008. "Beyond East Asian Welfare Productivism in South Korea." *Policy and Politics*, 36(1).

Kwon, Huck-ju. 2005. "Transforming the developmental welfare state in East Asia." *Development and Change*, 36(4).

Kwon, Soonman and Ian Holliday. 2007. "The Korean Welfare State: A Paradox of Expansion in an Era of Globalisation and Economic Crisis." *International Journal of Social Welfare*, 16.

Bolt, jutta, Marcel Timmer, and Jan Luiten van Zanden. 2014. "GDP per capita since 1820." Jan Luiten van Zanden, et al. eds. *How Was Life?: Global Well-being since 1820*. OECD Publishing.

# 5장

강원택. 2011. "한국에서 정치 균열 구조의 역사적 기원: 립셋-록칸 모델의 적용."
『한국과국제정치』 27(3).

_____. 2013. "한국 선거에서의 '계급 배반 투표'와 사회 계층." 『한국정당학회보』 12(3).

고세훈. 2012. "노동 '있는' 복지국가: 논리, 역사, 전망 대한민국 복지국가의 길을 묻다
바람직하고 지속 가능한 시민복지국가를 향해." 조흥식 엮음. 『대한민국
복지국가의 길을 묻다』. 이매진.

_____. 2012. "복지와 노동(권력): 이론, 경쟁력 담론, 한국적 함의." 사회정책연합
공동학술대회 발표논문(10월 12일). 한신대학교 오산캠퍼스.

_____. 2013. "복지와 노동 (권력): '권력자원 접근' 의 이론적 위상과 한국적 함의."
『동서연구』 25(1).

구갑우. 2012. "복지국가는 평화국가와 함께 가야 한다." 『복지동향』 162.

구갑우·김민영·안병진·장석준·정상호. 2008. "[좌담] 18대 총선평가와 진보의 새길
찾기." 『시민과 세계』 13.

굿하트, 데이비드. 2019. 『엘리트가 버린 사람들』. 김경락 옮김. 원더박스.

김수진. 2008. 『한국 민주주의와 정당정치』. 백산서당.

김연명. 2002. "김대중 정부의 사회복지 개혁과 불확실한 미래: 국민연금·의료보험
개혁을 둘러싼 이해집단간 갈등을 중심으로." 『경제와사회』 55.

김영란. 1995. "한국인의 복지태도에 관한 경험적 연구: 계급 및 이데올로기와의 관계를
중심으로." 고려대학교 박사학위 논문.

김영순. 2005. "민주화와 복지정치의 변화: 국민기초생활보장법 제정과정을 중심으로."
『한국과 국제정치』 21(3).

_____. 2012. "한국의 복지국가와 복지정치의 제도들: 안정적 제도화의 조건과 과제."
조흥식 편. 『대한민국 복지국가의 길을 묻다』. 이매진.

_____. 2013. "누가 어떤 복지국가를 만드는가?: 서구 복지국가들의 형성 및 발전 과정이
한국의 보편주의 논의에 주는 함의." 『경제와 사회』 97.

_____. 2017. "청년 노동조합운동의 복지의제와 복지국가 전망: 청년유니온과
알바노조를 중심으로." 『한국정치학회보』 51(1).

김영순·노정호. 2017. "복지태도에 있어서의 세대효과." 『한국정당학회보』 16(3).

김용호. 2007. "박정희와 정당정치: 권위주의 정당체제 수립에 실패한 원인과 결과."
정성화·강규형 편. 『박정희 시대와 한국 현대사: 연구자와 체험자의 대화』. 선인.

김윤태·유승호·이훈희. 2013. "한국의 복지태도의 정치적 역동성: 타계급성과 정치적
기회의 재평가." 『한국학연구』 45.

김태현. 2011. 『노동존중 복지국가 : 민주노총의 노동복지 대안』. 민주노총
복지국가워크샵.

노정호·김영순. 2017. "한국인의 복지 태도와 정당 지지: 제 20 대 국회의원 선거를
　　중심으로."『동서연구』29(2).

류진석. 2004. "복지태도의 미시적 결정구조와 특성."『한국사회복지학』56(4).

마인섭. 2003. "정당과 사회균열구조." 심지연 편.『현대정당정치의 이해』. 백산서당.

문우진. 2011. "정치정보, 정당, 선거제도와 소득불평등."『한국정치학회보』45(2).

박명준. 2014. "한국노동조합의 복지정책 역량." 조홍식·장지연.『평화와 복지, 경계를
　　넘어 』. 이매진.

박영선. 2014. "한국 복지국가운동 논쟁에 대한 비판적 연구: 복지국가실현연석회의
　　사례를 중심으로.『한국정치연구』23(2).

박원석. 2011. "복지국가 정치동맹과 사회연대운동."『시민과 세계』19.

박재묵. 2000. 한국 시민운동의 정치세력화 전망: 환경운동연합과 대전지역 시민운동
　　단체의 지방선거 참여 사례를 중심으로.『한국사회과학』22.

박찬욱. 1993. "제14대 국회의원 총선거에서의 정당지지 분석." 이남영 편.『한국의
　　선거I』. 나남.

_____. 2000. "4.13 총선의 정치적 의의." 김용호 외.『4·13 총선: 캠페인 사례연구와
　　쟁점분석』. 문형.

백정미·주은선·김은지. 2008. "복지인식 구조의 국가 간 비교: 사민주의, 자유주의,
　　보수주의 복지국가와 한국."『사회복지연구』37.

성경륭. 2014. "한국 복지국가 발전의 정치적 기제에 관한 연구: 노무현 정부와 이명박
　　정부의 비교."『한국사회학』48(1).

신광영. 2004. "한국 진보정치의 존재조건."『역사비평』68.

신정완. 2010. "스웨덴 연대임금정책의 정착과정과 한국에서 노동자 연대 강화의 길."
　　『시민과세계』18.

신진욱. 2017. "왜 불평등의 심화는 계급균열로 이어지지 않는가? 후발 민주화 사회에서
　　균열형성 지체의 역사적 조건."『민주사회와 정책연구』32.

안병영. 2000. "국민기초생활보장법의 제정과정에 관한 연구."『행정논총』38(1).

양재진. 2008. "한국 복지정책 60년: 발전주의 복지체제의 형성과 전환의 필요성."
　　『한국행정학보』42(2).

양재진·유란희·정서은. 2015. "정책결정자의 복지와 증세에 대한 인식." 한국정치학회
　　연려학술대회 발표문. 국립외교원.

양재진·정의룡. 2012. "복지국가의 저발전에 관한 실증 연구 : 제도주의적
　　신권력자원론의 타당성 검토."『한국정치학회보』46(5).

여유진·김영순. 2014. "중산층의 복지태도. 중산층 형성과 재생산에 관한 연구."
　　한국노동연구원.

연세대 SSK <작은복지국가연구> 사업단·한겨레사회정책연구소. 2013.「공공정책에
　　대한 인식」

오건호. 2014. "복지국가 운동의 평가와 <내가만드는복지국가>의 과제." 미발표 초고.

원석조. 2000. "한국의 이익집단과 사회복지." 한국사회복지학회 추계학술대회 발표문

윤광일. 2019. "완전한 균열로서 지역균열." 강원택·박원호·김석호 편. 『한국 정치의 재편성과 2017년 대통령선거 분석』. 나남.

은수미. 2011. "복지국가를 위한 노동의 사회적 연대: 혼합형 복지동맹의 가능성." 『시민과 세계』 19.

이갑윤·이지호·김세걸. 2013. "재산이 계급의식과 투표에 미치는 영향." 『한국정치연구』 22(2).

이상호. 2011. "민주노조의 사회연대전략과 복지국가." 『시민과 세계』 20.

이성균. 2002. "한국사회 복지의식의 특성과 결정요인: 국가의 복지 책임지지도를 중심으로." 『한국사회학』 36(2).

이신용. 2010. "민주주의가 사회복지정책에 미치는 영향." 김윤태 편. 『한국 복지국가의 전망』. 한울아카데미.

이주호. 2016. "노동조합의 역할." 이태수 외. 『한국 복지국가 모델 구축 연구』. 비판과대안을위한사회복지학회(미출판).

이현주·강상경·김수완·이선우·전지현. 2013. 『근로 및 사회정책에 대한 국민의식 분석』. 한국보건사회연구원.

장은주. 2012. "복지국가, 하나의 '시민적 기획': 분배 정의를 넘어서는 한국 복지국가의 도덕적 기초." 조흥식 엮음. 『대한민국 복지국가의 길을 묻다: 바람직하고 지속 가능한 시민복지국가를 향해』. 이매진.

장지연. 2014. "누구와 함께 평화복지국가를 도모할까." 조흥식·장지연 편. 『평화와 복지, 경계를 넘어』. 이매진.

정상호. 2007. "시민사회운동과 정당의 관계 및 유형에 관한 연구." 『한국정치학회보』 41(2).

정태석. 2014. "복지국가운동과 사회민주주의: 복지국가 운동은 사회민주주의 없이 가능한가?" 지식협동조합 사회민주주의 연구모임 주최 제1회 사회민주주의 포럼 <사회운동과 사회민주주의의 관계, 어떻게 할 것인가> 발표문.

정한울. 2011. "주민 투표 이후 복지 정국과 계급 정치의 부상: 여당 지지층의 박근혜 쏠림 현상과 문재인 신드롬." 『EAI 여론브리핑』 103.

조성대. 2008. "균열 구조와 정당 체계: 지역주의, 이념, 그리고 2007년 한국 대통령 선거." 『현대정치연구』 1(1).

조정인. 2012. "공리주의적 자기 이해관계 변인과 상징적 정치 이념 변인이 유권자들의 복지 정책 선호에 끼치는 영향에 대한 경험적 연구." 『정치·정보연구』 15(2).

호이저만, 실리야·한나 슈반더(Silja Häusermann and Hanna Schwander). 2012. "이중화의 다양성: 복지레짐별 노동시장 분절화와 내부자-외부자 분할." 패트릭 엠메네거(Patrick Emmenegger) 외 편. 『이중화의 시대: 탈산업화 사회에서

불평등양상의 변화』. 한국노동연구원.
한국노동사회연구소. 2018. 『한국노동사회연구소 창립23주년 기념 토론회 자료집』(4월
24일). 한국프레스센터 19층 기자회견장.

Bartolini, D. and P. Mair. 1990. *Identity, Competition and Electoral Availability*. Cambridge: Cambridge University Press.

Bornshier, S. 2009. Cleavage Politics in Old and New Democracies: A Review of the Literature and Avenues for Future Research. European University Institute (Florence) Working Paper, Max Weber Programme, 7.

Briggs, A. 1961. "The welfare state in historical perspective." *European Journal of Sociology* 2(2).

Charles, N. 2000. *Feminism, the State and Social Policy*. Basingstoke: Macmillan.

Cho, Hee-Yeon. 2000. "Transition to Democracy and Changes in Korean NGOs." *Korea Journal* 40(2).

Dalton, R. J. 2010. "Ideology, Partisanship, and Democratic Development." Lawrence Le Duc, Richard G. Niemi, and Pippa Norris eds. *Comparing Democracies 3: Elections and Voting in the 21th Century*. Los Angeles et al.: Sage.

Deegan-Krause, K. 2007. "New dimensions of political cleavage." *Oxford handbook of political behaviour*.

Ellison, G. and G. Martin. 2000. "Policing, Collective Action and Social Movement Theory: The Case of the Northern Ireland Civil Rights Campaign." *British Journal of Sociology*, 51(4).

Esping-Andersen, G. 1990. *Three Worlds of Welfare Capitalism*. Princeton. NJ: Princeton Univ. Press.

Estévez–Abe, M. and Y. S. Kim. 2014. "Presidents, prime ministers and politics of care: Why Korea expanded childcare much more than Japan." *Social Policy & Administration*, 48(6).

Estevez-Abe, Margarita, Torben Iversen, and David Soskice. 2001. "Social Protection and the Formation of Skills: A Reinterpretation of the Welfare State." Peter Hall and David Soskice. *Varieties Of Capitalism: The Institutional Foundations of Comparative Advantage*. Oxford: Oxford University Press.

Evans, G. 1999. "Europe: a new electoral cleavage?" *Critical elections: British parties and voters in long-term perspective*.

Fagan, T. and P. Lee. 1997. " "New" Social Movements and Social Policy: A Case Study of the Disability Movement." M. Lavelette and A. Pratt eds. *Social Policy: A Conceptual and Theoretical Introduction*. London: Sage.

Garrett, G. and D. Mitchell. 2001. "Globalization, government spending and taxation in the OECD." *European Journal of Political Research*, 39(2).

Giovanni, S. 1990. "The Sociology of Parties: a Critical Review." P. Mair ed. *The West European*

*Party System.* Oxford: Oxford University Press.

Golden, M. and J. Pontusson. 1992. *Bargaining for Change: Union Politics in North America and Europe.* Cornell Univ Pr.

Hicks, A. and Duan Swank. 1984. "On the Political Economy of Welfare Expansion: A Comparative Analysis of 18 Advanced Capitalist Democracies, 1960-1971" *Comparative Political Studies.* 17(1).

Hicks, Alexander and Joya Misra. 1993. "Political Resources and the Growth of Welfare in Affluent Capitalist Democracies, 1960-1982." *The American Journal of Sociology,* 99(3).

Inglehart, R. 1977. *The Silent Revolution: Changing Values and Political Styles among Western Publics.* Princeton: Princeton University Press.

Iversen, T. and D. Soskice. 2006. "Electoral Systems and the Politics of Coalitions: Why Some Democracies Redistribute More than Others." *American Political Science Review,* 100(2).

Katzenstein, P. 1985. "Small Nations in an Open International Economy: the Converging Balance of State and Society in Switzerland and Austria." Peter B. Evans. Dietrich Rueschemeyer and Theda Skocpol eds. *Bringing the State Back In.* Cambridge: Cambridge University Press.

Kim, Y. S. 2010. "Institutions of Interest Representation and the Welfare State in Post-democratization Korea." *Asian Perspective,* 34(1).

Korpi, W. 1978. *The Working Class in Welfare Capitalism.* London: Routledge, Kegan, and Paul.

_____. 1983. *The Democratic Class Struggle.* London: Routledge.

_____. 2006. "Power Resources and Employer-centered Approaches in Explanations of Welfare States and Varieties of Capitalism: Protagonists, Consenters, and Antagonists." *World Politics* 58(2).

Lipset, S. M. and S. Rokkan eds. 1967. Party systems and voter alignments: Cross-national perspectives, 7. Free press.

Mair, Peter. 1997. *Party System Change: Approaches and Interpretations.* Oxford: Oxford University Press.

Manza, J. and C. Brooks. 2008. "Class and Politics." A. Lareau and D. Conley eds. *Social Class: How Does it Work.* New York: Russel Sage Foundation Press.

Martin, Greg. 2001. "Social Movements, Welfare and Social policy: a Critical Analysis." *Critical Social Policy* 21(3).

Myles, John and Jill Quadagno. 2002. "Political Theories of the Welfare State." *Social Service Review* 76(1).

O'Donnell, G. and P. C. Schmitter. 1986. *Transition from Authoritarian Rule: Tentative Conclusion about Uncertain Democracies.* Baltimore: The Johns Hopkins Univ. Pr.

Orloff, Ann Shola and T. Skocpol. 1984. "Why not Equal Protection?: Explaning the Politics of

Public Social Spending in Britain, 1900-1911, and the United States, 1880s-1920. *American Sociological Review,* 49.

Pampel, F. C. and J. B. Williamson. 1989. *Age, Class, Politics, and the Welfare State.* Cambridge: Cambridge University Press.

Pedersen, M. N. 1987. "The Danish "Working Multiparty System": Breakdown or Adaptation." *Party Systems in Denmark, Austria, Switzerland, the Netherlands, and Belgium.* London: Frances Pinter.

Piketty, T. 2018. "Brahmin Left vs Merchant Right: Rising Inequality and the Changing Structure of Political Conflict." WID. world Working Paper, 7.

Rueschemeyer, Dietrich and T. Skocpol eds. 1996. *States, Social Knowledge, and the Origins of Modern Social Policies.* Ch.1. Princeton: Princeton UP.

Schneider, S. and P. Ingraham. 1984. "The Impact of Political Participation on Social Policy Adoption and Expansion." *Comparative Politics,* 17(1).

Shalev, M. 1983. "Class Politics and Western Welfare State." S. E. Spiro and E. Yuchtman-Yarr eds. *Evaluating the Welfare State.* Academic Press.

Share, D. 1987. "Transitions to democracy and transition through transaction." *Comparative Political Studies,* 19(4).

Skocpol, Theda. 1992. State Formation and Social Policy in the United States. *American Behavioral Scientist,* 35(4-5).

Stephens, J. 1979. *The Transition from Capitalism to Socialism.* Chicago: University of Illinois Press.

Swenson. P. 2002. *Capitalists against Markets: The Making of Labor Markets and Welfare states in the United States and Sweden.* Oxford: OUP.

Taylor, V. 1999. "Gender and Social Movements: Gender Processes in Women's Self-help Movements." *Gender and Society* 13(1).

Thelen, K. 2004. *How Institutions Evolve: The Political Economy of Skills in Germany, Britain, the United States, and Japan.* Cambridge: Cambridge University Press.

## 6장

고세훈. 2007. "복지한국을 위한 '이해관계자 복지'의 모색." 『동서연구』 19(1)

김상준. 2011. 『미지의 민주주의』. 아카넷.

서현수. 2019. 『핀란드의 의회, 시민, 민주주의』. 빈빈책방.

선학태. 2005. 『민주주의와 상생정치』. 다산출판사.

이지문·박현지. 2017. 『추첨시민의회』. 삶이보이는 창.

최태욱. 2014. 『한국형 합의제 민주주의를 말하다』. 책세상.

_____. 2019. "포용국가 건설과 선거제도 개혁." 한국행정연구원 주최 『포용국가의 거버넌스와 공공리더십』 심포지엄 <포용국가 거버넌스의 사례와 제도> 발제문(12월 17일).

하승수. 2019. "한국의 선거제도 개혁, 어디까지 왔나?" 『포용국가 건설과 선거제도 개혁』. 한국행정연구원·한국선거학회 특별 학술회의 발표문

Anthonsen, M. and J. Lindvall. 2009. "Party Competition and the Resilience of Corporatism." *Government and Opposition*, 44(2).

Armingeon, Klaus. 2002. "The effects of negotiation democracy: A comparative analysis." *European Journal of Political Research*, 41.

Crepaz, Markus M. 2002. "Global, Constitutional, and Partisan Determinants of Redistribution in Fifteen OECD Countries." *Comparative Politics*, 34(2).

Duverger, Maurice. 1963. *Political Parties: Their Organization and Activity in the Modern State*. Barbara and Robert North, trans. New York: Wiley.

Esping-Andersen, Gosta. 1985. *Politics against Markets: The Social Democratic Road to Power*. Princeton: Princeton University Press.

Iversen, Torben and David Soskice. 2006. "Electoral Institutions and the Politics of Coalitions: Why Some Democracies Redistribute More Than Others." *American Political Science Review*, 100(2).

Lijphart, Arend. 2012. *Patterns of Democracy: Government Forms and Performance in Thirty-Six Countries*. New Haven: Yale University Press.

Riker, William. 1986. "Duverger's Law Revisited." Bernard Grofman and Arend Lijphart eds. *Electoral Laws and Their Political Consequences*. New York: Agathon Press.

Sartori, Giovanni. 1986. "The Influence of Electoral Systems: Faulty Laws of Faulty Method?" Bernard Grofman and Arend Lijphart eds. *Electoral Laws and Their Political Consequences*. New York: Agathon Press.

Siaroff, A. 1999. "Corporatism in 24 Industrial Democracies: Meaning and Measurement." *European Journal of Political Research*, 36(2).

Smith, Graham. 2009. *Democratic Innovations: Designing Institutions for Citizen Participation*. Cambridge: Cambridge University Press.